叙旧 叙旧文丛

聂绀弩的朋友圈

张在军 著

海峡出版发行集团 | 福建教育出版社

图书在版编目（CIP）数据

聂绀弩的朋友圈 / 张在军著. —福州：福建教育出版社，2024.9. —（叙旧文丛）. —ISBN 978-7-5334-9941-9

Ⅰ. K825.6

中国国家版本馆 CIP 数据核字第 2024FW6318 号

封面题画：郁　风

责任编辑：黄晓夏
美术编辑：季凯闻

叙旧文丛
Nie Gannu De Pengyouquan
聂绀弩的朋友圈
张在军　著

出版发行	福建教育出版社
	（福州梦山路 27 号　邮编：350025　网址：www.fep.com.cn
	编辑部电话：0591-83716736　83716932
	发行部电话：0591-83721876　87115073　010-62024258）
出 版 人	江金辉
印　　刷	福州万达印刷有限公司
	（福州市闽侯县荆溪镇徐家村 166-1 号厂房第三层　邮编：350101）
开　　本	890 毫米×1240 毫米　1/32
印　　张	11.5
字　　数	226 千字
插　　页	2
版　　次	2024 年 9 月第 1 版　2024 年 9 月第 1 次印刷
书　　号	ISBN 978-7-5334-9941-9
定　　价	58.00 元

如发现本书印装质量问题，请向本社出版科（电话：0591-83726019）调换。

张在军，九头鸟，岭南客。独立学人，自由作者。早年从事杂文随笔写作，近年醉心历史文化研究。出版著作十几种，多次入选各类图书排行榜。主要作品有《当乐山遇上珞珈山》《西北联大》《东北大学往事》《发现乐山》《发现永安》《聂绀弩先生年谱初编》《漂泊东南山海间》《流动的大学：华北联大1939—1948》等。系中国作家协会会员。中国地方教育史志研究会理事。

"叙旧文丛"出版弁言

叙,讲述,盼侧耳倾听;旧,过去,期一日相逢;叙旧,网罗旧闻,纪言叙之,以温故,以溯往,以述怀,以知新。

搜寻、稽索、钩沉、抉隐,一句话,一件事,一本书,一个人,那满满的闪着光芒的过去,在琐细字间,鲜活,绽放。

走进旧时光,来一场返程之旅,为那心中永不褪色的旧日情怀。我们相信,叙旧的过程,是唤醒记忆,省思历史,亦是安顿今者,启示未来。

绀弩和他的朋友（代序）

彭燕郊

绀弩是个很重友情的人，有不少朋友。

钟敬文、胡风是他的终生好友。钟敬文，他的文学生活的第一个伙伴；胡风，他的生死与共的文学战友。

认识绀弩以来，所见到的他的交友之道，凭印象归结起来有这几点。他是前辈，是我的老师，有些事情我可能不知道，不懂，理解不准确。

他择友，最重要的一条是兴趣相近。他一生痴迷于文学，痴迷到成癖，够得上"痴绝"，是个"有癖"的人，"无癖则无情"，无癖之人不可交。不是"可"与"不可"的事，而是不是同好，就谈不上相知，更谈不上相交。

有志于文学事业的人不少，喜欢弄弄文学的人不少，他结交的范围却很小，并非因为自视甚高，因为孤高什么的而落落寡合。他是爱交友，对朋友非常热情的，但是有个前提，就是要让他倾慕，让他佩服。他的标准是"我写不出"的就无保留地佩服，倾情结交。胡风的论文，萧军、萧红的小说，曹白的散文在他属于"我写不出"，于是自然成为好友，朋友写的好文章他津津乐道，比自己写出来的还要叫他高兴。1942年在桂林时，文协桂林分会经费困难，大家想了个办法，每人自选一篇作品，请他编一本《二十九人自选集》，稿费捐给文协分会。正巧胡绳写了一篇批判冯友兰的《新事论》的评论，绀弩读了赞不绝口。冯友兰当时有蒋介石的"文房四宝"之一之称，煊赫一时，胡绳的评论一时找不到地方发表。虽然他不是文协会员，绀弩还是把这篇文章编进《自选集》，并非只因为是老朋友，而是因为读到老朋友的文章而高兴得情不自禁，一定要让更多人读到它。

　　思想上，他是坚定的革命者。但他不喜欢"唯我独左"，把马列挂在嘴上的卫道君子。各种各样的人他见得多了，这种人往往"色厉内荏"，马列是用来装门面的。在军队里时，有人写情书，开头第一句就是"列宁说"，被传为笑话，他却并不觉得好笑，只觉得气愤。有个青年诗人写评论，强调作者没有那种生活经验就不可能写那种题材，意思是提倡深入生活，但强调过头了。他写文章批评，恰巧这位青年诗人用的笔名是"高岗"，抗战初期，谁能知道有一个后来当上国家副主席的高岗，但军队的领导人是知道的，以为他是在攻击大人物，和他争论了大半天。他就是这样与爱用"正确"的一套训人的人远远隔开距离。

有些人就喜欢用"正确"来为自己谋好处，同样有些人善于用自己的那一份"本领"、才能学问之类的为自己谋好处，"汲汲于富贵，戚戚于成名"，在权力者面前，就难免奴颜婢膝。在军队里时，有个知名度相当高的作家，和他也算是老相识了，他也相当欣赏他的才能，但就是看不惯他对首长的那副毕恭毕敬的样子，终于没能成为朋友，虽然也还是以一个战士敬重他。

他最讨厌那种自私而且自私到损人利己程度的人。有个名气很大，确实也写过不少好诗的诗人，也算是老熟人了，给他的总的印象是："我喜欢他的诗，不喜欢他的人。"他并没有数落这位诗人所以让他不喜欢的事。后来我有机会认识这位诗人，交往中发现他真很自私，斤斤计较，常背后讲别人坏话，"爱惜羽毛"，自我保护意识很强，这些，在他的诗里倒是看不到的，也许那不一定是他的主要一面吧。

说这些，并不就是说绀弩在人际关系上很洁癖。人嘛，总是要和人打交道的，朋友也就有各种不同类型，讲学问的，写文章是宋云彬，旧体诗是陈迩冬，小说是萧军、萧红；搞事业的，办报的是张稚琴、欧阳敏讷、罗孚、曾敏之，办刊物的是秦似，出版界的是朱希，戏剧界的是冼群、戴浩，美术界的是余所亚、丁聪、黄苗子、黄永玉等等，他的朋友很多。不用说，政治上的朋友对他更重要，吴奚如是他的入党介绍人；他曾一度失去组织联系，是邵荃麟帮助他恢复关系的；千方百计营救他出狱的朱静芳,要讲朋友义气,该数她第一,绀弩尊重她,不会忘记她,我们谁都不应该忘记她。

我注意到他在交友上有个特点,有时和他有很深友谊的人,对他不怎么友好,他不计较,对这位朋友还是一往情深,我说的是胡风。胡风对他的小说、新诗要求特别苛刻,小说《姐姐》,胡风就不喜欢,好久不给发表,后来还是黎烈文、王西彦给发表了。长诗《收获的季节》,胡风也不喜欢,说"不知为什么写得那么多"。我喜欢这首诗,觉得比个别胡风喜欢的年轻人写的近于空洞叫喊的好,但是绀弩从不计较这些。《七月》停刊,胡风怪他坏事,有个时期甚至不和他讲话,形同陌路。他编《艺文志》,胡风不支持,终于办不下去,他不计较,老朋友自然知道各自的老脾气。胡风是有这个缺点,奚如说他"没有容人之德",招致后来栽在一个倒很相信的人手里。但是缺点归缺点,胡风毕竟是个顶天立地的男子汉,至死坚持自己的文学理想。深知胡风的绀弩,绝不会因为朋友间有一点不愉快的事就要"泄愤",他是绝不会有这种极端不近人情的"愤"的。晚年,胡风在难中时,更显出绀弩和他之间友情之美、之崇高。胡风被发配去四川,他甚至想去四川探望,那时候,一般人对胡风,都唯恐避之不及呢。他们的酬唱诗,说是千古绝唱,也不算过分。

但是他在这方面,也有个不算小的缺点。不知我这比喻恰当不:像个容易受男人甜言蜜语骗上手的女人。有些人就有这种本领,从自己需要出发,认定猎物,然后精心设计一套猎取方案，针对目标的弱点，一步一步地靠拢，一锄头一锄头不动声色挖陷阱，在陷阱上一层一层地加伪装，最后让猎物舒舒服服地掉下去。也许我这比喻有点刻薄，我的本意却实在不想刻薄，我只是为绀弩的不设防而最后落到被人误解为"马大哈"，"是非不分"，甚至让人怀疑他和胡风是不是真朋友感到他受委屈，感到他蒙冤，感到难过。

文艺圈里，报馆、出版社熟人、同事很多，他不孤芳自赏，也不八面玲珑，朝夕相处，对人和气，但不热络，不套近乎。他的有些朋友几乎近于"神交"，好朋友却不露形迹，有时他会突然问："那个某某人现在在哪里？"某某在他是个好朋友，多年不见，彼此都懒得写信，他很少写信，不得不写也往往写得很短。晚年他的朋友多起来了，北大荒难友，报社出版社同事之外，添加了不少诗友。他写旧体诗，神差鬼使，搞出了一场旧体诗革命，有那么多知音同好，那么多爱谈他的诗仰慕他的人加入到都不是为别的而只为爱他敬他的同道队伍里，说不上亲密却比亲密更可贵。

当然他不是没有亲密朋友，钟敬文、胡风、萧军、萧红、吴奚如、徐平羽都是。我知道较多的也是他喜欢提到的，还有伍禾、陈迩冬，从他们两人可以看到绀弩的择友之道。这两个人，依我看都是湖海之士，淡泊名利，简直有点飘然物外，然而执着人生理想、社会理想，钟爱文学艺术，不知生计，甘于清贫，然而自有一种旁人不及的潇洒、风趣，一种痴迷，一种知识分子最可贵的"癖"。抗日战争时期在桂林，伍禾写诗，生活的清苦更显得他的日子过得那么自得其乐。对他，绀弩那篇《我和伍禾》开头两句话，"伍禾是诗人，不，伍禾是首人诗"，已经写尽。绀弩最爱提到他的两件事，一是他曾经把一本什么书上的目录排列成一首新诗寄给某杂志，主编先生居然大为激赏，郑重其事地刊登出来；一是他认为删节本的《金瓶梅》比没有删节的更"淫"。绀弩说他和伍禾是"酒肉朋友"，"一块儿坐茶馆"，"一块儿上馆子，很长一段时间几乎天天上馆子"，"这之外就是上澡堂"。在桂林，广东茶馆很大众化，不花什么钱，上馆子也可以不花什么钱，有如现在的吃盒饭，绝非大吃大喝。至于澡堂，我一辈子没上过，桂林有没有澡堂，有，在什么地方，我都不知道。被迫离开报社后，他们常在一起聊天，有时可以整天整夜聊，对于绀弩，这是非常重要的，他有那么多积郁心头的话需要倾诉，需要有善于听他的倾诉，而且迅速作出共鸣的知心朋友。那时不作兴写旧体诗，但绀弩爱写字，他写给伍禾的我记得的就有，"青青子衿，悠悠我心，但为君故，沉吟至今"，"我醉欲眠君且去，明朝有意抱琴来"之类的。作于1966年春的《闻伍禾入院求医》："汉江日夜东流水，你我乾坤无尽情。端午前当能出院，欲披明月武昌行。"现在我们能读到的还有《赠伍禾》二首，《追念伍禾》三首，和《秋夜北海怀冰（董冰如）奚（吴奚如）禾（伍禾）曙（郭曙南）》，皆情见乎辞，足见二人友谊之笃。迩冬，我常戏呼他为"桂林名士"，其实我很想称他为"隐士"，他太爱他为自己构筑的那个精神乐园了。他一直在个什么机关里当个小公务员，不求仕进，以他的资历名望，加上他的朋友里有陈铭枢这样的大人物，谋个一官半职或到大学里搞个教职是很容易的。他写新诗，也写旧诗，却不是做出来的，而是有真情，有灵气。湘桂大撤退，逃难时他先到独山，夫人马兜铃后到，他有一首七绝："君来无复首飞蓬，膏沐成妆为我容。藕孔避兵西子老，五湖无棹载陶公。"逃难到重庆时，我把这首诗写给绀弩看，他看了说："这样的诗我写不出。"后来他们在人民文学出版社共事，对迩冬人品诗才有更深了解，诚心向他求教。1981年他在《散宜生自序》中写道："我有两个值得一提的老师，陈迩冬和钟静闻（敬文）。迩冬乐于奖掖后进。诗格宽，隐恶扬善，尽说好不说坏。假如八句诗，没有一句他会说不好的，只好从他未称赞或未太称赞的地方去领悟它如何不好。"对迩冬他是很尊敬很尊敬的。对迩冬的诗，他的赞赏可以说无以复加："尊作三句读之吓倒，疑为七绝而非七律，将毫无关系之三事联为一诗，一绝也，一用双簧喝破古今，二绝也，前半为政治事，后半为精神事，若即若离，天衣无缝，三绝也。如此数去，双手所不能尽，何止七绝……但上下几千年，纵横几万里，人口几十亿，今日邻里乃由此人此诗，一口道尽，此真艺文绝境……人生几何，能作几诗，若此诗者，能得几首，想作者心中得意也。谨函驰贺，余不多言。"平生不轻易许人而作此高评，真是人生难得是知音，一谈到迩冬，他就兴奋，就要背"千山缩脚让延河"，就佩服，"逢兹百炼千锤句，愧我南腔北调人"。常听人说"诗友"，他们才真正是诗友，更难得是，迩冬一家都成了他的诗友，"诗夫诗妻诗儿诗女诗翁诗婿,一团活火,燃之以诗"。绀弩全集中赠答诗,赠胡风之外,最耐读的是赠迩冬的。

(注:本文经彭燕郊先生之女张丹丹老师同意作为代序,特此致谢!——作者)

目　录

一个甲子的友情
　　——聂绀弩与钟敬文 ………………… 001
输赢何止百盘棋
　　——聂绀弩与金满成陈凤兮夫妇 ………… 016
新闻记者古典编
　　——聂绀弩与张友鸾 ………………… 029
苍苍者天茫茫水
　　——聂绀弩与胡风 …………………… 042
同乡同学亦同志
　　——聂绀弩与吴奚如 ………………… 057
文朋战友同骑马
　　——聂绀弩与丘东平 ………………… 071
多少心思念荃麟
　　——聂绀弩与邵荃麟 ………………… 085

一个高大的背影

　　——聂绀弩与鲁迅 ·················· 100

何人绘得萧红影

　　——聂绀弩与萧红 ·················· 116

开门猛讶尔萧军

　　——聂绀弩与萧军 ·················· 131

绝笔留诗祭雪峰

　　——聂绀弩与冯雪峰 ················ 146

港中高旅最高文

　　——聂绀弩与高旅 ·················· 162

不与 D. M. 睡一屋

　　——聂绀弩与端木蕻良 ·············· 177

比邻而居的情谊

　　——聂绀弩与辛劳 ·················· 189

战友师徒如兄弟

　　——聂绀弩与彭燕郊 ················ 200

流亡路上忘年交

　　——聂绀弩与骆宾基 ················ 213

奇肥怪瘦话连床

　　——聂绀弩与秦似 ·················· 226

兀者画家"申徒嘉"

　　——聂绀弩与余所亚 ················ 241

梦里相见几多回
　　——聂绀弩与杲向真 ………………………… 255
尹画聂诗题赠多
　　——聂绀弩与尹瘦石 ………………………… 265
错从耶弟方犹大
　　——聂绀弩与舒芜 …………………………… 279
活着就是为等你
　　——聂绀弩与何满子 ………………………… 294
我行我素我罗孚
　　——聂绀弩与罗孚 …………………………… 307
黄家不乐谁家乐
　　——聂绀弩与黄永玉 ………………………… 320
开膛毛肚会苗公
　　——聂绀弩与黄苗子 ………………………… 331

后　记 ……………………………………………… 345

一个甲子的友情

——聂绀弩与钟敬文

广东省海丰县公平镇钟敬文文化广场的一面墙壁上,镌刻着聂绀弩的手迹:"钟敬文在全世界作家中是我最早见着的。"钟敬文也曾与人谈过,说他在"文坛上首先认识的是聂绀弩"①。

本书作者在海丰县公平镇钟敬文文化广场

---

① 李育中:《怪客奇诗聂绀弩》,载罗孚等编注《聂绀弩诗全编》,学林出版社,1992年,第484页。

聂钟二人不仅相识甚早，友情长达六十余年，而且相知甚深，聂绀弩呼其为"钟子期"①。既为知音，必有佳话。

海丰钟家的一夜

1925年春，聂绀弩以黄埔军校第二期学生的资格，和全体同学作为校长蒋介石（东征主将）的卫队，参加了讨伐陈炯明的第一次东征。② 随着敌军望风而逃，部队很容易地挺进到了海丰。当时，彭湃办了个农民运动讲习所，缺少师资力量，聂绀弩便应邀留下来任讲习所教官兼政治部科员，不久又兼任海丰县第一高小校长。

且说海丰县还有一个第三高等小学，校长马醒，本地人；又有份四开日报《陆安日报》，编辑李国珍。过了些时日，李国珍叫聂绀弩给副刊写稿子，聂便写点诗文发表。有一天，三小校长马醒来访，谈到聂绀弩在报上发表的诗文，表示喜爱。"又谈到离城卅里有个公平镇，镇上有个人名钟敬文，曾在北京的报刊上发表文章，还和鲁迅、周作人通过信。也喜爱我的诗，写信给他说要请我到公平去玩，（到现在我还未弄清究竟是老马的托词，还是敬文真有此表示？）问去不去。我正想搞文学，想

---

① 聂绀弩《约仲衡迩冬为雪峰敬文做生日》诗云："一钟子期一冯唐，六十四鬓俱苍苍。"

② 聂绀弩：《钟敬文·〈三朵花〉·〈倾盖〉及其他》，载《聂绀弩全集》第4卷，武汉出版社，2004年，第273页。

在报刊上发表文章，想认识文人（文学家），现有一个已在名报刊上发表文章，和大名鼎鼎的周氏弟兄通过信而又和我年纪差不多的青年文学家近在咫尺，口里没说，心里羡慕得不得了。请我到他家去，求之不得，哪肯不去！"①

说去便去，三十里路很快就走完了。于是，聂绀弩"就看见了到现在相识已近六十年的老文友，也是我所认识的第一个文学家钟敬文"，"钟敬文年纪很轻，我那时是二十一二岁，他似乎比我还小一点，文绉绉的，至少我看如此；高身材，但不比我同老马高；眉清目秀，颜色也较我们白；最难得的是他的话比老马的好懂得多，似乎到外地跑过的。他穿着短衣西装裤，赤脚拖着木屐，本地知识青年的通常打扮"②。

那么，在钟敬文的记忆中，第一次见聂绀弩又是一个什么印象呢？钟敬文说：

> 有一天，我陆师的老同学同时也是曾经和我合出过新诗集的亲密文友马醒（笔名云心），带了一位陌生的客人到公平来看望我。那位客人，身躯相当高，穿着军装，说的是"外江话"。经过云心的介绍，我才知道他姓聂名畸（后来改为聂绀弩）。他也是个文艺爱好者，并且在我们的县报

---

① 聂绀弩：《钟敬文·〈三朵花〉·〈倾盖〉及其他》，载《聂绀弩全集》第4卷，武汉出版社，2004年，第274—275页。

② 聂绀弩：《钟敬文·〈三朵花〉·〈倾盖〉及其他》，载《聂绀弩全集》第4卷，武汉出版社，2004年，第276页。

(《陆安日刊》）上发表过新诗和散文。

他为什么要云心带他到离县城三十里的小市镇里来看我呢？……不管怎样，他这次突然见访的主要媒介是文艺，更准确一点说，是新文艺。而支持我们以后数十年友谊的，大半也是文艺和学术。

由于上述的缘故，他当时的来访，无疑给予我以意外的高兴。这不仅由于我正热爱着文艺，并且也由于个人生活环境的局限，正渴求着精神世界的开拓，很希望能多呼吸一点外面清新的空气，或者结交一些同心的朋友。[1]

正如聂绀弩文中所说的，钟敬文的房子不是很宽敞，好在客厅外面有一个大院子，"使里外厅堂都很亮爽，空气也不坏"。钟敬文预先约好的几个本镇文学青年，准确地说是新文学青年，用听不太懂的话和聂绀弩聊天，谈文学。后来让聂绀弩难忘的却是，"吃了一顿丰盛的筵席，十几个盘、碗，一张大桌子还摆不下"，足见主人十分热情好客。其次，饭后洗了一个很痛快的澡。以往在南方总是用冷水"冲凉"，用口杯把一杯杯冷水往身上倒，这次绀弩却要求用热水，滚水。"大家诧异，滚水（开水）怎能洗澡？主人说：'由他。'给烧了一大桶开水，一个小盆小凳和其他手巾肥皂之类。放在院子里的芦席围圈里，从头顶到脚心把浑身上下的痒处烫了又烫，烫得满头大汗，汗流浃

---

[1] 钟敬文：《悼念绀弩同志》，杨哲编《钟敬文散文》，中国广播电视出版社，1996年，第202—203页。

背，分不清什么是汗，什么是水。洗了一个多钟头，把大桶水洗得差不多了，也不很烫了，我也热极，身上也通红了，这才擦干了，穿上主人准备的短裇裤出来，感到无比舒畅自由。"①

聂绀弩在钟敬文家住了一夜，第二天换回自己的已被洗过的短衫裤，恢复原来的军人打扮，回到县城。自此以后，钟敬文给聂绀弩写信尊其为"老大"（聂比钟只大两个月），而自谦为"三弟"（马醒为老二），而聂绀弩则称钟敬文为"钟三"。

后来东征胜利了，聂绀弩离开海丰回到广州，继而考取莫斯科中山大学。钟敬文收到聂绀弩书信，遂作《到莫斯科去啊》寄赠。诗曰：

到莫斯科去啊，到莫斯科去啊！/那儿狂溢着革命的浪潮，/那儿怒放着自由的花朵，/虽非天堂，也远胜这妖魔洞府。

朋友，你是一个流浪的诗人，/大地的黑暗，久使你的歌声喑哑；/从今得到了那儿的乐园，/定教你的歌声变了新调。

朋友，我也想跟你一路同行，/去到那儿自由的乐园；/可是，幸运之鸟不傍我而飞，/只落得独在这荒凉的海滨梦想。

呵哦，神州革命之火势将燃烧，/一切的条件已经准备

---

① 聂绀弩：《钟敬文·〈三朵花〉·〈倾盖〉及其他》，载《聂绀弩全集》第4卷，武汉出版社，2004年，第278页。

完好，/只急等那引导火线的健儿，/朋友，你将充当那健儿归来引导！①

是年底，聂绀弩登上赴苏的旅程。次年，钟敬文从海丰来到广州，和友人为《国民新闻》报编文艺副刊。钟敬文去信向远在莫斯科的好朋友索稿。很快，聂绀弩就寄来了一些新诗如《撒旦的颂歌》《列宁机器》，稍后还有散文《龙津溪畔》之类。并评价钟的文章说："你的《旧事一零》我读过了……除了《旧事一零》以外，我还看了你其他的一些短篇。你的文章，冲淡平静，是个温雅学人之言，颇与周岂明作风近似。"②

1926 年 10 月，钟敬文、刘谦初等人在广州岭南大学发起成立革命文学团体"倾盖社"，创办《倾盖周刊》，钟敬文任总编，主要任务是选拔会员作品送往广州市党部国民党左派主办的报纸《国民新闻》副刊栏目"国花"刊出。不久，《倾盖周刊》先后发表聂绀弩《我是幸福的》《夜话》《莫斯哥之晨》。③

---

① 钟敬文：《钟敬文诗词》，安徽教育出版社，2010 年，第 261—262 页。

② 钟敬文：《〈荔枝小品〉题记》，《文学周报》第 4 卷第 251—275 期，1928 年，第 558 页。

③ 王家鼎：《倾盖社与〈倾盖周刊〉》，《出版史料》第 4 辑，1985 年。

南京重逢桂林见

1928年9月,钟敬文自广州到杭州一所学校教书。翌年初,也就是过年之前的隆冬时节,他抽空从上海北站坐上开赴南京的火车。本来说五点钟左右到站,因故一再推迟,直到天已浓黑,寒雨如丝的当儿,才在下关车站下车。"半缘在此间人地都生疏得很,半缘急于和别来三年的好友见面,所以在到站之后",他便决定先去找聂绀弩。两人见了面,绀弩说他自己这两三年比以前老得多。敬文呢,绀弩说比起三年前他所见到时,却反来得年轻些。两人在旅馆秉烛夜谈,谈各自的恋爱史,当然免不了谈到文艺:

> 他(按,指聂绀弩)又说到自己对于文艺的态度。他说他自从在汕尾时忽然有感,开始做了那篇《醒后》以后,对于文艺女神,大起了狂醉的状态。去国两年中,不知写了多少诗篇;直到将返国时,还做着归来怎样去从事文艺的美梦,可是,回国以后,却把这个志向打破了!一年多以来,不但没有执笔写过这类东西,连阅读的兴趣都低减得多了。因为隐忍不住及客观的需求,时而写了些"党八股";为了读者的夸奖的缘故,倒觉得颇有从事下去的兴味。自己的心的源泉,是随着年光的进益而日呈枯竭了;而身外的环象又深切地要求着一种提醒与抨击的文字。所

以就改易了旧业,而不觉它是如何值得留恋与可惜了。

我劝他不要因为从事于政论之故,便决意把文艺的写作抛荒了。文艺不光是闲人的消遣品;如果能站在某种理想上去创作,艺术的手腕又足以辅之,那末,岂必一定单刀直入的政论才是有力的武器呢?以他那曾经显示过的怒涌的诗思和豪横的笔阵,去重新传写那此刻愿意表达的事物、情志,谁能说这不是深有效力与意味的事!人不可不利用其所长,否则,在人群的进化上是一桩可叹惜的暴珍的罪过!他说很愿意采纳我的话,在最近一年内,拟写出一两部能够深重地表呈出这时代气息的作品。我祝福他做一个中国新世纪二十年代的写真者的屠格涅夫。①

第二天早上,聂绀弩陪同钟敬文坐车向鸡鸣山去了。上鸡鸣寺,登豁蒙楼和台城,又驱车去玄武湖。两人在湖边又谈起了过去诗作。不料,绀弩说下午机关有事务,所以想赶快回去。敬文说无论如何,秦淮河是要去看一下的。绀弩口里虽然说不值得一顾,但还是在夫子庙前停车,看了有些惋惜的秦淮河。中午,两人竟在秦淮河船的饭店中吃了一顿饭。之后,绀弩回机关,敬文回旅馆。

晚饭之后,大概九点多钟,两人便乘着沪宁车,到苏州去了。钟敬文说,"这一次的金陵游程,在我虽然是偶然地偷空去

---

① 钟敬文:《金陵记游》,上海《一般》第9卷第2号,1929年。

的，可是心里却并不是没有相当的目的与兴致。除会晤久别的好友的动机外，自然还有种种的想念，如抚摸故迹、欣赏名胜、观察新都的建设事业和民气，都是心里所耿耿地意识着的。在时间上，我以为至少当有三四天的勾留；这样的，虽然不必定能达到预定目标的整个，但相当的满足总可能的吧"，却没想到，聂绀弩"急于赴苏转沪，不管我此来的目的和兴趣，硬把一个新到的游客，挽着同走上他自家所感到急切的征途。于是，我便只好抱着未尽的游兴折回来了"。① 又据聂绀弩回忆："回南京不久……敬文也到南京找我。不是找事而是找我玩。那时他已在杭州师范学院或高师之类任教职。我请了假同他游了苏州、上海、杭州等处。"②

1941年8月，钟敬文带领中山大学学生到桂林进行文化考察活动，而聂绀弩此时在桂林和秦似等人编《野草》杂志。钟说了一句，《野草》的"耳朵太多"③（意即聂绀弩在上面以"耳耶"等笔名发了很多文章）。9月20日，文协桂林分会举行茶会，欢迎聂绀弩、钟敬文、何家槐等作家来桂。9月26日，《文化杂志》社邀请聂绀弩、钟敬文、彭燕郊、宋云彬等举行文艺座谈会，讨论文学创作上的语言运用问题。10月8日，《文艺生活》月刊社在美丽川菜馆举行招待会，招待新近来桂的作

---

① 钟敬文：《金陵记游》，上海《一般》第9卷第2号，1929年。
② 聂绀弩：《钟敬文·〈三朵花〉·〈倾盖〉及其他》，载《聂绀弩全集》第4卷，武汉出版社，2004年，第281页。
③ 聂绀弩：《钟敬文·〈三朵花〉·〈倾盖〉及其他》，载《聂绀弩全集》第4卷，武汉出版社，2004年，第281页。

家巴金、田汉、钟敬文、聂绀弩等,并召开有关文艺创作诸问题的座谈会。

1947年7月底,钟敬文遭中山大学解聘后,化装离开广州,去往香港达德学院任教。1948年初,聂绀弩也来到香港,两人又在一起了。

1949年初夏,钟敬文、聂绀弩和许多在港文艺界人士一起,北上进京参加全国文学艺术工作者第一次代表大会。

聂绀弩与钟敬文在香港(1948年)

此生不意重相见

中华人民共和国成立之后,聂绀弩和钟敬文等老朋友在京频频相聚。宋云彬《北京日记》有载:"1951年6月2日,聂绀弩、钟敬文来,饮酒畅谈,甚快。"[1] 1954年10月24日,聂绀弩和钟敬文一起参加中国作家协会古典文学部召开的《红楼

---

[1] 海宁市档案局整理:《宋云彬日记》上册,中华书局,2016年,第323页。

梦》研究讨论会。10月31日至12月8日，中国文联主席团、中国作协主席团扩大会议（俗称"青年宫会议"）在青年剧院楼上青年宫举行，历时一个多月，聂绀弩和钟敬文双双与会。

暴风雨来临的前夜，大家除了写诗唱和，就是聚餐喝酒。1966年3月4日，有朋友到访聂家。聂说："昨天打电话你不出来，我一个人到莫斯科餐厅吃晚饭，吃完了碰到黄药眠，他同我谈起，要找十个大家都认识的人，第一次由他请客，在广东酒家吃一顿作为聚餐的开始，以后便每月一次，各人出钱。意思是年纪老了，又没有什么事可做，所以找点儿吃的，大家聚聚的意思。他问我有什么熟人，我提出一个钟敬文，一个你，一个陈迩冬，你有没有兴趣参加？"友人说："可以呀，大家出钱，一个月不过两块钱的事。"① 5月19日，宋云彬日记记载："下午四点后，钟敬文、黄药眠、聂绀弩先后来，请他们吃了顿丰盛的晚餐，聊闲天，直到八点，他们才同云裳、阿庄一道出去，分别回家。"②

很快，铺天盖地的风暴袭来了，大家毫无抵抗之力地被卷入那大漩涡。聂绀弩被贴上了"现行反革命"的标签，押送到山西过着长年累月的黑牢生活，直到1976年才被释放出来。

他在知道将被"大赦"回京的时候，给了夫人周颖和老友

---

① 寓真：《聂绀弩刑事档案》，香港明报出版社，2009年，第148页。
② 海宁市档案局整理：《宋云彬日记》下册，中华书局，2016年，第971页。

钟敬文各一封简单的信,怕万一老伴收不到,也有老朋友知道消息。那是让收件人心里混合着多少悲喜的信啊!不久,他果然回来了。钟敬文重见到那穿着出狱标记的新棉衣的老朋友,实在无法按捺住沸腾的和复杂的情思,于是填了一首小词《调寄玉楼春》:

> 此生不意重相见,瘦却容颜神尚健。
> 汾滨几载困阴霾,忽睹天青妖霁散。
> 韦编三绝穷经典,遇蹇无妨灵智焕。
> 从君正合乞余光,补我平生闻道晚。

多年后,钟敬文还清楚记得,聂绀弩当时接过那写着小词的纸片,反复看了几遍,最后向着他,嘴角微微地露着笑意,用低慢的声音说:"你这样客气呀。"①

钟敬文对老朋友表现确实客气。据楼适夷回忆:"……得到消息连忙去看他。我是空手去的,可是钟老钟敬文老两口恰已先我而到,还带一只杀好拔了毛的大肥鸡。原来又高又瘦的绀弩,现在已成了皮包骨头……钟老两口子想得多周到,这个绀弩真该好好多吃几只大肥鸡了,可这回,我却口福不浅,叨上

---

① 钟敬文:《悼念绀弩同志》,杨哲编《钟敬文散文》,中国广播电视出版社,1996年,第208页。

了他的光。"①

此后，每年到了旧历除夕（绀弩生日）前后，总有钟敬文、张友鸾等朋友携着自己做的菜，到聂家里来聚餐，大家欢欢喜喜度过一天。后来绀弩的身体实在不好了，聚餐之事才作罢。

1981年底，钟敬文寄给聂绀弩一张贺年片，正面是山水画，反面是一首七绝：

雪虐霜欺万卉凋，劫余扶植费焦劳。
敢辞神竭青灯下，学径文风系此遭。②

1982年1月20日，聂绀弩回信钟敬文说："贺年片早收到。谢谢！今年贱降日千万莫来，已请人奉达此意。前在狱中，周婆每召其友好，为我生祭，颇有意义。今此意已失，反成俗套。你我居处相距太远，纵有小车也很麻烦，街车上下更难，费时更多。不如彼此想想，反多情趣。"又说："请你为我写一书签，'散宜生诗'（较大）下署'钟××题（较小）'或兼题聂××著亦可。"4月26日，聂绀弩致谢钟敬文："题签收到多日，谢极！"③

---

① 楼适夷：《说绀弩》，姚锡佩、周健强等编《聂绀弩还活着》，人民文学出版社，1990年，第265页。
② 聂绀弩：《钟敬文·〈三朵花〉·〈倾盖〉及其他》，载《聂绀弩全集》第4卷，武汉出版社，2004年，第283页。
③ 《钟王气象：钟敬文、王世襄旧藏》，广东崇正拍卖有限公司编印，2019年。此信《聂绀弩全集》未收。

同年 8 月，聂绀弩旧体诗集《散宜生诗》由人民文学出版社出版，封面书名为"静闻题"。静闻者，钟敬文也。聂绀弩在《自序》里有这么一段话："我有两个值得一提的老师，陈迩冬和钟静闻。迩冬乐于奖掖后进，诗格宽，隐恶扬善，尽说好不说坏。假如八句诗，没有一句他会说不好的，只好从他未称赞或未太称赞的地方去领悟它如何不好。静闻比较严肃或严格，一三五不论不行，孤平孤仄不行，还有忘记了的什么不行。他六十岁时，我费了很大劲做了一首七古，相当长，全以入声为韵，说他在东南西北如何为人师以及为我师……写好了，很高兴地送到他的家里去，他看来看去，一句话未说，一个字未提，一直到我告辞（不，一直到现在，二十来年了）。但我更尊敬他，喜欢他，因为他丝毫不苟。"① 此前，聂绀弩致钟敬文的一封信说："尊诗甚佳。我亦曾作二律，丑媳不想见公婆，恕不抄呈。我对绝句半首难成，故亦不和。一句话，尊诗老当益壮，我则颓唐牢骚，不足观也已。"② 然而，钟敬文在一篇文章中却是这么评价聂诗的："说句老实话，当时，甚至于现在，我非常喜爱他的新诗。我觉得他是个具有诗人素质的人。在诗歌的学习和创作的锻炼上，他未必比我多花工夫，但他的诗思和诗艺的造诣，总是使我自愧不如。"③

---

① 《聂绀弩全集》第 9 卷，武汉出版社，2004 年，第 81—82 页。
② 《钟王气象：钟敬文、王世襄旧藏》，广东崇正拍卖有限公司编印，2019 年。此信《聂绀弩全集》未收。
③ 钟敬文：《悼念绀弩同志》，杨哲编《钟敬文散文》，中国广播电视出版社，1996 年，第 203 页。

1986年3月,钟敬文得到聂绀弩噩耗,抑住悲思,作了一副挽联:

> 晚年竟以旧诗称,自问恐非初意;
> 老友渐同秋叶尽,竭忠敢惜余生?①

此联有"余岂好旧诗哉,余不得已也"之意。杂文不好写了,诗意总可含蓄些,而旧诗比新诗更能含蓄,那就写旧诗吧。

1993年元月上旬,为纪念聂绀弩九十冥寿,钟敬文于病榻上草成五律一首:

> 朋旧祝冥寿,偏成缺席人。
> 操觚杂诙諧,体国本精纯。
> 薄海传三草,吾心赏一文。
> 斯人还活着,此语最知君。②

第六句自注:"我尝谓绀弩即使没有其他著作,但有《韩康开(按,应为的)药店》一文,也足以不朽矣。"《韩康的药店》是绀弩抗战时期在桂林写的一篇杂文。

---

① 钟敬文:《悼念绀弩同志》,杨哲编《钟敬文散文》,中国广播电视出版社,1996年,第208页。
② 据启功墨迹誊抄,载山曼《驿路万里钟敬文》,山东画报出版社,1994年,前插页。

输赢何止百盘棋

——聂绀弩与金满成陈凤兮夫妇

你画葫芦我发痴

金满成已经让人渐渐地遗忘了。尽管他在文坛发过自己独特又积极的呐喊声，还翻译出版了《红百合》《剥削者》《金钱》等作品，毕竟称不上主流文人，应该算是当时"小文人"的一个典型吧。笔者之所以知道此人，还是因为聂绀弩。

1929年9月，聂绀弩所在中央通讯社同事陈铭德，因对国民党的言论专制深感愤怒，遂与吴竹似、刘正华等人在南京创办民间报纸《新民报》，其宗旨为"作育新民"。年底，陈铭德请来四川同乡金满成主编报纸副刊《葫芦》。金满成编副刊需要稿件，自然就认识了爱写文章的聂绀弩。据聂绀弩1957年所写一份交代材料——

三〇年开始吧,即从武汉回南京之后,在伪中央社的职务由副主任降为编辑,但同时带编《新京日报》副刊,段梦晖是这时候认识的。因为编副刊而认识金满成,他那时编《新民报》副刊。因为编副刊,需要写点不三不四的小文章,搞来搞去,似乎就不能不谈文学了,于是写诗。政治不懂,文学也不懂,诗更不懂,只有一样算抓住了:分行写!写来写去好像还发生了一点莫名其妙的影响。于是和金满成一唱一和,组织了一"甚么诗社",出版了一个《甚么诗刊》。参加的还有别的许多人,现在记得的几个:赵迦德(金和他比较熟)、段诗园、屠凝冰、巴人(不姓王,亦不知姓名,在什么报当校对)、张屈光(电车公司卖票员,后来混进康泽系统去了),以及其他更无法记姓名的人。这些人连我自己在内有一个共同点,都不会写诗,而写得出的其实只有我一个。①

再看金满成夫人陈凤兮的回忆。

我认识绀弩、周颖在 20 年代。我老伴金满成在南京刚创办的《新民报》编第一个副刊《葫芦》。我们两家同租住一间大房,绀弩把这间房叫作"统舱"。这像是有钱人家客厅毗连餐室的房,房有隔墙,墙中央开了个别致的圆形门,

---

① 聂绀弩:《从改组派说到画册》,载《聂绀弩全集》第 10 卷,武汉出版社,2004 年,第 321 页。

晚上把圆门的薄门板一拉上便成两间房,我们各住一半,白天拉开门板又像一家人,也一起开饭。我当时还在上海复旦大学读书,寒暑假才回南京,每次回去时,绀弩常是一句笑话相迎:"你又回我们统舱来了!"

"九一八"事变后,上海几个进步大学的学生,浩浩荡荡地要晋京请愿抗日,我在复旦队伍中。南京政府不准学生去京请愿,下令不让学生上火车,正吵嚷间,火车鸣笛便要开走,学生纷纷卧轨。我们终于上车到了南京。我到京先回家,绀弩见面便问:"你也卧轨了么?"我说"没有"。他问:"为什么?"我说"我怕"。他笑了,说:"胆子太小了,连火车都怕!"他又为我打气:"明天去国府请愿,就别怕了,口号要喊得响亮有力量。"

不久我又回到"统舱",便看见绀弩和满成已共同组织了一个"甚么诗社",也出版了《甚么诗刊》,绀弩、老金在这诗刊上写的都是白话诗,全部内容离不了抗日救国。我也参加他们召开的"甚么诗社"社员会,社员大多是知识青年、大学生、职工。开会时自绀弩到社员发言慷慨激昂。我感到南京抗日气氛比上海热烈得多。

我也在"统舱"中看到各处乱放的各种形式的抗日刊物、小报、小册子,自然也有满成编的《新民报》副刊《葫芦》,及绀弩编的《新京日报》副刊《雨花》。绀弩在《雨花》上的文章,我很爱读,他的笔尖转弯抹角骂国民党不抗日，骂得煞有趣味，也骂得够厉害。①

《甚么诗刊》只出了第二期，就因经费不足而夭折。聂绀弩因骂国民党不抗日，引起当局高度"关注"而脱离中央社，远走日本。

金满成所编《新民报·葫芦》副刊上也刊登了很多言辞激烈的文章，终于在1932年受到了警备司令部勒令停刊一日的处分，不久又停刊三天。在处境艰难的情况下，金满成只得逃离南京，来到重庆《新蜀报》编副刊。他对聂绀弩的诗歌很欣赏，从在南京时所编《甚么诗刊》中将其诗挑出来推荐给读者，还写下不无夸饰的颇长的"满成按语"——

> 这里很值得我们特别地捧场，也许别人会骂我们是自吹，是互相标榜，是甚么甚么……但这首诗放在报上，批评存在大家的笔下，即使吹，实在有很值得吹的理由……
>
> 绀弩，不但在四川不著名，就在他所住在的南京、日本也是一个无名的人物。但他的诗，却代表了一个真正新的阶段。反帝国主义意识，绝对平民阶级化的文句，诗的精力，诗的形体，……一切都合了我们新诗中的"理想作品"。
>
> 读了这诗，我们感觉中国过去没有一个够得上说是新

---

① 陈凤兮：《泪倩封神三眼流》，姚锡佩、周健强等编《聂绀弩还活着》，人民文学出版社，1990年，第40—41页。

诗的诗人；读了这诗，我们才感觉到那些不负责任的花儿，月儿，母亲爱人的东西，通通可以烧掉，或者自己赶快藏在箱子里不必再发表了。

自然，这里当自得公正地说明。作者绀弩是我们的朋友，最难得的朋友；但是我们之所以成为朋友，和这一次我特别替他吹的原因是一样：并不为他本人，而是为他的诗。否则，绀弩既川中读（者）全不识，绀弩又无甚作品在某书局出售，所以白吹了又有何用？明白了这一点，证明我们介绍他的作品乃非为他而实是为我们的读者也。

更需要说明的，便是这首诗是在我们所办的《甚么月刊》（按，应为《甚么诗刊》）上发表过的。因为此刊物不幸竟不曾行销到川中来，因此我们公开地转载而且如上述的介绍了。如果能投合作者的口胃，我们行将介绍第二篇呢！①

据笔者查考，《新蜀报》副刊1932年7月29日至31日连载了聂绀弩诗歌《啊、啊、我杀了那个畜生》。不久，9月9日又发表聂绀弩组诗《恋歌》。

1934年四五月间，聂绀弩在其主持的《中华日报》副刊《动向》上发起关于"旧形式"问题的论争，并以笔名"耳耶"反驳画家魏猛克的观点。金满成写了一篇《基本手法与新形式

---

① 重庆《新蜀报》副刊（六十七期），1932年7月29日。

的追求》，对老朋友毫不客气地批评："耳耶先生，若果我的猜想不错，是我的某一位朋友，则他的诗确有新的形式和内容，是为我早经拜读过若干次的；但在发表理论文章的立场上看，耳耶先生仍然只注意了自己还在那里努力追求新的形式而忘了'这块社会'的事实。（块字用四川土话）若果为了咱们'这块社会'的实用，猛克先生的主张是对的。"在阐述自己的理由之后，金满成说："故猛克先生以为条件地接收旧艺术的形式者，若果所指如我所说，我是不希望耳耶先生多加反对的。"[①] 聂绀弩不仅没有反驳金满成，还邀请他在《动向》上开了一个小专栏"我自四川来，应知四川事"，先后发表《女人的裤子掉下来》《第二室》《特税与懒捐》等文章。

直到抗战末期，聂绀弩才与金满成夫妇相见。1946年3月3日，聂绀弩与金满成一起出席了"文协"重庆分会举行的欢迎田汉、马思聪、端木蕻良茶话会。欢迎会最后决议成立"文协"重庆分会，聂绀弩与金满成等10人当选为筹备委员。

金满成在重庆工作十多年，一直到抗战胜利，1946年赴越南，次年去香港。1948年初，聂绀弩也来到香港。这段时间，两人应该有所往来。

输赢何止百盘棋

1949年春夏间，金满成作为民主人士，应邀到东北解放区

---

① 《中华日报·动向》，1934年5月1日。

参观后,住北平李铁拐斜街远东饭店。同时,聂绀弩也北上参加第一次全国文代会,夫妇俩住前门留香饭店。闲来无事,绀弩常拉满成去逛地摊。地摊的东西很便宜,绀弩买了不少古籍、字帖、棋子,也赠送满成一副围棋,只要有空,两人便下棋,迷在棋盘上。

在京期间,聂绀弩曾与金满成偕访宋云彬,"同往灶温吃面"①。开国大典前夕,两人则被陈毅邀请吃了一顿大餐。原来,金满成早在1919年就与陈毅赴法国勤工俭学,相交甚密;而聂绀弩1939年在新四军干过一年多,还给陈毅当过"红娘"呢。据陈凤兮回忆——

> 开国前一天,陈老总约我们一家去前门四川饭店吃饭,张茜同做主人。吃到一半,陈总问:"你们有聂绀弩的消息么?"我说:"住在留香饭店呢。"陈总即叫车去接他来。原来绀弩以前曾在新四军工作,陈总张茜的结合还是他作的"大媒"。陈总写的第一封情书,就由绀弩与丘东平送到张茜手里。此时陈总问绀弩和满成每天在干啥工作,绀弩说"在下棋"。陈总哈哈地说:"那好耍!下棋会叫人脑筋灵活,可惜我忙,没有工夫玩棋子。"②

---

① 海宁市档案局整理:《宋云彬日记》上册,中华书局,2016年,第191页。

② 陈凤兮:《泪倩封神三眼流》,姚锡佩、周健强等编《聂绀弩还活着》,人民文学出版社,1990年,第43页。

中华人民共和国成立之后，聂绀弩和金满成又碰在一起了，同在人民文学出版社工作。所不同的是，聂绀弩在古典文学编辑室，金满成在外国文学编译室。"绀弩不仅白天常到满成的编译室拉他到自己的房间下棋，晚上也赶来我家。他下棋不管时间，不下赢最末一盘棋是不走的。"陈凤兮说，"我们住在东城魏家胡同，他住在西直门半壁街，为争赢最后这盘棋，有一次竟拼搏到末班车已开走，他不得不自我家硬是步行回西直门。"[1]

1957年，聂绀弩和金满成都被划为"右派"后，和其他人不便往来，但他们两人继续来往，继续下棋。聂绀弩在当时的一份交代材料中这样写道：

> 反省后，和社内人来往得最早的是金满成。因他和我相识最早，知道我的过去也最多，不至以为我是反革命而怕和我来往。我找他是和他下棋，别无他事。有一次，是快发薪水的时候了，我因为社内派人给我送薪水，未免太远，就想起请他给我代领，领了后，我到他家去拿，比较省事。他同意。我就写了一个条子给社。以后每月都是他给我代领，我也每月都到他家一次，直到他去休养为止。他休养期间一次未去，直到近来我有时候白天到社开会，会后到他家下棋，约一两次。合计约去过十多次。他一次

---

[1] 陈凤兮：《泪倩封神三眼流》，姚锡佩、周健强等编《聂绀弩还活着》，人民文学出版社，1990年，第43页。

都未来找过我。

和他未谈过什么话,也没有什么话可谈。他两夫妇都是很胆小的人,历史又乱七八糟,更非常怕事,决不谈什么。我和他相知既久,他的思想、学问、见解之类,我都知道,没有什么谈得来的。我到他家时,总是晚饭前后,他的孩子们都在家,他不让他的孩子知道我是肃反对象,都避免谈什么。再,有时他家有别的客人,我不认识,更不谈话。所以我在他家,除了下棋,并无别事。最近一次,是反右派斗争时期,我说周颖出了问题,恐会涉及我。他就表示最好我不再去他家之意,我就未去了。[①]

1967年,聂绀弩锒铛入狱;1971年,金满成病逝。

尚有诗书能醉我

1976年,聂绀弩劫后归来,忽然想写毛笔字。陈凤兮替聂绀弩买了出狱后第一支小楷狼毫。他问:"满成死后你写了什么文字?"陈凤兮抄了两首在金满成祭日写的七律给他时,聂绀弩觉得奇怪:"你作诗?""满成死后学写的。"他默然。次日再到聂家时,绀弩拿出一沓诗,统名"近作"给陈,纸的后面写着"最近诸作统希凤兮大姐教正",及一行小字:"尊诗拜读,造诣

---

① 聂绀弩:《关于和社内几人的来往》,载《聂绀弩全集》第10卷,武汉出版社,2004年,第263—264页。

之深，抒情之痛，均感惊诧。闻满成兄仙逝后便欲以一诗见挽，因我对己事有无限感触，方自嘲不暇，未能及者，今读大作，迟早或可成一芜章也。绀弩附白。"①

几天后聂绀弩见面便交给陈凤兮一首诗，题为《满成老友六周年祭，读凤兮大姐悼亡作后作》：

什么诗社什么诗，你画葫芦我发痴。
你我相交五十载，输赢何止百盘棋。
新民报副刊文学，商务印书馆女儿。
八宝山前红百合，怨人风雨吊来迟！

诗的第二句是指金满成当年编副刊《葫芦》，他自己"发痴"者，是指在国民党中央通讯社工作。颈联指当时南京知识青年称《葫芦》为"副刊文学"，金满成曾在副刊上登出小稿嘲讽商务印书馆的期刊经常脱期，劝人莫与其女儿联姻，婚期也必定是靠不住的。

金满成不在了，聂绀弩热心鼓励陈凤兮学诗。陈凤兮说："可是他教人作诗并没有黛玉教香菱那个耐心，我也笨，有时八句诗他没说一句好话，有时全部摇头。一次他指我的一首诗八句中仅有一句较好，我问哪一句，他指出是'何人老住莫愁湖'，他说，天下没有不忧愁的人，除非没有脑子。他告诫我，

---

① 陈凤兮：《泪倩封神三眼流》，姚锡佩、周健强等编《聂绀弩还活着》，人民文学出版社，1990年，第45页。

作诗莫写古人今人曾写过的思想感情。这样，我学诗的劲头就枪毙了，太难了啊！"① 事实上，陈凤兮一直坚持作诗，并有诗集《雨后集》印行。如：

绀弩赠被抄家又送还之书籍与碑帖

一

曾经弃置几何年，一抚佳篇一惘然。
幸未废为堵瓮纸，怜吾渴遇佩刀泉。
右军着笔谁能再，子敬与琴喜俱全。
尚有诗书能醉我，夜阑且结读书缘。

二

抱恨人间少读书，一生衣食费三余。
平空捉笔诗原拙，抽暇剧棋愿亦虚。
患难怜人轻骨肉，关情让我别亲疏。
连宵把卷低徊处，渐识今吾胜旧吾。

绀弩除夕生日命当筵作祝寿诗

遵命作诗一粲然，从何说起耸双肩。
我诗不比我棋好，送到君前不值钱。②

---

① 陈凤兮：《泪倩封神三眼流》，姚锡佩、周健强等编《聂绀弩还活着》，人民文学出版社，1990年，第46页。
② 陈凤兮：《雨后十年》，汕头市地方志办公室印，1996年，第169—170、203页。

聂绀弩与陈凤兮对弈（1985年）

上面两诗都提到了"棋"。金满成不在了，陪聂绀弩下棋的任务落在陈凤兮身上。

好在这时聂陈两家相距不远，于是陈凤兮每星期去一次两次不定，陪绀弩下棋消遣。"下棋找高手"，陈凤兮自诩是臭棋，但聂绀弩有个癖好，不认识、无好感的人他不交手。陈凤兮说："我有点像代替满成去让他过棋瘾了。我不去时，他便叫老周来找我。及后，他们搬住劲松，我也是七八十岁的人，挤不上车，只得少去，但毕竟也总要去的。他的身体越来越不行，下床坐到沙发上来下棋很费事，但他下棋兴趣并不减少分毫。周颖怕他劳神，我去时，一入门，她就给我打手势，做鬼脸，所表示的是：第一，只能下一盘棋；第二，我只能输不能赢。我自心领神会。可是，棋下到中盘，绀弩也伸出三个指头，表示非下三盘不可。我每盘只好马虎投子，求速战速决，连连败北，博得他哈哈一笑。"[1] 绀弩的世交陶冶回忆："在我和他'闲聊'的日子里，几乎每天都有几个作家和诗人来访。经常来的是一位广东老太太，她是绀弩兄的棋友。她一来，我们就走开，让他们去你冲我杀。"[2] 毫无疑问，文中的"广东老太太"即陈凤兮，她是广东潮汕人（潮州市潮安区庵埠镇）。

聂绀弩去世后，陈凤兮作了一挽联，得到过梁羽生的赞评。联曰：

新闻记，古典编，杂文写，无冕南冠，白发生还，散木岂不材，瘦骨嶙峋，绝塞挑灯题野草；
史诗作，狂热问，浩歌寒，盛世颓龄，青春焕发，故交伤永别，千蝶旷代，骚坛刮目看奇花。[3]

上联写聂绀弩的生平，下联谈他的成就——旧体诗。联语以"蝶"象征聂绀弩的诗篇，"千蝶旷代"喻其诗之美之奇，实为当代罕见也。

---

[1] 陈凤兮：《泪倩封神三眼流》，姚锡佩、周健强等编《聂绀弩还活着》，人民文学出版社，1990年，第47页。
[2] 陶冶：《和绀弩兄交往的日子里》，姚锡佩、周健强等编《聂绀弩还活着》，人民文学出版社，1990年，第144页。
[3] 梁羽生：《挽聂绀弩联》，载《笔不花》，中国友谊出版公司，1990年，第138页。

新闻记者古典编

——聂绀弩与张友鸾

1929年秋,陈铭德在南京创办《新民报》后聘请张友鸾出任总编辑。那时,聂绀弩和《新民报》副刊主编金满成组织"甚么诗社",过从甚密,一来二去,和张友鸾也成了朋友。

20世纪三四十年代,聂绀弩一直漂泊不定,时而南京上海,时而武汉西安,时而金华桂林,但他到重庆时,总忘不了去新民报社看看老朋友们,"混"一餐饭吃。张友鸾说绀弩那时"神出鬼没,不知什么时候就冒出来"。抗战胜利后,张友鸾离开重庆《新民报》回到南京,自己办起了《南京人报》,这时聂绀弩却进了重庆《新民报》,当上副刊主编。

张友鸾曾说起当年的聂绀弩:思想敏锐,孤傲狂放,平时少言寡语,偶尔一句话,嗓门很大,语多惊人。张友鸾却是性格温和,幽默含蓄,嬉笑怒骂皆在娓娓言谈之中。总之,共和国成立前二十年,他们虽不曾朝夕过从,但相互都了解对方的学识、才华和为人。

文酒之会多有趣

1952年冬,作为人民文学出版社(简称"人文社")副总编辑兼古典部主任的聂绀弩,为调查施耐庵出生地的资料,来到江苏。当时,张友鸾刚刚结束了报纸工作,调到文联搞戏曲改革。两人在南京重逢,当然很高兴。更为兴奋的是,他们能畅所欲言,倾心相谈了。聂绀弩后来在赠张友鸾的诗中有"廿年相识少谈攀,谈在金陵雨后山",就是说的这次见面。因为他们对古典文学都有深厚的功底和浓厚的兴趣。聂绀弩谈到此行的目的,谈到他不仅准备重新整理《水浒》,还想把许多优秀的文学遗产,逐步整理出版。张友鸾对这项工作表现出极大的兴趣,谈到《水浒》的整理,还提出了许多自己的见解。聂绀弩很赞同这些见解,马上热情地邀请张友鸾到北京,和他一起工作,张友鸾欣然接受。旧相识成了新相知。聂绀弩在上述赠诗中写"明时耻为闲公仆,古典应须老稗官",就是由此而来的。

1953年初,张友鸾拖家带口来到北京,成了人文社古典部早期的成员。聂绀弩立即把准备自己完成的七十一回本《水浒》的整理工作,交给了张友鸾。自此,张友鸾把全部精力放在了《水浒》上,每天都要伏案到深夜,光是注释就写了约五百条,而往往为一条注释要翻阅大量资料。1954年底,张友鸾重新校订并详尽注释的七十一回本《水浒》，在作家出版社（时为人文社副牌）出版了，前后用了不到两年的时间。这是1949年后出版的第一部重新校订和注释详尽的我国古典名著，在整理出版古典文学遗产上，作了开创性的尝试。

可以说，因为《水浒》，聂绀弩和张友鸾加深了友谊。聂绀弩全力支持张友鸾校注《水浒》，张友鸾也以很好的成绩回馈了聂绀弩的厚爱。他们两人不分彼此，通力协作，高质量、高速度地完成了任务。在校注的最后阶段，张友鸾请聂绀弩执笔写前言，他欣然命笔。

聂绀弩和张友鸾原本性格不同，一个桀骜不驯，一个随遇而安，但在朝夕共处中，他们发现彼此有不少相同的地方。除了学术见解、工作态度以外，他们在待人处世上都是襟怀坦荡，都爱开玩笑，都爱喝酒，都是落拓不羁的人。工作之余，他们常和一些志趣相投的朋友，招邀共饮，说古论今，酒酣耳热之际，或是唱诗酬和，或是相互取笑。1979年春，张友鸾写了一篇《马凯餐厅的文酒之会》，回忆20世纪50年代的趣事：

> 当时聂绀弩任人民文学出版社副总编辑兼古典部主任，同事中不乏老饕，招邀共饮，每周必会。说他们吃遍了北京小馆子，当然是夸张；但是他们的足迹，踏过不少地方，这倒是千真万确。他们轮流做东，仿佛像是个"转转会"。为写文章有些稿费，杖头之贽，不虞匮乏。聂发表的稿子多，收入稿费多，所以做东的日子也偏多。有些小朋友们，

少有稿费，就请他们吃白食。这也成了不成文法。有那么一天，他们去到一家名叫"马凯餐厅"的馆子。那天之前，聂拿到稿费，我也拿到稿费，聂多而我少。聂领头在前，走进店里，回顾一下说："今天张老请客呀！"我便笑答："先入为主嘛！"聂哈哈大乐，无言以对。那些小朋友，如今也是五十老翁了，有的还谈起此事，说直到现在，和人上馆子，总有戒心，不敢走在前面。想想多有趣！①

可是好景不长。从1955年到1957年，人文社古典部先是出了个"独立王国"，后来又出了个"右派集团"。自然是以聂绀弩为首，舒芜是"左丞"，张友鸾则是"右相"。②

"文酒之会"风流云散了，然而聂张两人一有机会仍相互往来。张友鸾女儿张钰说："记得反右以后，聂伯伯有时来看父亲，宿舍里的一些人对他侧目而视，他却旁若无人，昂首直入。父亲见他来了，马上置酒添菜，掩上房门。斗室之中，他们似乎忘记了外面的世界，依旧浅斟低酌，谈诗论文。前几年，我从父亲的旧笔记本里，发现了一张破纸条，上面写着，'座上客常满，樽中酒不空。连聂绀弩这样的人也常来……'。这不知是哪次运动中父亲受批判时何人的'规劝'。总之，父亲是批判对象，聂伯伯是批判对象的重点，这张泛黄了的破纸条，从反面

---

① 张钰选编：《胡子的灾难历程：张友鸾随笔选》，十月文艺出版社，2005年，第147页。

② 舒芜：《〈回归"五四"〉后序》，《新文学史料》1997年第2期。

记录了他们相濡以沫的一段历史。"①

大错邀君朝北阙

60年代初期，聂绀弩自北大荒归来，时间充裕，以诗为乐。他在《散宜生诗》中，收进了1962年和1964年分赠张友鸾（字悠然）的《悠然五十八》四首、《悠然六十》五首。

悠然五十八

一

昔日新闻记，今朝古典编。
斯人面何鹄，春末袄犹棉。
包袱三千种，心胸五百年。
可怜邦有道，贫贱亦悠然。

二

儿女非常事，英雄见惯人。
连枝烟大瘾，三斗酒微醺。
秃树撑窗外，悲风入枕垠。
此中乐谁解，醒眼望朝暾。

---

① 张钰：《没字碑寻白雪篇》，姚锡佩、周健强等编《聂绀弩还活着》，人民文学出版社，1990年，第435页。

三

南京人报小，中国鬼才多。

前有《神龛记》，继之《魔合罗》。

奇文缺梨枣，沧海祭蛟鼍。

白雪阳春好，吾头称此歌。

四

年方五十八，人赠六旬诗。

尊相何寒乞，寿章也预支。

友鸳和绀弩，画虎皆白痴。

一杖随身细，王城信所之。

有对困境中张友鸾的风趣描绘，也有对张友鸾身处逆境而达观的赞扬。

悠然六十（其三）

一

状貌恂恂张子房，齿牙摇落鬓毛苍。

日三斤酒半碗饭，断一回肠千次肠。

坐老江湖波涌跌，起看天地色玄黄。

寒梅未蕊黄花死，知倩何花佐寿觞。

二

始逢绿鬓春风面，初版白门秋柳时。

二十岁人天怕我，新闻记者笔饶谁。

多情眷属西厢遇，革命文章子夜披。
才气有棱扪不得，岂惟痛饮始吾师。

三

廿年相识少谈攀，谈在金陵雨后山。
明时耻为闲公仆，古典应须老稗官。
本钦史笔追司马，况爱新民为友鸾。
大错邀君朝北阙，半生无冤忽南冠。

特别是第三首诗，聂绀弩写出了与张友鸾从相识到相知，到邀其来北京，而后被错划右派的事。聂绀弩在这首诗中，痛心疾首地自责道："大错邀君朝北阙，半生无冤忽南冠。"张友鸾对此则付之一笑说："在劫难逃，与卿何干？"①

张友鸾虚岁六十时便告老退休，闭门家中，埋头读书写作。他只想在有生之

聂绀弩赠张友鸾诗手稿

---

① 张钰：《没字碑寻白雪篇》，姚锡佩、周健强等编《聂绀弩还活着》，人民文学出版社，1990年，第436页。

年，多读一些书，多做点事，其他别无所求。聂绀弩却不然，看不惯的事他要说，想不通的事他要弄明白。有一段时间，连工作权利都被剥夺了，他还是不肯装聋作哑，仍然那样锋芒毕露。有一年春节前夕，张友鸾按照宿舍的惯例，买来一副春联正往门上贴，聂绀弩来了，看了看春联上的歌颂之词，哈哈大笑说："拍马屁也没有用，右派总归还是右派！"这固然是他们之间习惯了的戏言，但他那种无所顾忌的脾气，使张友鸾很为他担忧。

1963年3月的一天，银须飘拂的张友鸾造访聂绀弩，恰逢他北大荒的朋友党沛家也在。党沛家回忆说："绀弩为我们做了介绍之后，老先生便立即口诵'十几岁人关党国，八千里路话桑麻'之句，这是春节前绀弩才写赠给我的诗，没想到这位老先生竟然能背诵。还说，久仰久仰，小小年纪有此经历真是了不起，令他感叹不已。我也早从聂伯诗中久慕他的大名，今日相逢可谓幸会。……友鸾先生温文尔雅，'温良恭俭让'，有古君子风。绀弩说他是报界骄子，才干非凡，写过很多好文章，可现在不得不提前退休了！""友鸾先生的胡子，疏疏朗朗很是漂亮，这就更加突出了他的斯文气质。可是吃饭时那胡子却逼得他更加斯文！我觉得他那样子好笑，于是便说：先生的胡子让人一看便知是一位很有学问的人，可吃饭、喝汤就不太方便了。友鸾先生听了一笑便道：你只说对了一半，听我为你讲个笑话。从前有个人，当他致力于学问的时候，得了一个儿子，就把儿子取名叫'学问'。后来他留起一把胡子时，又得了一个儿子，就取名'胡子'。及至第三个儿子出世，他觉得自己老了还生儿子，真是笑话，就叫做'笑话'。三个孩子逐渐长大了，成天在家打闹，他实在烦得慌，这天就让他们上山去捡柴。三个孩子小的最勤快、大的最懒。归来只见'胡子有一把，学问一些也无，笑话倒有一担'。这笑话指的就是我。后来他还专门写了一篇文章《胡子的灾难历程》，真是写尽了'包袱三千种，心胸五百年'来，不愧是一篇传世佳作。"[1]

1965年2月的一天晚上，聂绀弩与张友鸾、黄苗子等一起在江西餐厅吃饭谈诗。饭间，绀弩说他已经把诗稿烧了，并且做了一首烧诗的诗。张友鸾说："听说了，而且听说这首诗还不许人抄。"聂绀弩说："当然，抄更不好，抄了传出去，人家问你为什么烧，这不是又一条罪状？真不想再做诗了，这东西越做越好，越好就越成问题。我细算了一下，这几年做的诗，写给别人看、别人赠诗做了答诗或者有赠而别人不答的，总共有五十多人，这样传开去就不得了，所以就决定不写。"张友鸾说："古人所谓'诗穷而后工'，穷不一定是没有钱的穷，更主要是'途穷'之穷，穷了什么都不能做，只好做诗，当然越做就越穷，越穷就越工，就越不好拿出去。"绀弩又说想写好字，张说"字写得太好也不行"。绀弩笑道："吾生不有，亦后何有，这就只好四大皆空了。"[2]

---

[1] 党沛家：《三红金水斋访谈杂忆》，载《人生随笔》，内部资料，2006年，第129—130页。
[2] 寓真：《聂绀弩刑事档案》，明报出版社，2009年，第83页。

读寓真《聂绀弩刑事档案》发现，60年代中期，聂绀弩与张友鸾等人的饭局比较多。比如1965年2月15日，张友鸾托聂绀弩转请尹瘦石作画，作为酬谢，请尹吃饭，并约绀弩及周绍良、陈迩冬、黄苗子一起作陪。饭后同到黄苗子家打扑克，聂张周三人一直玩到凌晨。10月29日晚上，聂绀弩同张友鸾、龚之方等友人在"五芳斋"吃晚饭。11月2日晚上，聂绀弩与张友鸾、周绍良等多人，合请香港《大公报》来京的陈凡在聚丰园吃饭。1966年2月4日，聂绀弩与张友鸾、周绍良、黄苗子等在"恩成居"晚饭，然后漫步到东安市场。2月18日晚上，聂绀弩与友人吃饭，但"张友鸾最近情绪不好，不想出来"①。

别时容易见时难

"文革"中，聂绀弩和张友鸾都进入古稀之年。两位老人，天各一方，以不同的方式，坦然地面对磨难。终于等到"四人帮"倒台，聂绀弩也出狱了。但是，张友鸾并没有迫不及待地去看他。在绀弩回京几个月以后，张友鸾写了一篇《聂绀弩诗赠周婆》的文章，发表在1979年4月14日的香

晚年张友鸾

---

① 寓真：《聂绀弩刑事档案》，明报出版社，2009年，第295页。

港《文汇报》上。文章向读者介绍了聂绀弩在"文革"中的遭遇和他的一些诗,以及他的近况。文章说:"诗人聂绀弩,一系十载,去年才回到北京。为什么遭到这场祸事?有人说,他最早揭发了狄克就是张春桥;又有人说他得罪了江青。真相究竟如何,自己也有些莫名其妙。然而以诗获谴,这却是事实。一贬东北,再禁山西,而今竟然回来了,真不免有'种桃道士归何处,前度刘郎今又来'之感。"[①]

由此可见,张友鸾当时虽未和绀弩见面,却信息相通。同时,从这篇文章里也可看到,"文革"中,张友鸾对绀弩的情况时有所闻,对其处境十分担心。在这篇文章发表后的一周,香港《文汇报》刊登了那篇《马凯食堂的文酒之会》。也许张友鸾在努力唤回那些愉快的记忆,期待着像50年代一样,与聂绀弩在"文酒之会"上重逢。

然而岁月无情,聂绀弩长期卧床,张友鸾也病痛不断,真个是"别时容易见时难"了。

1981年的夏天,张友鸾迁进了团结湖的一套两居室。据说这原是出版局分给聂绀弩的,他却没有要。这件事触发了张友鸾,他对女儿开玩笑说:"再不见面,只怕见不着了。凭他给我留下这两间房,你也该陪我去谢谢他。"没想到,说此话不久,张友鸾却得了脑血栓。直到1982年的夏末秋初,身体稍稍好些,就急切地要女儿陪他去聂家。

---

① 张钰选编:《胡子的灾难历程:张友鸾随笔选》,十月文艺出版社,2005年,第144页。

劫后重逢,似乎应当有点戏剧性的情节,但一切却是那么地平静。聂绀弩和张友鸾互相端详着说:"老了,老了。"而后,就像只几个月没见面一样,一边说着近况,一边开起了玩笑。张友鸾说,近年因脑血栓,左眼偏盲,走起路来总往右边偏斜。绀弩笑嘻嘻地说:"你怎么还是老右倾啊!"张友鸾翻着绀弩送他的《三草》诗集,指指点点:"你也是积习难改呀!"

聂绀弩为张友鸾开启了一瓶茅台酒,周颖为大家准备了丰盛的午饭。两位老朋友都不能像过去那样豪饮了,只是一杯在手,细饮慢啜。他们闲聊着,谁也不向对方诉说十几年经受的折磨。张友鸾说,因为身体不好,想易地休养,到南京住些日子。绀弩便指着桌上的一盘白斩鸡说:"好啊,南京的盐水鸭比这好吃,我是好久不知其味了。"张友鸾笑着说:"好办,等我去南京,给你买只来。"他们在愉快、安详的气氛中度过了几小时。谁也没想到,这是两位老朋友的最后一次聚会。

张友鸾和聂绀弩见面后一个多月,便与夫人去了南京。女儿张钰送他们到南京,临回北京时,张友鸾没忘记让女儿带回一只盐水鸭。回到北京的当天晚上,张钰便赶紧送到聂家。看到专程送来鸭子,聂绀弩十分高兴。他因为喘得厉害,整天卧床,酒也不敢喝了。可是晚饭时,他竟起床坐在饭桌旁,伸出筷子夹了块鸭肉进嘴,连说好吃。又对张钰开玩笑说:"你爸爸太小气了,只给我带一只鸭子!"忍不住,还喝了半杯酒。

1986年新年刚过,张友鸾突然中风失语,昏睡不起。春节前夕,稍有转机,偶尔睁开眼睛,断断续续说些不连贯的词句。

吃年夜饭的时候,他忽然对女儿说:"过生日。"女儿说:"不是过生日,是过春节了。今天是除夕。"他固执地重复:"过生日,过生日。"并且因为女儿的不理解而烦躁起来。老伴赶紧问:"是说今天老聂过生日吧?"张友鸾点点头笑了笑,又叹口气说:"唉,我病了,不去了。"① 原来50年代他们同在出版社工作时,每逢农历除夕绀弩生日这天,几个朋友总是聚在聂家开怀畅饮。

不久,聂绀弩去世了,女儿不忍告诉卧病在床的父亲,但后来张友鸾还是在报纸上看到了消息。他拍着床沿,流着眼泪。他没能再和聂绀弩见上一面。他张口说不出一句整话,也无法提笔写字,深深的哀思只能埋在心里。

---

① 张钰:《没字碑寻白雪篇》,姚锡佩、周健强等编《聂绀弩还活着》,人民文学出版社,1990年,第430页。

苍苍者天茫茫水

——聂绀弩与胡风

彭燕郊说,胡风是聂绀弩生死与共的文学战友。又说,"胡先生和聂的友谊,是最美的、最深沉的友谊,他们两个人的人格在友谊中有极崇高的互相辉映"①。

东京监狱的难友

1931年"九一八"事变之后,聂绀弩在南京组织"文艺青年反日会",并发表反蒋文章,引起国民党中宣部的注意。9月下旬受到当局传讯,遂弃职潜逃,并决定脱离国民党。年底,得在早稻田大学留学的夫人周颖信,便经上海东渡日本。

---

① 张晓风、龚旭东整理辑注:《梅志彭燕郊来往书信全编》,海燕出版社,2012年,第180—181页。

在东京，聂绀弩靠周颖的一份留学生官费维持生活，边学习边给国内报刊写稿。后来周颖把早稻田大学同学、湖北蕲春人方瀚（何定华）介绍给绀弩认识，接着方瀚又把他的蕲春同乡胡风（张光人）介绍给绀弩认识，两人一见如故，从此成为莫逆之交。

胡风夫人梅志说：

> 方瀚陪同湖北同乡京山人聂绀弩来看他（按，指胡风）。聂带来了一卷新诗诗稿，要他看看，并提意见。他照例说了真话，并且毫无保留地说了自己的看法，否定多于肯定（他当时并不知道聂在南京办了一个什么诗社，还为此丢掉了在中央社的一个不小的官职）。他最后说了句，"你如果写小说，一定会比新诗写得好"。聂听了他的一番评论，当然很不好受，但冷静下来后，还是带笑地同意了他的意见。他被约到聂家去玩，这次知道原来聂的妻子就是他在东亚日语补习学校认识的那位周颖。从那以后，他们就常相往来，他和他们夫妇二人的友谊交往一直持续了四五十年！①

聂绀弩在 1955 年所写交代材料中说：

---

① 梅志：《胡风传》，《梅志文集》第 3 卷，宁夏人民出版社，2007 年，第 159 页。

胡风是三一年底或三二年初在东京认识的。那时我刚从南京逃出来，想参加革命，周颖说她认识两个搞革命的，一个何定华，一个胡风，可以给我介绍。过了些时，何定华来了，她就介绍。何也谈到胡风，说我既然搞文学，可以找他谈谈。一天何又来，说约好胡风在家里等，我们去看他。我就和何到郊外一个什么地方去看了他。我谈了些过去的经历和在南京出走的情况及想参加革命的志愿等等。他谈了一些什么，不记得了。过了些时，他来找我，说左联要我写点材料，打算吸收我。我写了，过几天交给他了。再过几天，他来说，上海左联说我写的材料不好。我听了很失望，以为不吸收我了。过了些时，不知是来通知我开会还是做什么事，我很奇怪，不是不吸收我么？他说已经吸收了。①

1932年3月，胡风、方瀚邀集聂绀弩、周颖、邢桐华、王承志共同建立"新兴文化研究会"，由东京"左联"领导。该会分为"社会科学"和"文学"两部分，社会科学部分由方瀚、王承志负责，文学部分由胡风负责，聂绀弩和周颖、邢桐华等参加。② 研究会还创办油印刊物《文化斗争》（后改名《文化之光》），进行反日活动，引起当地警察厅的关注。

---

① 聂绀弩：《历史材料重写》，载《聂绀弩全集》第10卷，武汉出版社，2004年，第34—35页。
② 姚辛：《左联史》，光明日报出版社，2006年，第57页。

1933年3月18日清晨，日本警察搜查聂绀弩和周颖的住所，查获日共《赤旗》报追悼小林多喜二专号，并逮捕他们夫妇以及王承志等四人，关押于早稻田留置场。同日清晨，胡风也被警察抓走，关押在四谷警署。

为了躲过警察的酷刑，同时也为保护胡风，聂绀弩作了机智的口供：他只供出文学研究会开过会，谈了些开会的琐碎情况；至于胡风与日共领导人的关系，胡风、方瀚、王承志《赤旗》报三人小组，谁是"适代表"（楼适夷），反战会议的活动等等重要事件一点没有暴露。当日本警察把聂绀弩的口供拿给胡风看时，胡风心中的石头落了地，他在聂绀弩口供的范围内也作了口供：只承认在《文化斗争》上发表过文章，参加了文学研究会的活动，思想上反对日本侵略中国。这些内容，根据日本法律是无法对他起诉的。

6月7日，日本内务大臣根据内务省训第1505号文件宣布，除方瀚、王承志外，将包括聂绀弩夫妇和胡风在内的其他22人驱逐出境。胡风回忆：

> 方瀚和王承志掩护了我，我和他们一起的几个重要关系没有暴露。除去在《新兴文化》（按，即《文化斗争》）上写文章，文学研究会的活动外，连书记局都替我开脱了。原因当然是由于一般的革命纪律，能少暴露一个就少暴露一个；既然自己暴露了，就一切由自己承担起来。第二年他们回上海时（当时通过方瀚同文书院关系的日本人取保

释放的),我们彼此见面非常愉快,认为那是对日本警察斗争的一次胜利。他们告诉我,他们暴露是由于聂绀弩"吊儿郎当",在他那里搜查了《赤旗》追悼小林多喜二专号的半张副刊(从《赤旗》追党的关系,那仅是一步之隔)。……这次逮捕,我因罪证不足免于起诉被释放(周颖是早些时被释放的,聂绀弩大约时间长些,但也比我早被释放)。①

6月12日,聂绀弩夫妇俩与胡风等人正式启程回国。聂绀弩后来回忆:"三三年三月我们夫妇同时被捕,被捕后一星期,把周颖放出去了,说因为她是女的。她放出之后来看我,告诉我别人连胡风也于同日被捕。关了三个月,审讯了三四次,于六月上旬被押送出境,在车上碰见胡风及其余几十个人。胡风在路上讲过几次他被打的情况,说他不能忍受了的时候,就浑身一松,刑事看见,以为他要死了,就停止打。除此之外不记得他谈过别的。"②

回到上海不久,胡风出任"左联"宣传部长,介绍聂绀弩参加宣传部下设之理论研究委员会(即马克思主义理论研究委员会)活动,后又成为小说研究委员会成员。

1934年,聂绀弩在其主持的《中华日报》副刊《动向》上

---

① 晓风编:《胡风自传》,江苏文艺出版社,1996年,第28、29页。
② 聂绀弩:《我和反革命的关系及其危害性》,载《聂绀弩全集》第10卷,武汉出版社,2004年,第125—126页。

发起过两次论争，一次是关于利用旧形式的，还有一次是关于大众语的论争。胡风积极参与，撰写多篇文章。

1936年初，聂绀弩致函鲁迅，说要办一个文学刊物。恰好此时胡风、萧军等人也有这个愿望。鲁迅对胡风说，如果每人各办一个刊物，这就大大分散了战斗力，不如大家合起来共同办一个刊物。后来经鲁迅、胡风、吴奚如和聂绀弩等人一起商定，创办《海燕》杂志。胡风说："《海燕》的编辑工作是以我为主进行的，由我负责收集选定稿子，然后交聂绀弩去联系印刷、发行等具体事务。《海燕》第一期署名'史青文'编，就是聂绀弩想出来的。"① 遗憾的是，《海燕》出了两期之后，就被当局禁止了。这时，由于形势的需要，为了建立文艺界抗日民族统一战线，"左联"自行解散。

4月，周而复、马子华等创办《文学丛报》，得到聂绀弩和胡风的支持。据马子华回忆："那时，他（按，指聂绀弩）和胡风的公私关系十分密切，胡风的文艺观点，他是基本同意的。我们编大型文艺刊物《文学丛报》，是征得他和组织的同意，表示大力支持才出刊的。鲁迅先生的稿件，都是胡风通过绀弩送来的。……后来，两个口号的论争开始，我们《文学丛报》马上投入战斗，根据鲁迅先生的意思，胡风执笔的《人民革命战争的大众文学》（按，应为《人民大众向文学要求什么？》）这篇文章，就是由《丛报》刊载的，《丛报》由此而成为这个口号

---

① 《胡风全集》第7卷，湖北人民出版社，1999年，第16页。

的营垒，这完全是聂绀弩主持的。"①

七星岩下去喝茶

1937年"八一三"之后，聂绀弩参加上海救亡演剧一队，奔赴各地演出，先到南京，再去武汉。胡风10月1日抵达武汉后，在接下来的几个月里和聂绀弩的来往特别频密，两人几乎天天在一起，或下馆子，或谈稿子。聂绀弩答应胡风，将来和他一起办《七月》。

第二年春，聂绀弩在西安、延安打了一转后又回到武汉。8月中旬，他受周恩来的指派，前往皖南新四军军部工作。

一个月之后，也就是武汉沦陷前夕，胡风也匆匆离汉，撤退到重庆去了。

聂绀弩在新四军军部待了半年，但和副军长项英关系处理不好，十分郁闷，萌生离开之意。恰好胡风想让他去重庆负责编《七月》大众版，得到周恩来的同意。

直到1941年4月，聂绀弩才姗姗来到山城。用胡风的话说，"老聂走到金华停下了，走到桂林又停下了，走了一年多还没有来到重庆。这次，我就是催他赶紧来接编《七月》"②。之

---

① 马子华：《怀旧赋》，姚锡佩、周健强等编《聂绀弩还活着》，人民文学出版社，1990年，第94—95页。
② 胡风：《回忆录》，《胡风全集》第7卷，湖北人民出版社，1999年，第504页。

所以要"催",是因为胡风准备去香港。胡风一家是 5 月 7 日离开住了两年半的重庆。换言之,聂绀弩与胡风在重庆相处不足一个月时间。

1941 年 6 月,胡风夫妇带着两个孩子抵达香港。半年之后,日军攻占香港。

翌年春,胡风一家逃到广西桂林,又与聂绀弩相聚了:

> 坐上火车,一天就到了桂林。记不得是哪位来接我们的,将我们引到了环湖东路东亚旅馆楼下的一间小屋。一会儿,老聂来了,坚决要请我去洗澡,这大约就是洗尘的意思。这一路近一个月,不但不能洗澡,连洗脸都不是经常能办到的。我就随他去了,同时也向他了解一下这里的情况。他只回答我简单的几句话,"复杂,但有干头,要有耐心",真使我摸不着头脑。出澡堂时天已下起了毛毛雨,他又坚持要送我回旅馆,然后约了 M 母子一道,请我们到一家小饭馆里吃了一餐这几个月来最高级的饭菜。[1]

胡风夫妇到达桂林的第二天,梅志发现绀弩换下的一包脏衣服发出酸臭难闻的气味,忍不住帮忙洗了。后来朋友们经常带着善意谈起绀弩生活不拘小节,他能够随遇而安,和年轻人一起吃苦,甚至和剧团的青年们一起睡戏台,拿大幕当被子。

---

[1] 胡风:《回忆录》,《胡风全集》第 7 卷,湖北人民出版社,1999 年,第 556—557 页。

胡风听了,觉得老聂的生活太不正常了,这样怎么能工作呢?就想规劝他几句。虽然很婉转地暗示着说,但绀弩一听就明白了,他很不以为然,甚至说,自己没有少写文章,没有耽误工作,这些小节有什么呢。

胡风有点生气地说:"你以为你不摆架子,能同年轻人滚在一起,就了不起了,他们又都拥护你,就了不起了。那是浪费,浪费时间,浪费生命。"

"没那么严重吧!"

"好。这一些时候你写了什么文章?凭着你的聪明和才智,你本来可以写得更好的。就这种急就章式的文章,你满意吗?"①

绀弩不做声了,更没有发火。

从1942年3月6日到1943年3月14日,胡风夫妇在桂林住了整整一年。这一年里,"老聂也是常来,从第一天在旅馆见面后,他就是我们的常客。不过,可能是因为我的住处只有两张竹椅,客来多了就只好坐在床上,加上下午西晒,所以他多半约我们到七星岩下的茶馆去喝茶,同时可以和许多青年朋友见面"②。

临行时,胡风和绀弩"做了一次长谈,最后希望他仍回重

---

① 梅志:《悼念之余》,姚锡佩、周健强等编《聂绀弩还活着》,人民文学出版社,1990年,第183—184页。
② 胡风:《回忆录》,《胡风全集》第7卷,湖北人民出版社,1999年,第561页。

庆,并且还批评了他,说他对老婆孩子太不负责,太不关心,太自私",听了这些指责,绀弩"不敢分辩,只是'唔、唔、唔'地应着,一副惭愧的倒霉相"。①

1943年3月,胡风再返重庆。是年冬,聂绀弩也离开桂林,再到重庆。梅志说:"那时我住在赖家桥乡下,他没有来过,我很少有机会看到他。只是那年春节前我到北碚绍隆寺周颖主持的慈幼院去和他们玩了一两天。"② 1946年2月,胡风全家飞离重庆回到上海。12月初,周颖只身离开重庆,从上海去香港,向胡风辞行。

1947年冬,聂绀弩离开重庆,于翌年初抵达香港,与周颖团聚。

苍苍者天茫茫水

中华人民共和国成立之后,聂绀弩于1951年5月才从香港回到北京工作。"胡风每次到北京开会或是去接受批评,都会去找他,并且常在他家吃饭。那时周颖已是邮电部的高级干部,借到一处房子。每星期六或星期日,胡风总在他家吃上一顿家乡饭,再和他打几盘'百分',算是松散过分紧张疲劳的神经,

---

① 梅志:《悼念之余》,姚锡佩、周健强等编《聂绀弩还活着》,人民文学出版社,1990年,第184—185页。
② 梅志:《悼念之余》,姚锡佩、周健强等编《聂绀弩还活着》,人民文学出版社,1990年,第185页。

找到休憩之处了。"①

再后来，胡风、聂绀弩先后遭遇不测，两人很长时间天各一方。

1976年10月，聂绀弩特赦出狱。回京之后，整天在家作诗练字。有一天，陈凤兮来访，看到他桌子上用毛笔宣纸写的一叠诗，题目是《风怀十首》。十首七律，行书，整齐而飘逸。"我边观赏书法边读诗，他问我：'看懂么？'我说：'有懂有不懂，你用典故太多。只是题目倒是懂的。'他说：'有的诗原不要别人懂。题目么？你说说。'我告他只要把头两个字颠倒过来就是了。他点头。他与胡风有深厚的友谊，可是胡风的问题那时一点消息也没有，他思念胡风，他不能忘怀还在苦难中的故交。这时，眼前我看

聂绀弩致胡风信手迹

---

① 梅志：《悼念之余》，姚锡佩、周健强等编《聂绀弩还活着》，人民文学出版社，1990年，第185页。

到的是美的友情，美的诗篇，美的书法。"①

1979年1月11日，胡风释放出狱，结束了长达24年的囹圄生活。2月，四川省公安厅宣布原四川省革委会所判的无期徒刑被撤销。6月，公布其为四川省政协委员。

很快，聂绀弩有了老朋友的消息。遂于7月19日致信胡风，报告自己的情况：

> 三郎（按，指萧军）父女黉夜专送尊函来看，可谓热心矣！关于兄事早略有所闻，大致近真，不必细说。说说我吧，1967.1.25被捕，两年后解山西某县寄押，前后约八年被判无期，解临汾服刑，前后十年欠四个［月］，1976年9月25［日］，被宽大释放。今年三月平反，补发工资。四月改正三恢复。我家人口减百分之五十，即海燕同三妹已故；其半尚存：愚夫妇。我现在身体很坏，前两天才从医院出来。病属于冠心病、老年性血管硬化之类，据说要多活动，但我懒了一辈子，一下子勤快不起来。又说要吃得好，我食欲差，也不知什么好吃，知道也买不着，买到了也无人会弄。只好由它。近来忽然被称为旧诗好，《人民文学》和《诗刊》都亮了相。但吹捧得最热闹的是香港。不光诗，旧著也被盗印。有人誉我为这个那个，有的也是

---

① 陈凤兮：《泪倩封神三眼流》，姚锡佩、周健强等编《聂绀弩还活着》，人民文学出版社，1990年，第46页。

好意，但恐也有别有用心者。由他，反正管不着。只说这点点吧！……我们全家人问你俩好！①

10月30日至11月16日，中国文学艺术工作者第四次全国代表大会在北京举行。文代会期间，聂绀弩与吴奚如等请求已出狱并任四川省政协委员的胡风与会，未果。11月5日，周扬找聂绀弩和吴奚如谈话，说胡风的问题一定会得到解决，但是此次会议不能解决，只能引起分裂，中央将开专会研究解决，请大家放心。

11月23日，胡风从成都致信北京的小儿子张晓山，说"可看看聂伯伯，听他告诉你关于我的情况"②。12月7日，聂绀弩致信胡风说："小三、小风夫妇均曾来过……周公（按，指周扬）说年内要解决某种问题而至今未见征象，此非一时缓兵。周曾在大会上谈过，所谈非此一事，尚有其他三事，此四事至今均寂然。公众之事，非一人所能转移，周公之力也只有这般大小，不必把他想得太怎么的。……"③

1981年11月1日，胡风在新居过八十寿辰。聂绀弩作诗以贺：

不解垂纶渭水边，头亡身在老刑天。

---

① 《聂绀弩全集》第9卷，武汉出版社，2004年，第183—184页。
② 晓风编：《胡风家书》，复旦大学出版社，2007年，第484页。
③ 《聂绀弩全集》第9卷，武汉出版社，2004年，第188页。

> 无端狂笑无端哭，三十万言三十年。
> 便住华居医啥病，但招明月伴无眠。
> 奇诗何止三千首，定不随君到九泉。①

1985年6月8日，胡风逝世。两天之后，聂绀弩为胡风写就悼诗，并加按语："仓卒凑句，未拘格律，亦仅一首。余均平日赠君者，体皆七律，录以为吊。"诗曰：

> 精神界人非骄子，沦落坎坷以忧死。
> 千万字文万首诗，得问世者能有几。
> 死无青蝇为吊客，尸藏太平冰箱里。
> 心胸肝胆齐坚冰，从此天风呼不起。
> 昨梦君立海边山，苍苍者天茫茫水。

8月3日，胡风遗体火化，未开追悼会，只有聂绀弩夫人周颖等少数友人到场。

1986年1月初，中共中央撤销对胡风的政治历史结论。② 1月15日，胡风追悼会在北京举行。两个月之后，聂绀弩也驾鹤西去。胡风家人对他的感情，不能用诗来表示，只能用行动来

---

① 聂绀弩：《胡风八十》，载《聂绀弩全集》第5卷，武汉出版社，2004年，第81页。

② 1988年6月18日，中共中央发布《关于为胡风同志进一步平反的补充通知》，正式撤销其个人主义、宗派主义、唯心主义等罪名，"胡风反革命集团"案才被彻底平反。

表示了。绀弩的后事就由胡风的小儿子晓山协助周颖操办。周颖致信友人赵则诚说:"他(按,指绀弩)的骨灰要放在八宝山骨灰寄存处一室,和老胡,田间,丁玲都在一起,他们可开小组会了。"①

---

① 赵则诚:《颂绀弩》,姚锡佩、周健强等编《聂绀弩还活着》,人民文学出版社,1990年,第234页。

同乡同学亦同志

——聂绀弩与吴奚如

在民国初期的湖北京山县城,有"三才子"之说,或者说"三如",即聂幹如(绀弩)、汪慰如(镜秋)、吴奚如(席儒)。

起先,在老师孙铁人的介绍下,聂绀弩和汪慰如一起结伴去南洋闯世界,但后来两人逐渐分开。聂绀弩从南洋回国后考入了黄埔军校二期,不久吴奚如考入黄埔军校四期。再后来他们先后加入左联,办刊物,参加新四军,从而成为终身挚友。

吴奚如在20世纪80年代出版小说集时,请老友聂绀弩写了一篇言简意赅、准确全面的序文。

> 奚如是革命的政治、军事活动家。一生参与的活动如北伐战争、南昌八一起义、西安事变等等,尤为人所熟知。其他出生入死,九死一生之经历,不可胜记。至于写小说、

杂文之类，特其余事。晚年多病，眼前之事，又多为初料所不及，不知怎样措手足，遂少有文章发表。

有一些老革命家，饱有生活经验，解放后想把平生经历笔之于书，无奈笔墨荒疏之久，又独无参与文学活动经历，举笔踌躇，不易成篇。另一方面，则有文坛巨子，想将革命运动，留之于史，又苦无生活经验。此实大矛盾，不知如何克服。奚如是有生活的，又是文章选手，宜无此矛盾而大有所作，而活动当时，诸事鞅掌，朝不虑夕，无暇及此；事后回思，时过境迁，多如过眼烟云，不易捉摸。且从事事功之人，事功有所成就，即使由文人出身，也往往觉得文章小技，壮夫不为。究竟是革命家的奚如使他不愿终老文场，还是小说家的奚如，妨碍了他在政治上的宏图大展呢？我不知道。

回忆三十年代，奚如与我曾同一左联小组，有时还同居一室，同为《动向》写稿，同参与《海燕》工作，每有所作，辄得先读，口虽不言，心常内愧。当时侪辈小说见长者有东平、周文、叶紫等人，奚如亦其中之一，皆我所叹弗如者。抗日战争将起，国民党对共产党封锁不能不有所松弛，周恩来同志见到奚如某篇小说（写大革命时期事者）甚为欣赏，人告之：作者为参与八一起义的吴某。周公记忆力强，尚能仿佛其人且知其那时已为党员，乃嘱组织调奚如由沪入延安，得参与西安事变工作。后且以之为政治秘书，直到抗战爆发后犹然。这时以后，他写的小说，我已不易读到，也就不很知道了。

奚如的小说，大概都是纪实之作，但想象力比我丰富得多，所以比我写的小说更像小说。惜大部都未曾读过，今年老多病，已无此精力一一读过了来加论列。就是能读，评赏小说事，也非所胜任。故简述旧事如此，敬为老友著作小序。①

这篇不足八百字的短序，写出了吴奚如的军事政治生涯、文学革命活动。

各经风雨未同舟

有人说聂绀弩与吴奚如是总角之交，其实不是。尽管他们都是京山城关人，但聂绀弩年长吴奚如三岁。当聂绀弩去上海滩闯世界时，吴奚如还在京山高小（绀弩母校）读书呢。聂绀弩黄埔军校毕业去了莫斯科，后在南京任职，继而远走东瀛。吴奚如进入黄埔后很快入党，且和周恩来同一支部。军校毕业后参加北伐战争，任国民革命军第四军叶挺独立团的连党代表，后任团政治处副主任。1927年"四一二事变"以后，任武汉"黄埔同学讨蒋运动委员会"常委、《讨蒋周刊》主编。同年7月，任湘赣边工农革命军警卫团连长、团部侦察参谋。不久参

---

① 聂绀弩：《〈吴奚如小说集〉序言》，载《聂绀弩全集》第9卷，武汉出版社，2004年，第90—91页。

加南昌起义。10月，任湖北省军委参谋。翌年5月，任湖北省委常委职务、代书记。11月，任中共河南省委委员兼秘书，不久被捕入狱。1932年秋获释出狱，随即被党组织派往上海，参加"左联"，任大众化工作委员会主席，以文学活动为掩护从事地下革命工作。1934年春，和徐平羽、彭柏山共同领导美亚绸厂工人大罢工，并主编《罢工日报》。1934年冬，调中共中央特科工作，并受中共中央指派，负责与鲁迅联系。可以说抗战之前，吴奚如多在周恩来的领导下工作。所以，聂绀弩在序言里谈到周恩来决定派吴奚如赴西安时，说"周公记忆力强，尚能仿佛其人且知其那时已为党员"云云。

聂绀弩是1933年6月被日本警察遣返回国的，"回到上海，第一件事是认识了吴奚如，是在一个同乡孙铁人家里认识的。孙铁人是我的启蒙老师，是老国民党……这时候，在上海当寓公。吴奚如也是同一个城里的人，但以前不认识。只听说他在大革命时代的武汉，曾活跃过。后来在河南坐了几年牢，出来了，刚到上海不久"①。而吴奚如的回忆略有出入："我认识胡风，是1933年夏，在上海。那时，他被日本统治者以反日的赤化分子罪名，在东京逮捕，刑讯、监禁一个时期后驱逐回国。同批被驱逐回国的，是聂绀弩和周颖女士（她被上海日文报纸称之谓'红色女郎'）等几十个留日学生。……我到上海外滩轮船码头去欢迎这批归国者，可说主要是为了去迎接东京'左

---

① 聂绀弩：《历史交代》，载《聂绀弩全集》第10卷，武汉出版社，2004年，第8页。

联'分盟的负责者之一的文艺理论家谷非(这是胡风那时期的笔名,本名是张光人)的。谷非的文艺理论文章及翻译的文学作品,我作为'左联'之一员,是已经阅读过,有着好印象。在一片欢迎声中,由绀弩介绍,我和谷非(胡风)算是相识了。"① 两相对比,姑且以聂绀弩的回忆为准。

自从和吴奚如熟识之后,绀弩两口子甚至叫奚如和他们同住麦琪路(乌鲁木齐中路中段)一个寓所。忽然有一天,奚如老家的结发妻子"三嫂子"千里迢迢找到这里来了。而奚如前几天才搬出去不远的一个亭子间里,和新找的爱人同居了。"奚如和他爱人平常就只有一张很窄的小铁床,现在又多了一个人怎么办呢?"绀弩两口子商议,"应该把三嫂子留在这里的,在亭子间里搁个铺,叫奚如不时过来看她一下"。②

过了两天,奚如来找绀弩诉苦,或者说商量对策:"三个人在那个亭子间里,实在无法转身,太尴尬了。"最后商量的结果是,奚如他们三人都搬到绀弩这里住,一来那边的房子马上到期,二来避免左邻右舍说闲话。就这样,两家人挤在一起生活了个把月。奚如拿到一大笔稿费后,打发三嫂子回老家去了。

此前两人住在一起之后,"老早就从事创作活动"的绀弩鼓

---

① 吴奚如:《我所认识的胡风》,晓风主编《我与胡风》,宁夏人民出版社,1993年,第14—15页。
② 聂绀弩:《三嫂子》,载《聂绀弩全集》第6卷,武汉出版社,2004年,第414页。

励奚如："把你所经历过的一切……写下来吧！"① 于是，奚如就开始动笔来。这一时期，应该说是奚如最丰产的时期。绀弩在《中华日报》供职时，奚如就在该报文学版面上发表过《你，巴扎洛夫的人啊！》《回故乡去》《残废之后》等文章。吴奚如还曾回忆他1934年春领导美亚绸厂工人罢工时，"为了争取上海舆论界的同情，我们采取了一个斗争策略：由聂绀弩在他主编的《中华日报》副刊《动向》上，以废稿示众为名，刊出了《美亚绸厂罢工宣言》"②。

1935年3月，经在中央特科工作的吴奚如介绍，聂绀弩参加了中国共产党。十多年前他曾由老师孙铁人介绍加入国民党，后于1931年自动脱党。据聂绀弩1955年所写一份材料回忆：

> 吴奚如经常和我有来往。不知什么时候，他已接上党的关系了，是军事方面的。三五年二三月间，他介绍我入党。入党式是在一个不知什么人家里举行的。除吴外，在场的有一个"老李"，另外一个胖子。老李不知名字，胖子连姓也不知道。③

---

① 吴奚如：《自序》，载《卑贱者的灵魂》，上海潮锋出版社，序文第3页。

② 吴奚如：《左联大众化工作委员会的活动》，中国社会科学研究院文学研究所编《左联回忆录》，知识产权出版社，2010年，第265页。

③ 聂绀弩：《历史交代》，载《聂绀弩全集》第10卷，武汉出版社，2004年，第10页。

聂绀弩入党后，最初主要和吴奚如联系，以后转文委方面，直到离开上海。

在上海，聂绀弩和吴奚如共同编过两份刊物，一是1936年1月创刊的《海燕》，一是1936年7月创刊《现实文学》，不过这两份刊物寿命都很短，如流星划过夜空。

"西安事变"前夕，吴奚如调到西安张学良部主持宣传工作，创办抗日同志会机关报《文化周报》。1937年初到延安，任抗日军政大学第一期政治教员。7月12日，西北战地服务团在延安举行成立大会，丁玲任主任，吴奚如任副主任。接着"西战团"成立了党支部，吴奚如任书记，直接受华北局书记刘少奇领导。12月，调武汉中共中央长江局工作，担任中央军委副主席周恩来的政治秘书，协助周恩来建立文艺界的抗日民族统一阵线，筹建中华全国文艺界抗敌协会，并负责八路军驻汉办事处的工作。

1938年春，聂绀弩到山西临汾碰到丁玲的"西战团"，随他们到西安延安走了一圈后回到武汉，又与吴奚如相聚。4月24日，聂绀弩与吴奚如、胡风、吴组缃、欧阳凡海、鹿地亘、艾青、池田幸子诸人，围绕文学旧形式的利用进行座谈。座谈记录以《宣传·文学·旧形式的利用》为题发表在汉口《七月》第三集第一期（总第十三期）。

在汉逗留期间，吴奚如还介绍聂绀弩在《新华日报》编了十天的《团结》副刊。因不是纯文艺性质，聂绀弩后请辞并要求到前线去。胡风有则日记说："（5月3日）午饭后到绀弩那里，他苦着脸，说《团结》无法编下去。"① 于是，周恩来介绍他去皖南新四军工作。

大概是 8 月下旬，聂绀弩到达皖南新四军军部，1940 年 3 月又去桂林。

通过前面这些回顾，可知吴奚如其人确实很不简单，居然有如此丰富且重要的革命经历。何以他后来竟然默默无闻，既从政坛上消失了，又不曾在文坛上留下更有分量的东西？那本《吴奚如小说集》仅三十万字，而且大都是 1942 年以前的作品。笔者梳理吴奚如 1949 年之前出版的九部文集②，其中六部出版时间集中在 1935 至 1938 年，另两部是 1941 年。这是为什么？对此，聂绀弩在那篇序文里，也有回答或暗示："眼前之事，又多为初料所不及，不知怎样措手足，遂少有文章发表。"要不然，吴奚如定能在政治上或文学上发挥所长，成为更有成就的革命家或小说家。

1943 年，吴奚如在延安整风运动中遭受挫折。因对康生一伙乱戴"叛徒、托派"的帽子不满，英雄气概又兼书生意气的吴奚如在会上公开提出异议，并愤然退党。如果说没有当政委

---

① 《新文学史料》，2016 年第 4 期。
② 即《叶伯》（天马书店出版社 1935 年版）、《在塘沽》（万人出版社 1936 年版）、《忏悔》（良友图书印刷公司 1936 年版）、《小巫集》（文化生活出版社 1936 年版）、《生与死》（潮锋出版社 1937 年版）、《阳明堡底火战》（上海杂志公司 1938 年版）、《汾河上》（北野书店出版社 1941 年版）、《萧连长》（桂林三户图书社 1941 年版）、《卑贱者的灵魂》（潮锋出版社 1948 年版）。

而当了科长，是吴奚如一生命运转折的开始，那么，退党更是将他打回原形。抗战结束后，吴奚如先后担任一些闲职，比如山东省文协常委、东北牡丹江市及松江省总工会主席。

1947年底，聂绀弩回了一趟故乡。他本想抽空去看看三嫂子，不料三嫂子却跑来找绀弩，来接绀弩去她家吃饭。"听说你回来了，特意来接你的呀，你几时有空？你不去，我要怪的。想想看，在上海住了那么多日子！"她还记得十多年前在上海，暂住绀弩家的旧事。她自然向绀弩打听奚如的事情，奚如到底还在不在人世。她听人家说报纸上报道奚如被杀了，还开了追悼会。绀弩吃了一惊，继而想起来了，重庆的国民党报纸确实造过谣，说包括奚如在内的十几个延安革命工作者被杀害。绀弩如实地告诉她，这事情《新华日报》辟过谣，后来奚如自己也发表过文章。三嫂子这下眉头舒展了："今天才得到确信咧！本来我不信，怎会杀他呢？"

中华人民共和国成立初期，吴奚如任东北总工会生产部长、鸡西煤矿工业学校校长等职。这一时期，吴奚如夫妇感情出现问题，遂于1955年将女儿吴丹丹①交给聂绀弩夫妇抚养。

过了几年，身处东北边陲的奚如想回乡重操旧业——从事文学创作。1958年，他调任中国作家协会武汉分会（湖北作协前身）理事、专业作家。

---

① 吴丹丹并非吴奚如亲生女，实际上是老革命李松涛（中华人民共和国成立初期曾任东北松江省文教局长）之女。聂绀弩去世后，其墓碑由吴丹丹以女儿身份所立。20世纪90年代初期，吴丹丹与丈夫移居欧洲。

忽漫相逢楚水秋

聂绀弩后来劳改所在地虎林县，属黑龙江鸡西市，这里正是吴奚如工作过的地方。

60年代初期，聂绀弩回到北京之后，有作《秋夜北海怀冰奚禾曙》：

> 此日荆南几病夫，倘非邛竹倩谁扶。
> 偶来打桨水天一，忽觉隔云山月孤。
> 我欲乘风回武汉，人当相忘在江湖。
> 平生自诩闲愁少，老遇秋怀也喟吁。①

诗题中的"冰奚禾曙"指武汉的朋友董锄平（字冰如）、吴奚如、伍禾、郭曙南。当年政治运动频繁，亲朋故旧之间常有株连，故有"人当相忘在江湖"这样的沉痛之语。

1964年6月，聂绀弩回了一趟老家京山。返京之前，在武汉看望了吴奚如在内的一帮老朋友，并作《喜晤奚如》诗一首：

> 各经风雨未同舟，忽漫相逢楚水秋。
> 曾是塞翁因失马，来看织女会牵牛。

---

① 《聂绀弩全集》第5卷，武汉出版社，2004年，第44页。

一谈龙虎风云会,顿觉乾坤日夜浮。
笑尔希文未当国,却于天下事先忧。①

领联中的"塞翁因失马"是指吴奚如退党之事,"织女会牵牛"说的是吴奚如偕新婚妻子回故乡。孙铁人之子孙希曙谓此诗,"对当时的大局动荡及吴奚如后半生的遭际,概括无遗,笔力矫健,语意警策,不仅为吴奚如面貌的写照,而且是一首反映时代、具有史料价值的好诗"②。

1965年,山雨欲来风满楼,年初批京剧《李慧娘》,到年末批历史剧《海瑞罢官》。转眼间到了1966年,春节过后,住在武汉的吴奚如收到聂绀弩从北京来信。聂绀弩这封信是专门向老友报告胡风近况。聂绀弩的信里还有两段话,一是谈形势的,一是谈他的设想的。说《海瑞罢官》一事确实很有来头,可能与"编者按"有关。北京形势将有进一步的发展,前途未可预料,他和周颖很可能要入川避难,在那里与胡风、梅志相会。信末提到萧军,说萧军为胡风不平且担忧,因家事缠身不能写信,嘱代为致候。③

聂绀弩对形势的预料是准确的,但是想入川避难是逃不脱的。

---

① 《聂绀弩全集》第5卷,武汉出版社,2004年,第179页。
② 孙希曙:《绀弩与故乡》,姚锡佩、周健强等编《聂绀弩还活着》,人民文学出版社,1990年,第29页。
③ 姜弘:《吴奚如和他的落花梦》,《江南》2009年第3期。

吴奚如在整个"文革"期间，却是一个很特殊的人物——只在开始时受过轻微的冲击，有过一两次"陪斗"，但既没有受过审问、关押，更没有挨过打。他是延安整风中的重点对象，而且一直"挂着"，也就是说，不但有"前科"，而且一直没有结案。这样的人不批斗，似乎说不通。可是，吴奚如的大字报出来了，也有"揪出""打倒"的标语，却"只闻雷声不见雨点"，他竟然"逍遥法外"，安然度过。

有人说，聂绀弩"武可以为将，文可以为相"，不幸却连遭贬斥，潦倒半生，远流北疆，险些丧命。吴奚如何不是呢？这对同乡同学好友都未能尽展其才，只是各有各的不幸。20世纪下半期的中国知识分子，也许谁也难逃这种"文艺与政治的歧途"，不同的只是各有选择：或扮演悲剧角色，或扮演喜剧角色。曾有人拿聂绀弩的命运与吴奚如比较，吴奚如立即申明：他不能与聂绀弩相比，聂绀弩真的是奇才，在危难之中还能创造出那样一种奇妙的诗，堪称"一绝"。他说他自己是庸才，现在又老了，写不动小说了，只能写回忆录。

1976年，吴奚如重返文坛。他以病残之身重新拿起笔来，写出了《鲁迅和党的关系》《回忆伟大导师鲁迅》《一个伟大的死》等

晚年吴奚如

文章。

1979年底，吴奚如作为特邀代表出席了全国第四届文代会。文代会期间，吴奚如与聂绀弩等请求已出狱并任四川省政协委员的胡风与会，未果。吴奚如曾于文代会间隙致信胡风说："今天（按，指11月5日），周扬找我和老聂谈了整个上午的话，说你的问题要在今年年底由中央专门解决，可能要找你到北京，甚至可能找我们参加。刘少奇同志、瞿秋白同志的问题也将在年底作出结论。周的态度较诚恳，自认过去有宗派主义。我和老聂也说我们亦然。……总之，你的问题解决时间不远了。望冷静对待，不可急躁，更不应偏激。从团结出发，通过彼此的批评，达到新的团结。会议开到十五六号闭幕，我的问题解决后即返汉。"① 又据聂绀弩回忆，"那次（"文革"后）文代会，吴奚如本拟在大会上提出胡风问题，周扬忽然把我和吴找了去，又是茶点又是水果地招待了一番。他请我是叫我当个居间证人。他说：'中国国内真正懂得文学和文艺理论的除胡风一人再没有第二个人。我是自愧不如……他的问题一定会得到解决，但是此次会议不能解决，只能引起分裂。中央将开专会研究解决，请大家放心……'"。② 胡风11月8日的日记："得奚如信，告诉周扬对他和聂绀弩的谈话，中央要年底专门解决我

---

① 晓风：《传奇老作家吴奚如》，《新文学史料》2013年第3期。
② 周健强：《散记罗孚与京中友人》，载罗海雷《我的父亲罗孚》，天地图书出版公司，2011年，第437—438页。

的问题。即复。"①

1980年,由吴奚如撰写的《我所认识的胡风》发表在武汉《芳草》杂志第12期。他本着对历史负责的态度,真实地写出了他和胡风的交往,证明胡风在中华人民共和国成立前并无反革命行为。这是国内最早为胡风辩诬的文章,吴奚如因此被称为"义士"。

1984年3月,《吴奚如小说集》由长江文艺出版社出版。该书序文,吴奚如最初想请武汉师范学院的青年教师姜弘撰写,但他诚惶诚恐地拒绝了,后来才由老朋友聂绀弩撰写。

1985年2月27日,吴奚如在武昌逝世。湖北省文联党组书记周韶华题写挽联云:"北伐南征,肝胆照日月,驰骋疆场垂千古;东联西合,文章感天地,风流艺坛载史册。"

吴奚如去世后,其亲属要求为他恢复党籍,彻底平反,有关申诉材料也上达至国家最高领导人那里。当时中组部的李锐也接到了申诉书。最后,在聂绀弩夫人周颖和丁玲等人的积极奔走之下,吴奚如的党籍问题总算获得解决,党龄则从1953年算起(因为档案上有1953年吴奚如要求解决党籍问题的文字材料),尽管他是1925年入党的老革命。

---

① 晓风:《传奇老作家吴奚如》,《新文学史料》2013年第3期。

文朋战友同骑马

——聂绀弩与丘东平

当聂绀弩所在的革命军第一次东征到达海丰时,作为陆安师范学生的丘东平,正在群众队伍中夹道欢迎。1927年海陆丰苏维埃政权成立,彭湃从香港归来,丘东平兼任了彭湃的秘书。不久,海陆丰苏维埃革命运动陷于低谷,丘东平辗转于香港、上海等地,从事文学创作。

丘东平雕像(张在军摄)

大概在 1934 年吧，聂绀弩从日本回国之后，在上海认识了丘东平，是吴奚如介绍的。第一次相见的时候，丘东平就对绀弩说："写战争吧，我们写战争吧。"①

1934 年秋，丘东平在《太白》杂志社当校对（一说助理编辑），也许校对过聂绀弩的文章。两人还一起受鲁迅之邀出席过左翼作家聚会。冬末，丘东平就受命离开上海，赴香港做统战工作。第二年春，丘东平从香港回到上海，对聂绀弩和吴奚如说："我要到日本学军事去，进士官学校，我要在那将要到来的民族解放斗争中，成为真正的军人……"② 不久，丘东平到日本去了。一年后回到香港，继而上海。

在 1936 年的"两个口号"论争中，鲁迅等对"国防文学"口号持有不同意见，也没参加中国文艺家协会。而丘东平和聂绀弩都是站在鲁迅这一边，积极参加两个口号的论争。6 月 15 日，鲁迅和赞同"民族革命战争的大众文学"口号的作家，如巴金、曹禺、靳以，以及吴奚如、丘东平、聂绀弩等六十七人联名发表《中国文艺工作者宣言》。

1936 年 10 月 19 日，鲁迅病逝。10 月 22 日，上海各界人士举行鲁迅葬礼。当天上午，聂绀弩自西安匆匆回沪，在去殡仪馆的路上碰到丘东平，"他似乎也是刚到。他说：'我要去买

---

① 聂绀弩：《东平琐记》，载《聂绀弩全集》第 4 卷，武汉出版社，2004 年，第 50 页。

② 杨淑贤：《丘东平生平年表》，载许翼心、揭丽英主编《丘东平研究资料》，复旦大学出版社，2011 年，第 406 页。

一块白布'。他去买了,还自己写上'导师丧失'四个拙劣的字。"①

新四军中同骑马

1937年"八一三事变"之后,聂绀弩、丘东平先后来到武汉。年底,丘东平完成阵地特写《第七连——记第七连连长丘俊谈话》,发表在《七月》(1938年1月1日)总第六期。聂绀弩拜读之后对丘东平说,这篇文章很好。东平说:"写战争的东西是很容易的,只要没有砰砰碰碰,辟辟拍拍等字样就好了。"②

1938年1月16日下午,聂绀弩和丘东平等人一起参加了胡风组织的"抗战以后的文艺活动动态和展望"座谈会,并发了言。这次座谈会的记录整理完成后,刊登在汉口《七月》第二集第七期,署艾青、东平、聂绀弩等。

紧接着,丘东平离开武汉新四军筹备处赴南昌新四军军部,被分配到战地服务团做宣传工作。7月27日,他在新四军第一支队部中致信武汉的胡风,询问:"聂、艾、田、萧、端诸兄的

---

① 聂绀弩:《东平琐记》,载《聂绀弩全集》第4卷,武汉出版社,2004年,第50页。
② 聂绀弩:《东平琐记》,载《聂绀弩全集》第4卷,武汉出版社,2004年,第50页。

情形怎样？无时不在念中。"① 殊不知，聂绀弩即将来到新四军和他并肩战斗。

8月下旬，聂绀弩到达云岭新四军军部（新四军军部于1938年4月迁到皖南）。最初任政治部宣教科科员，不久调服务团创作委员，次年出任文化委员会委员兼秘书，负责编辑军部刊物《抗敌》的文艺部分。

1939年8月，聂绀弩应陈毅之邀往江苏溧阳江南敌后先遣支队（新四军一支队）体验生活，收集写作材料。他和丘东平、徐平羽一同上前线，三人换着骑两匹马。军旅中缺少印刷品，他们为得到一本残缺的《三国演义》，争抢得不亦乐乎。

10月初，聂绀弩离开溧阳回皖南，准备离开新四军去重庆。

10月10日，丘东平在溧阳城外致信重庆的胡风，说："我在这里的生活情形绀弩同志可以告诉你一些，也没有什么特别的消息，只是身体很好，战斗的艰苦的生活显然吃不了我，也没有什么疾病，仿佛这杀人盈野的战场比上海东京还要卫生一些，这当然又是生活工作有规律的缘故，这一点可以告慰你们。绀弩兄我们本希望他不要回去，但他自己考虑的结果以为回去对于自己较为适合，如果是这样，回去也应该赞成。远祝你们

---

① 《丘东平致胡风的信》，罗飞编《丘东平文存》，宁夏人民出版社，2009年，第326—327页。

有一个比较称心如意的工作场所,远祝你们开辟新的绚烂的天地!"①

11月1日,丘东平再次致信胡风,说:"……绀弩回去了,一切由他告诉你吧,我的新女友颇好,谢谢。祝健康!欧阳山草明处曾托绀弩带信去,望他们有来信。他们如何,非常挂念。"② 其实这个时候,聂绀弩还没有到重庆,而是留在了金华。

1940年2月2日,彭柏山于皖南致信胡风,丘东平在信末附笔云:"绀弩兄谅已到你处了。"(《彭柏山书简》)殊不知,聂绀弩还在金华。

3月20日,丘东平致信胡风,说:"屡次从柏兄处看到你的信,也屡次鹤给你而没有发出,我曾从邮局寄信与你,也曾托绀弩兄带信与你。但你大约都没有收到。没有通讯或收不到信的事现在对于我已经没有什么了,因为长年都是没有接到信,战争对于我似乎特别加重了味道……绀兄回去后如何,希望你能够把从柏兄信中所知道的告他一点,并希望他以后写文章要小心,不要闹无谓的纠纷。他的那篇文章的确很成问题。"(晓风编注:"'绀弩的那篇文章',大概是指聂绀弩发表于《七月》二集×期上的报告文学《延安的虱子》。胡风认为它表现了在艰

---

① 《丘东平致胡风的信》,罗飞编《丘东平文存》,宁夏人民出版社,2009年,第328页。
② 《丘东平致胡风的信》,罗飞编《丘东平文存》,宁夏人民出版社,2009年,第330页。

苦生活条件下的革命生活气概,但它却受到了'讽刺革命根据地'的责备。")①

同年4月,聂绀弩离开金华,抵达桂林,开始主编《力报》副刊《新垦地》。丘东平以为他到了重庆呢。5月23日,丘东平再次致信胡风:"从柏兄处看到你的信,你给我的信也看到了。你那边现在如何,非常挂念。绀弩兄谅已到达你那边了。……"②

从上可见,丘东平对老大哥聂绀弩是多么的关切挂念啊,而懒散的聂绀弩似乎没有给丘东平写信报告自己的行踪。

"勇猛的张翼德哟"

1941年7月24日,丘东平在苏北盐城遭遇敌人扫荡而殉难,时年31岁。10月6日,延安《解放日报》才刊发"作家丘东平殉国"的消息。

10月19日,对于聂绀弩来说是黑暗的一天。是日,他正患着激剧的牙痛,从桂林乡下到城里去参加鲁迅逝世五周年纪念大会,同时得知东平战死的消息。

---

① 《丘东平致胡风的信》,罗飞编《丘东平文存》,宁夏人民出版社,2009年,第331—332页。

② 《丘东平致胡风的信》,罗飞编《丘东平文存》,宁夏人民出版社,2009年,第332页。

快走到中正大桥吧，迎面来的报馆里的取信人递给我一封薄薄的信，我毫不经意地拆开，一抽出来，是一张大白纸，上面只有一句话："东平战死消息证实。"真是祸不单行，已经牙痛得无可忍耐了，天外还飞来这样一个精神上的打击！我真想把信放进去，重新封好，作为未看，投下漓江的浊浪，让它流到汪洋大海。但流到汪洋大海去的不是那封信，却是我准备的讲话的腹稿，我的心更扰乱了！

我走在大桥上，头上的天空仍旧那样昏沉；桥上来往的行人仍旧那样翻翻滚滚。我无心望他们，偶然看了一眼，觉得那些面孔，愚蠢的依旧愚蠢，麻木的依旧麻木。为了一点毫不足道的世俗的悲欢，他们就显着笑脸或愁容；为了一点点所谓得失荣辱，他们就马不停蹄地奔跑。而一个人类的天才死了已经五年，一个智慧的光芒熄灭了已经五年的事，他们都似乎毫无所知，毫无所觉，毫无所感。而你，东平，一个正在成长中的人类的天才，一个行将日见光大的智慧的火，一个身背着民族解放的重负，在前线与民族敌人搏斗了三四年的战士的战死，与这些熙来攘往的人们，更是毫不相干。好像你不曾存在过，好像你的存在不曾给他们任何补益；好像你现在也不曾死去，好像你的死去于他们也并无任何损害；不欣幸有你，也不惋惜没有你，正像五年前的他们，不曾欣幸与惋惜那另一个伟大的人一样。我悲哀，我愤怒，我觉得我有愤怒的理由，我简直想唾弃这些麻木愚蠢的我们的同胞，一时之间，甚至忘记了我的牙痛。①

聂绀弩走到会场,不知道自己坐在什么地方,不知道台上有什么人在讲话,以及讲的什么。他盯着台上鲁迅先生的画像,想起鲁迅已经死了五年,把东平的死和鲁迅的死联系在了一起进行思索:

> 我不为鲁迅先生个人悲痛,却想起所有的人类天才和战斗者的运命,不能不为整个人类悲痛。我想,一个人的诞生,成长,是如何地不易;社会的既存势力无时无刻不向每一个人威胁利诱,要他变成无知,要他成为自己的俘虏,好让历史的车轮永远停滞在一个地方。我们的天才,我们的智慧的火,不知受到多少先觉的启迪和多少血的事实的唆示,自己更不知经过多少挣扎,奋斗,在艰难险阻,迂回曲折中逐渐长成。等到长成了,能力,智慧,正要在人类的花园开花结果;正要成为人类的取之无尽用之不竭的智慧的宝藏;正要像发动机一样挟着人类的运命向前飞跑的时候,而一只可诅咒的黑色的大手,不知从什么地方伸来,毫不容情地,把他攫取去了!如果这样的人能够活一百年,一千年,乃至永久,从已有的成就,更加发扬光大,给予人类的福利该是如何巨大哟;然而,残酷的自然,

---

① 聂绀弩:《给战死者》,载《聂绀弩全集》第4卷,武汉出版社,2004年,第43—44页。

却不许世界上有这样一个奇迹！社会与自然不但吞蚀已经长成的天才，还故意苛虐正在成长中的同样人物，不知多少人还只刚刚露出一点头角，却"坎坷流落，终于夭亡"（鲁迅）了。至于战争，更是屠杀天才的刽子手，凶暴的日本强盗的职志就在断送我们整个民族的生命，澌灭我们民族文化的种子，直接间接不知摧毁了我们多少天才，多少我们民族的优秀儿女。东平，你不是最初的一个，大概也不会是最后的，然而这就更其可悲了！①

想着想着，忽然轮到绀弩上台，他随口乱说了一会儿，就"推说牙痛，草草率率地下台了"。

聂绀弩回到乡下，"在一盏煤油灯下重新展开那位朋友的来信，翻来覆去，想看出你在什么地方战死和战死时的情形；但那信仍旧只那样一句话，莫非那写信的朋友，也只知道这一点点，再多的就什么也没有了么？你写过《第七连》和《一个连长的战斗遭遇》，那都是抗战以来最伟丽的诗篇，我相信你自己的战死，一定不会缺少同样伟丽的场景。负荷着民族解放的重担而生存的你，也负荷着同样的重担而死去，在你应该是死得其所；但对于我们民族的前途，对于和你一同战斗的你的友人们，这损失是巨大的，无可挽回，无法弥补的呀！……你说，'张翼德的结局太惨了。他应该死在敌人手里的！'那么东平，

----
① 聂绀弩：《给战死者》，载《聂绀弩全集》第4卷，武汉出版社，2004年，第44—45页。

你勇猛的张翼德哟,你是死在敌人手里的吧!如果结局也和张翼德一样,你是永远不会瞑目的!"①

聂绀弩连夜写出饱蘸深情的《给战死者》一文,和后来所作《东平琐记》,同时刊登在1941年12月15日出版的《野草》第三卷第三、四期合刊。

马福兰村故人来

二十多年后,已经没有人还记得丘东平这个天才作家、死难烈士。这时,也就是在暴风雨来临的前一年,久居北京的聂绀弩忽然想要南下走一遭。彭柏山之女彭小莲感慨地说:"漏网'胡风分子'聂绀弩伯伯竟然在一九六四年,从北大荒劳改返京之后,戴着右派分子的帽子,千里迢迢跑到广东省海丰县,一个非常偏远且闭塞落后,连公路都没有通车的乡村,看望丘东平八十多岁的老母亲。那时候丘东平的妻子在五〇年斗地主的运动中,被作为地主婆批斗(因为当年作为烈士亲属,农会分给她两亩地,她和老母亲都种不了这个地,雇佣了一个长工),批斗之后,她受不了这个委屈自杀身亡。"②

聂绀弩到海丰县梅陇镇马福兰村,探访丘东平八旬老母詹

---

① 聂绀弩:《给战死者》,载《聂绀弩全集》第4卷,武汉出版社,2004年,第46页。

② 彭小莲:《他们的岁月》增订版,华东师范大学出版社,2011年,第301页。

氏。丘东平侄子说，聂氏"携米糕、茶，长谈之后，留赠祖母二十元辞去"①。后来，聂绀弩作《访丘东平烈士故居（三首）》组诗：

一

英雄树上没花开，马福兰村有草莱。
难弟难兄此墙屋，成龙成虎各风雷。
才三十岁真雄鬼，无第七连也霸才。
老母八旬披鹤发，默迎儿子故人来。

二

任是尸山血海行，中华儿女志干城。
哀兵必胜古兵法，时日偕亡今日程。
游击战中遭遇战，一书生死万民生。
人间换后江山美，百丈碑刊勇者名。

三

小仲谋追大仲谋，有人间倚几阳秋。
壮哉野泽三春草，赌掉乾坤两颗头。
此日登堂才拜母，他生横海再同舟。
范张鸡黍存悲殁，蘸笔南溟画虎丘。②

---

① 丘俊忆述、丘健生笔录：《东平驱驰的足迹》，载许翼心、揭丽英主编《丘东平研究资料》，复旦大学出版社，2011年，第77页。
② 《聂绀弩全集》第5卷，武汉出版社，2004年，第123页。

这三首诗分别是访故居、忆往事、赞英烈，情真意切、感人至深。不过笔者最喜欢的还是第一首，首联写出了烈士故居的苍凉气氛，由此引出东平兄弟们的往事，以及东平的文学成就，尾联以白发老母相迎收结，犹如电影镜头由近及远，再由远而近。朴实无华的字句读来，倍觉心酸，倍感凄凉。后来，聂绀弩的香港友人高旅读到此诗，作《绀弩赴海丰山间探丘东平母有诗》云：

> 东平去后未归山，见客犹疑见子还。
> 草色迷蒙多野路，秋风潇飒两衰颜。
> 旧情觅向故人处，老母归从荒陌间。
> 向谓君诗高格调，不知当代几人攀。[①]

丘东平的作品大多发表在胡风主编的《七月》杂志上，后因为胡风冤案事件，丘东平长期被冷落，现代文学史很少提及。胡风冤案平反后，丘东平才逐渐被人们所认识，而聂绀弩却是较早认识丘东平作品价值的人。聂绀弩一向恃才傲物，他有诗句"天涯肝胆藐雄才"，能让他真正钦佩的人并不多。但是，他却说："看了东平的小说，我们还写什么小说啊！"他甚至把丘

---

① 侯井天注解集评：《聂绀弩旧体诗全编注解集评》上，山西人民出版社，2019 年，第 396—397 页。

本书作者在丘东平故居

东平称为"中国的陀斯妥耶夫斯基"。① 聂绀弩在诗文中流露出对丘东平的敬爱之情,是非常特别的。

在聂绀弩诞辰120周年的一天,笔者特意去了海丰县马福兰村,想看看聂绀弩最钦佩的朋友、英勇的天才作家丘东平故居是否还有"草莱"。事实证明多虑了。丘东平并非纯粹文人,尽管他是"左联"早期的军事文学家、现代战争文学的开拓者,但他更是一名革命战士、抗日英烈。在各地纷纷"挖掘红色文化资源,打造红色旅游品牌"的今天,丘东平故居时来运转,成了金字招牌,地方政府投入大量资金进行全面修缮,还修建了宽广的停车场。故居门前墙壁上挂满各级文保单位、各类教

---

① 彭小莲:《他们的岁月》增订本,华东师范大学出版社,2011年,第300页。

育基地的牌子。可以想见，节假日这里该是多么的热闹。

"才三十岁真雄鬼，无第七连也霸才。"生命也许不是活得越长越好，作品也许不是写得越多越好。从某种程度上说，丘东平是幸运的，幸福的。

多少心思念荃麟

——聂绀弩与邵荃麟

1979年9月17日,周健强如约访聂绀弩之后在日记中写道:"他(按,指聂绀弩)最近因琢磨给邵荃麟的挽联,都累病了。他说:'我一用脑子,就不能睡觉。各种回忆思潮都涌来了,再也睡不着了。'"[1]

战斗在东南

聂绀弩与邵荃麟的交往始于20世纪30年代初期。1933年6月,聂绀弩被日本当局驱逐回国,不久参加了上海反帝大同盟,而邵荃麟是反帝大同盟宣传部长。或许他们是这时认识的。

---

[1] 《新文学史料》2005年第1期。

不过据邵荃麟之女回忆,聂绀弩与其父亲的交往是在"左联"活动中开始的,两人曾经一起拜会过鲁迅。①

全面抗战爆发后,1938年邵荃麟参与中共浙江省文化工作委员会(简称"文委")工作,在金华一带参与领导抗日宣传和文化工作。1939年春,聂绀弩离开皖南新四军军部,准备绕道去重庆胡风那里工作,谁知路过金华时被邵荃麟给"截留"下来了。其中的缘由,聂绀弩在1955年写的一份材料中有"交待":

> 三九年我从新四军到金华,正碰着《东南战线》被禁。《东南战线》的骆耕漠、邵荃麟谈这问题的时候,我也在座,才知道主张禁止的是谷正纲,主权也在他手里。我说我认识他,从前在伪党校当训育员的时候,他是副主任。他们就叫我去找他说情,看可不可挽回,并问禁止是什么理由。他如指出哪些不对,我们以后就不那样做。于是我就同荃麟同志到方岩去找他,到了方岩,荃麟在旅馆里,我到他那里去。见着了。提起《东南战线》,他就不高兴,说那是共产党的刊物,根本谈不上哪些对哪些不对,总之不能出版。我问何以见得一定是共产党的刊物,他说连陈毅的文章都有。我说以后不登某些人的文章,你认为哪之类的话不对,以后也不说行不行?他说也不行。正说时,

---

① 小琴、小新:《怀念聂伯》,《新文学史料》2003年第3期。

他的司机催他上金华，他就叫我同他坐车到金华。到了金华，我就下车，他说他晚上要到上饶去。我回到《东南战线》，晚上荃麟同志也回来了，一同谈这件事。骆说，我们另出一个刊物，叫我再去找他，只要他允许登记。编辑人是我，刊名《文化战士》，当时都决定了。第二天我到上饶去找他，提起我要编个刊物，跟《东南战线》的态度不一样，可不可以登记。他说你编也一样，还不是共产党刊物？……我说我不是共产党，不过在新四军呆过，其实《东南战线》也不一定是共产党，不过大家有点"左倾"。他说你若不是共产党，你就到上饶来。我说来做什么呢？他说来住着再说，生活我负责。我说我还没有到生活都要你负责的程度，到了那时再说吧，现在还可以办刊物，让我办得试试，办出来，你看还是共产党的再禁也不迟。他说在哪家书店。我说生活。他说不行，生活就是共产党的。我说总要个书店办这事的，别的书店不肯有什么办法呢？他说不要生活发行，不登公开拥护共产党的文章，只谈抗战，你去办试试。我说登记问题？他说没有什么登记问题，你去对审查处说我准许出的就行了。我叫他写封信为凭。他说没有这种办法，你去说了，他会来问的。又说要记住不能乱来。不好好地，下次就不见面了。……这样，我回金华出版了《文化战士》，编辑发行都由我，生活总经售。但出了两期还是禁止了。[现在想起，第二期第一篇文章是我写的骂汪精卫的，谷曾是汪派，（第）三战区曾禁止开反汪大会。刊物禁止大概是这理由。]骆、邵又叫我到上饶去找他,我又去过,他到重庆去了。在传达室留下话:有一个留俄学生,从新四军来的,自称是谷主任的同学,叫他再不要来,云云。这件事,荃麟同志可全部证明。①

尽管《东南战线》和《文化战士》先后被禁,8月份聂绀弩又与邵荃麟、葛琴等在金华发起组织成立"刀与笔社",又于11月创办《刀与笔》综合月刊(主编万湜思②)。1940年2月,《刀与笔》停刊,共出版四期。

同年3月,民营报纸《力报》在桂林正式创刊。总经理张稚琴是个颇有生意眼光又有点进步倾向的人,他深知,要在桂林这样的文化城争取读者,需要有一个能吸引读者的副刊,这个副刊必须由一位著名作家来主持,就托张天翼写信请邵荃麟去。当时邵荃麟抽不开身,就竭力动员聂绀弩前往。聂绀弩原准备应胡风之邀去重庆的,经不住邵荃麟的劝说就应允了。

这年春,中共中央东南局决定在浙江省文委的基础上成立

---

① 聂绀弩:《历史材料重写》,载《聂绀弩全集》第10卷,武汉出版社,2004年,第43—44页。

② 万湜思(1915—1943),原名姚思铨,浙江桐庐人。诗人、翻译家、版画家。1930年开始诗歌创作,自编诗集《野花一握》。1931年进杭州师范学校,组织白煤学社。1938年来到金华,接编《大风》三日刊及《新力》。1939年底,与人合办《刀与笔》,担任主编。不久又任《浙江日报》副刊主编。他在短暂的生命里留下了大量诗文、译文及抗战题材的版画,冯雪峰称他为"献身于革命"的新文艺工作者。

"东南文委",由邵荃麟担任书记,工作范围由浙江扩展到江西、福建一带。不料局势很快发生变化,浙东南的政治空气充满了浓浓的火药味,中共东南局通知邵荃麟紧急撤退。于是,邵荃麟、葛琴夫妇和同事杜麦青一起连夜撤出金华,经江山、浦城到达了福建永安,暂时安定下来。年底,中共领导的桂林国际新闻社发来电报,要邵荃麟去开年会,其实是借机撤退。

1941年1月,邵荃麟、葛琴夫妇带着出生不久的女儿,踏上了前往桂林的路途。

桂林的岁月

在桂林,聂绀弩又与邵荃麟相聚了,并介绍邵荃麟、葛琴夫妇进《力报》社工作。4月,聂绀弩受当局压迫离开桂林去重庆,邵荃麟接任《力报》主笔,葛琴接编副刊《新垦地》。

四个月之后,聂绀弩重回桂林,接替被辞退的葛琴继续主编《新垦地》和她创办的《半月文艺》。不久,何家槐来到桂林,聂绀弩借机"敲诈"葛琴请客为家槐接风。据高旅回忆:

> 有一天,我正在写社论,她(按,指葛琴)跑到我的房间里来,快乐地说:
> "绀弩这个人,可爱又可恶!"
> 我问怎么回事,她说:
> "何家槐从柳州来了,绀弩要我请客,在××酒家饮

茶，我答应了……"

"只有你们三个人？"

"荃麟也去了，一共四个。"葛琴说，"香烟吸完了，绀弩又有说话：既然请客，也该请香烟啊！买包好一点的烟好不好？我就去买了一包强盗牌香烟来。不知何家槐是不吸烟的，绀弩一把抓在手里，拆开之后，给我一支，荃麟面前放一支，留下的插入自己的衣袋，说既然请客，理当由客人据有，我吸烟反要问他讨。我说绀弩可爱的地方在这里，可恶的地方也在这里。"

听完之后，大家笑弯了腰，连眼泪也笑出来。①

笔者在查阅桂林抗战文化史料时发现一个现象，只要有邵荃麟参加的各种文艺活动，必然少不了聂绀弩。就以1941年为例吧——

9月26日，《文化杂志》月刊社在该刊编辑部，邀请部分作家举行文艺座谈会，讨论"文学创作上的言语运用问题"。邵荃麟主持会议，参加讨论者聂绀弩、艾芜、何家槐、葛琴、杨晦、钟敬文、彭燕郊、傅彬然、宋云彬、杜麦青等十三人。

11月15日晚，桂林文化界一百多人在三教咖啡厅举行郭沫若五十寿辰及创作生活二十五周年庆祝会，田汉、邵荃麟、聂绀弩、熊佛西、宋云彬、伍禾、杜宣等人先后在会上发表讲

---

① 高旅：《访葛琴》，载《持故小集》，生活·读书·新知三联书店，1984年，第292—293页。

话，对身处重庆的郭沫若表示祝贺。

12月7日下午，文协桂林分会在广西剧场举行第二届年会。会上选出艾芜、田汉、邵荃麟、聂绀弩、欧阳予倩、宋云彬、孟超、伍禾、彭燕郊等十五人为理事，葛琴、熊佛西、秦似、芦荻、陈闲、杜宣、莫宝坚等七人为候补理事。

12月12日，文协桂林分会在广西艺术馆召开三届一次理事会，到会的有艾芜、田汉、邵荃麟、司马文森、欧阳予倩、李文钊、宋云彬、聂绀弩、王鲁彦、孟超、胡危舟、巴金、伍禾、彭燕郊、冼群十五人。会上推举欧阳予倩、田汉、李文钊、邵荃麟、王鲁彦五人为常务理事。并决定了分会各部负责人名单：研究部是孟超、邵荃麟，出版部是冼群、聂绀弩。

1942年9月，由于广西省政府查封了在桂林出版的将近二十种刊物，加之桂林市出版业的排版费、印刷费涨价，大多数文化人生活每况愈下，一批文艺工作者被迫离开桂林。邵荃麟、葛琴夫妇去了重庆。繁荣的文化城逐渐冷清下来。留桂的少数文艺工作者大多生活在贫困之中。1943年秋冬间，聂绀弩不得不离开桂林，前往重庆与妻女团聚。

这样，聂绀弩和邵荃麟又在一起了，并且

邵荃麟全家在香港（1948年）

一度同住重庆张家花园文协"作家宿舍"。

抗战胜利后，邵荃麟先到武汉开展收复区文艺界统一战线工作，随后经上海去香港，担任中共香港工作委员会文委委员、南方局文委书记等职务。1948年春，聂绀弩经武汉、广州，到达香港工作，继续与邵荃麟一起战斗，并与邵荃麟、夏衍等同任《周末报》编委。

五六十年代

中华人民共和国成立之后，邵荃麟历任政务院文化教育委员会计划局局长、副秘书长，中共中央宣传部副秘书长兼教育处处长；聂绀弩任人民文学出版社副总编辑，两人依然保持良好的友情。从时任人文社校对的文洁若回忆中，就可窥一斑——

（1951年）一天，传达室的同志给我打来了电话，说："文洁若，你妈妈给你送吃的来了，快来取走。"

我下楼去一看，桌子上摆着一个有白花纹的藏青色蜡染布包儿，里面兜着一大钵香喷喷的米粉肉。我说："搞错了，这不是给我的。"

后来才知道，是聂绀弩的夫人周颖给他送来的。那个时期，聂绀弩在办公室里放了一张小铁床，"以社为家"，夜以继日地工作。我恍然大悟：他准是晚上带到邵荃麟家去吃。

....

原来冯雪峰和聂绀弩是邵荃麟家的常客,吃罢饭,四个人(包括邵夫人葛琴)在八仙桌上铺起厚厚的毯子,打上几圈麻将。①

自1953年起,邵荃麟担任中国作家协会副主席兼党组书记、作协创作委员会第一副主任,聂绀弩则担任中国作协古典文学部副部长。1954年10月24日,中国作协古典文学部召开的《红楼梦》研究讨论会,邵荃麟和聂绀弩一起参加了会议。

50年代中期,聂绀弩曾就自己的工作和创作等问题和邵荃麟有过交流,得到认可。这是在聂绀弩1955年5月30日致周扬的一封信中透露出来的,信上说:"近一两年来,觉得有些什么要写,有些问题要研究,对于古典文学和马列主义,似乎都找到了些少的窍门,自信可以写点什么出来。我的工作,当然不能算是繁重,但总有些事,耽搁不少时间,很想能够解脱一点。但因为自己的能力有限,怕得不到信任,一直不敢向组织提出来。偶然和荃麟同志谈到,他表示相当同意,认为至少可以请半年写作假。这意思,未向别人提出过,现向您提一

---

① 文洁若:《聂绀弩的六个字——兼议"窝里斗"》,屠岸等著《朝内166号记忆》,人民文学出版社,2016年,第135—136页。

下。"① 1957年6月2日，聂绀弩在反省结束后应邀到冯雪峰家中吃午饭。冯雪峰说在肃反期间他曾和邵荃麟商量，介绍聂绀弩到各地去旅行一次，写出点东西来。②

60年代初期，聂绀弩从北大荒回京之后，一时赋闲在家。1962年6月，得邵荃麟帮助，开始在陈翔鹤主编的《光明日报》副刊《文学遗产》上发表研究《聊斋志异》等古典小说的系列论文，并获得较高的稿酬以解决生活困难。

1962年7月，邵荃麟在大连主持召开了农村题材短篇小说创作座谈会，强调"现实主义深化"论，提倡人物形象多样化，除正反两类人物形象外，还应该写中间状态的人物。这对于克服农村题材小说创作的浮浅单调现象起了积极作用。谁知1964年9月，《文艺报》第八、九月号合刊上发表署名该报编辑部的文章《写中间人物是资产阶级的文学主张》，对中国作协党组书记、副主席邵荃麟进行点名批判。10月31日下午，聂绀弩与某友人在家闲谈，仗义执言地说："邵荃麟的事情公布了，你看见吗？……人家是多少年痛苦经验中得出来的意见，是谈文艺创作，你却把他拉到政治上来，这有什么道理呢？事实是如此嘛，英雄人物总是由中间人物发展下来的，你不写中间人物就

---

① 徐庆全：《名家书札与文坛风云》，中国文史出版社，2010年，第123—124页。

② 聂绀弩：《关于冯雪峰》，载《聂绀弩全集》第10卷，武汉出版社，2004年，第257页。

没法子搞更多的文艺创作,这是文艺界多少年来的经验。"①

1966年之后,邵荃麟被反复批斗,1971年6月10日死于狱中。此时的聂绀弩正在山西稷山看守所和一帮狱友学习《资本论》,尚未正式宣判呢。

动情写挽联

应该说聂绀弩算是幸运的,他盼到了粉碎"四人帮"的那一天。

1976年11月初,聂绀弩出狱没几天,邵荃麟之女小琴(邵济安)就来看望"聂伯"了。

1979年的一天,小琴把中央要为父亲平反并开追悼会的消息告诉了聂绀弩,希望他写点什么,聂绀弩当即答应了。等小琴再去时,聂绀弩又病了。周颖悄悄地告诉小琴:"写挽诗时,他太动情,太伤感了,彻夜未眠。"② 6月7日,聂绀弩致信小琴说:

> 昨日周伯母送我为你父亲写的挽诗六首(七律,前有小引)到你母亲家,交给你母亲了,想会看见。但稿未署名,恐怕弄错,故写此信。

⋯⋯⋯⋯⋯⋯

---

① 寓真:《聂绀弩刑事档案》,明报出版社,2009年,第102页。
② 小琴、小新:《怀念聂伯》,《新文学史料》2003年第3期。

周伯母或周姨回来说,你母亲的病情比以前好得多,已知道你父亲逝世的事,并开了许多好友的名单,脑子很清醒。这是好事。

我的身体如旧,也许少为好一些。

祝好!绀弩上①

9月15日,聂绀弩致信小琴,嘱将邵荃麟挽联改为:"一鸟高骞,俯瞰天地古今,邦家宵小;众声同悼,不再心胸肝胆,锦绣文章。"此前手书挽联已经送达,原联云:"一鸟高骞,俯瞰天地古今,万邦英雄人物;众声同悼,不再心胸肝胆,半字锦绣文章。"②

9月20日,邵荃麟追悼会在京举行,胡乔木主持,周扬致悼词。

聂绀弩手书挽联(1979年9月)

10月28日,聂绀弩于邮电医院致信朱正,说:"挽荃麟诗六首,改了三个错字,添了一首,共七首,随您怎样处理都可

---

① 《聂绀弩全集》第9卷,武汉出版社,2004年,第165页。
② 王存诚编注:《聂绀弩集》下,花城出版社,2016年,第343页。

以。其中有三首曾在《上海文学》十期上发表。大概是荃麟追悼会的人抄寄去的。为何只发表三首，不知其故。或因有何违碍之处。奉告以供参考。我现在有点小病，住在医院里，无力与您多叙，就此为止。"①

上面信中提到的挽邵荃麟诗初刊于《鲁迅研究文丛》（1）（湖南人民出版社，1980年版），题目是《用〈野草〉意境挽荃麟七首》。后来题目改为《为鲁迅先生百岁诞辰而歌》之六《改〈野草〉七题为七律》。这里抄录另外一首1979年所作《挽荃麟》：

> 不但人忘己亦忘，三十年曾写文章。
> 参加《讲话》纪念会，乃我荃麟苦相将。
> 提携种种皆无益，世人不许狂夫狂。
> 天苍苍兮地茫茫，踵上江东父老堂。
> 空屋置我一杯酒，也无肴核也无糖。
> 其时三年大灾害，谁家有酒备客尝。
> 举杯一饮无余沥，泪落杯中泪也香。
> 临行两包中华牌，老聂老聂莫再来。
> 我事非尽我安排。
> 我自知君君知我，相知何事在形骸。
> 独携大报出君门，知今何世我何人！

---

① 据《新文学史料》2012年第2期。此信《聂绀弩全集》未收。

十载铁窗无限事，多少心思念荃麟。
出狱惊闻君骨灰，意不欲悲心自悲。
君身奇骨瘦嶙峋，支撑天地颤巍巍。
天下事岂尔可为？家太高明恶鬼窥。
被斗失智老妻犹自盼君归！

　　这首挽诗比较特别，几乎全用口语写成，情真意切，哀痛凄绝。据邵荃麟女婿（小琴之夫）王存诚解读：" '独携大椴出君门，知今何世我何人！'这说的是在被诬划为右派后，他曾登门去找有主管关系又是老朋友的邵荃麟，因为他认为荃麟应该是了解他的。不料荃麟竟也说不能做主。这种令双方都极为尴尬的情景，聂绀弩写在挽诗里，既不觉得愧于亡友，也不觉得有愧于自己。所谓披肝沥胆者，孰过于此！"[①]

　　聂绀弩可以说是看着邵小琴长大的，两人也有着深深的感情。聂绀弩出狱后用包香烟的纸写了一些诗词，小琴"看着他密密麻麻的文字，以及文字中透出的热情，深深感到他弯曲的，近乎驼背的身躯下竟有如此博大的胸怀"。在一次通信中，小琴写了一句"聂伯，你是一个刚正不阿的人"。没过几天，小琴收到回信，聂绀弩诙谐地写道："希望这不会是我的墓志铭吧。"在另外一封信中，聂绀弩是这样写的："不知为什么，我想起你来，总想哭，这信是含泪（不多）写的。为你的父母么？为我自己老

---

① 王存诚：《敢当诗史聂绀弩》，毛大风主编《聂绀弩百岁诞辰纪念集》，天马图书有限公司，2003年，第313页。

了么？说不清。"① 这封深深透着父爱的信，让小琴哭了一场。

但是，最使小琴难以接受的事实是，在最后告别聂绀弩的时候，透过眼泪望过去，盖在布单下绀弩的双腿仍然是蜷曲着的。一生宁折不弯的人，最后也不能伸直了腿，舒舒服服地离开人间。在向聂绀弩最后行鞠躬礼时，小琴双手冰凉，差点昏了过去，幸亏陈明搀住了，好一会儿她才哭出声来。

---

① 小琴、小新：《怀念聂伯》，《新文学史料》2003年第3期。

一个高大的背影

——聂绀弩与鲁迅

初读鲁迅的作品

认识一个作家,往往先从他的作品开始。

还是1924年的时候,聂绀弩在缅甸一家报馆书架上看到《新青年》合订本,最爱读里面吴又陵写的文章。"吴又陵有一篇《吃人与礼教》,起头提到鲁迅的《狂人日记》里说,写着仁义道德的书上,字缝里却写的是'吃人'。我既然喜欢吴又陵,他所推荐的或提到的东西,自然都要找得看看。鲁迅的文章在《新青年》上大概也看过的,只是没有什么印象。"① 第二年五六月间,聂绀弩回国,到处想买鲁迅的《呐喊》却没买到。

1926年3月,跟随黄埔军校校军东征,在汕尾后方办事

---

① 聂绀弩:《读〈在酒楼上〉的时候》,载《聂绀弩全集》第4卷,武汉出版社,2004年,第150—151页。

处，聂绀弩为"消磨日子"，在杂货店买到一本《小说月报》（1924年5月第15卷第5号），把其中鲁迅的一篇短篇小说《在酒楼上》连看两遍。

> 第二遍看完之后，我几乎有点愤怒了。这不是一篇好文章，悲观、颓伤、阴郁，无论是作者和作者所写的人，都没有一点年轻人的发扬蹈厉的精神，吕纬甫那样的人，简直没有骨气到教子曰诗云，马马虎虎，听从没有知识的母亲的一些愚妄的指使；无论怎样他和我不同，我并不曾向环境屈服，母亲的话，我又是向来不听的。这样想，我就丢了书，想驱除一点从看书得来不愉快的感觉，就出去，到戏场看戏，找同学胡聊去了。①

尽管如此，聂绀弩却一直对它念念不忘。十几年之后，他写了篇《读〈在酒楼上〉的时候》，记叙自己当年的阅读感受和后来的新认识。他说：

> 真正怀着高远的理想和改革社会的壮志的青年，古今中外，恐怕不少，可是一碰到现实社会的壁上，那结果就会有种种的不同，成功的或者部分成功的自然会有，但最多的恐怕倒是失败者；旧社会的力量太雄厚，他没有改造

---

① 聂绀弩：《读〈在酒楼上〉的时候》，载《聂绀弩全集》第4卷，武汉出版社，2004年，第157页。

社会,倒让社会改造了他,于是变节、退婴、自杀或者别的事情,都会落在这曾经有理想有志向的人的头上。如果有灵魂,他自己会感到自己的命运的悲剧;如果没有灵魂,客观上更是一个悲剧,而有这样悲剧的时代本身,自然是个更大的悲剧。鲁迅实在是理解人,理解人的感情,理解他的时代,而他自己似乎就饱经伤难的,所以《在酒楼上》就这样地吸住我了。[①]

1932年11月21日,聂绀弩在东京写了篇《鲁迅之时代及其作品》,寄回国内的《中华日报·十日文学》(12月20日)发表。这篇文章是有感于"在日本,对于鲁迅作品,还没有给一个正确的估价;尤其是大广告上,简直是感情似的乱吹"而作的。聂绀弩批评日本当时出版的《鲁迅全集》,"其实,只是《呐喊》与《彷徨》的合订本,那些刀砍斧劈、深刻辛辣的杂感,一篇也没有"。他也不同意把鲁迅的小说说成是中国普罗文艺的代表作,因为中国还没有这样成熟的普罗文艺作品,而鲁迅前期的作品也还不是普罗文艺。他认为:"鲁迅如果是伟大的,他的伟大,决不在他于转变以前,已经写出这么多的'普罗作品';刚刚相反,而是在他能够忠实地反映出从'五四'到'五卅'这一时期中的土著资产阶级的整个意识。"并说,"土著资产阶级所有的意识,在转变以前的鲁迅的作品里几乎都有",

---

[①] 聂绀弩:《读〈在酒楼上〉的时候》,载《聂绀弩全集》第4卷,武汉出版社,2004年,第158页。

如"反封建的革命精神""资本主义道路的幻想""人权思想""无出路的悲观";而"在土著资产阶级的意识里所没有的,转变以前的鲁迅的作品里也没有",如"反帝国主义的热情""发扬蹈厉的气概"。①

主持《动向》的日子

1934年春,聂绀弩经莫斯科中山大学同学孟十还介绍,受《中华日报》(系国民党改组派汪精卫的报纸)发行人林柏生邀请,为该报创办文艺副刊《动向》。"我们有的人反对,他说,人家把地盘送给你,你还不要?可见他是有想法的,不是糊里糊涂的,后来组织上也同意了他去利用这一块园地。"② 果然,聂绀弩将《动向》办成了一个相当于左联的机关刊物,因为作者几乎都是"左联"的成员,或进步文学青年,甚至吸引了鲁迅主动投稿③。鲁迅以《动向》为阵地,发表了《拿来主义》《骂杀与捧杀》等多篇针砭时弊的杂文。

《动向》正式创刊日期是4月11日。十多天之后,鲁迅于4

---

① 聂绀弩:《鲁迅之时代及其作品》,《聂绀弩全集》第4卷,武汉出版社,2004年,第249—257页。
② 夏衍:《绀弩还活着》,姚锡佩、周健强等编《聂绀弩还活着》,人民文学出版社,1990年,序文第2页。
③ 有文章说聂绀弩是通过胡风找鲁迅约稿,实际上是鲁迅主动投稿的。参见牟晓朋《同绀弩先生谈话纪要》,载《旧人旧书:绀弩文萃》,大连出版社,1996年,第255页。

月23日"寄《动向》稿一";5月1日又"寄《动向》稿二篇"。(据《鲁迅日记》)

作为"文坛大腕"的鲁迅给副刊投稿,稿费理当从优。所以,绀弩"跟林柏生说,鲁迅先生的文章要多给稿费,他表示同意,但要我告诉他哪篇文章是鲁迅写的,他要拿去给汪精卫看。这样,鲁迅先生的短文是一篇三元"①。

4月24日,《中华日报·动向》发表耳耶(即聂绀弩)《新形式的探求与旧形式的采用》。此文发表后引起鲁迅的关注,并有不同的看法,遂作《论"旧形式的采用"》一文,首先肯定"耳耶先生是正直的,因为他同时也在译《艺术底内容和形式》,一经登完,便会洗净他激烈的责罚;而且有几句话也正确的,是他说新形式的探求不能和旧形式的采用机械地分开",然后再批评该文在内容与形式问题上机械的、反历史唯物主义的观点。鲁迅对聂绀弩的理论观点的批评是尖锐的,但对他的工作是支持的。聂绀弩并没有因为文章批评了他的观点而心存芥蒂,或拒不发表,而是坦然接受,第一时间迅速发表。鲁迅5月2日所作文章,发表日期是5月4日,署名"常庚"。

5月3日,《鲁迅日记》载:"寄聂绀弩信并还小说稿。"这是绀弩的名字第一次在《鲁迅日记》中出现,"小说稿"指其短篇小说《金元爹》(又名《盐》)。绀弩将自己写的该小说给鲁迅指教,"他说写得不错"②。此时,绀弩与鲁迅尚未见面,但

---

① 周健强编:《聂绀弩自叙》,团结出版社,1998年,第280页。
② 周健强编:《聂绀弩自叙》,团结出版社,1998年,第286页。

很快机会来了。

应该是5月上半月的一天，聂绀弩收到一封用普通白纸写成的稿件。字是用毛笔一笔不苟地写的，从头至尾没有一个字或一个标点的改动，活脱是一篇文字并茂的范文。但是，落款却没有作者的姓名和地址，那样的文章和字体不是一般人能写得出来的，绀弩心里猜到一个人，又不敢确定，就去找助理编辑叶紫辨认。叶紫那时早已认识鲁迅，还通过信。他一看就说："肯定是老头儿写的。"（鲁迅年纪较大，当时很多青年作家背后都亲切地称他为"老头儿"。）但叶紫也不敢最后肯定。于是绀弩让叶紫写封信去问问，并顺便问一问鲁迅肯不肯接见他们。鲁迅回信很快就来了，他果然是那篇"范文"的主人，而且说"极愿意与聂绀弩见面"，地点选在内山书店。

根据《鲁迅日记》记载，约定的会面时间是5月18日。后来，聂绀弩回忆说：

>我与鲁迅先生真正是相见恨晚……会面那天，我内山书店途中，远远看见前面走着一个人，从身影、步态、背影看，明明是"老头儿"无疑，于是我们加快脚步，往前紧赶。等我们赶到面前一看，却不是鲁迅，我们两个心里好生奇怪，明明赶的是鲁迅，怎么又赶错了呢？等我们到得"内山书店"，鲁迅先生却早已等在那儿了。叶紫进门就说起刚才一路赶他的事儿，说不知怎么一个障眼法，先生就不见了，真正奇怪……鲁迅先生笑了，说："你们赶的只

怕是老三（周建人）……"

随即邀我们到斜对面街角处，一家日本人开的咖啡馆内喝咖啡，谈天，记得我们谈了不少时间，几乎是无所不谈，可惜我记性不好，记不得谈了些什么了。因为我对他的绍兴话，听起来很吃力，常常有些听不懂……从此，他就成了我主编的《动向》副刊的一位经常撰稿人，《动向》也因此声名日振，销路大增……①

鲁迅在会面当天日记中写道："遇叶紫及绀弩，同赴加非店饮茗，广平携海婴同去。收《动向》稿费三元。得烈文信并还稿一篇，即转寄《动向》。"

从此，聂绀弩和鲁迅便经常在内山书店或各种"文化人"的聚会上见面交谈，彼此很投契。自从认识鲁迅，聂绀弩的思想和写作都达到了一个新的境界。

聂绀弩把《动向》作阵地，揭露国民党内部的倾轧和当时政局的腐朽黑暗，以唤起民众。但是随着新闻检查越来越严，林柏生就不想办下去了。蒋汪矛盾激化以后，蒋派报纸不好公开骂汪精卫，就拿林柏生做靶子，骂他向共产党"卖屁股"——即卖"报屁股"给共产党。11月13日，《申报》总经理史良才被军统特务暗杀，林柏生知道这是杀鸡儆猴，吓得马上要《动向》停刊，聂绀弩也被迫辞职。

---

① 周健强编：《聂绀弩自叙》，团结出版社，1998年，第285—286页。

12月18日,《动向》出版了最后一期。聂绀弩说它"一直办了八个月,出了二百四十多期,在当时就算是'长命'的了"①。其间,《动向》发表了鲁迅文章二十五篇。据《鲁迅日记》记载,在聂绀弩主编《动向》间,两人通信比较频繁,如8月有七次,9月四次,10月有八次,11月五次。

暴风雨中的《海燕》

却说聂绀弩离开《中华日报》时,报馆还欠他一笔稿费,讨要过好多次,管事的经理总是推诿。后来,林柏生将绀弩叫去,把钱给了他,但其他作者所欠稿费却不给,绀弩不依不饶。于是林柏生答应让报馆承印绀弩的东西不要钱,以作抵扣,绀弩立刻同意了。因为那时候(1935年底1936年初),聂绀弩致信鲁迅,说要办一个文学刊物。恰好萧军、胡风等人也有这个愿望。经鲁迅和胡风、萧军、萧红、吴奚如、周文及绀弩等一起商定,创办《海燕》杂志,由胡风负责组稿,绀弩联系印刷发行。这帮作家根本没有一点经费,正愁无力付印,这一下有了出版印刷的地方了。聂绀弩晚年回忆说:

《海燕》一应杂务如校对、排版等等都由我担任,对外算是我主编。但我不能做发行人,因为发行人要公布地址,

---

① 周健强编:《聂绀弩自叙》,团结出版社,1998年,第282页。

鲁迅他们都不愿意把我的住地公开,可是别人又不好找,不是人家害怕受牵连,就是我们不敢轻易相信人家。有天晚上,我路过曹聚仁家附近,忽然想起他的住址本来就是公开的,而他自己也在办刊物,想来请他当一个文艺刊物的发行人不会有什么妨碍。于是我立刻拜访了他,我俩洽谈之下似乎很投机。我就以为他答应了,一面兴高采烈地告诉鲁迅和胡风他们,一面就在刊物上印了'发行人曹聚仁'。谁知《海燕》送到书店之后,却激恼了曹先生,他不但要求书店把他的名字勾掉,还在《申报》上登广告申明窃取了他的大名,又向鲁迅先生写信申诉,搞了个满城风雨,闹了天大一场误会……致使《海燕》出师不利。与在左联时辅助出版的半地下刊物不同,《海燕》像一道长空的闪电,划破了重重的黑夜,使人们眼前为之一亮,在读者中引起了强烈反响。鲁迅先生的历史速写《出关》在《海燕》上发表,又掀起好一阵轩然大波……在巡捕房等等各种恶势力的挤迫下,《海燕》从三六年初创刊,只出了两期就寿终正寝了。[1]

据查,鲁迅在《海燕》创刊号上发表了《出关》和《"题未定"草》(六至七)二文,在第二期上发表了《"题未定"草》(八至九)、《阿金》和《陀思妥耶夫斯基的事》。翻阅鲁迅书信

---

[1] 周健强编:《聂绀弩自叙》,团结出版社,1998年,第283页。

和日记,发现鲁迅对《海燕》十分关心。

1936年1月7日,鲁迅致信徐懋庸:"《海燕》未闻消息,不知如何了。"①

1月19日,《鲁迅日记》:"《海燕》第一期出版,即日售尽二千部。"②

2月21日,鲁迅致信曹聚仁:"奉惠函后,记得昨曾答复一信,顷又得十九日手书,蒙以详情见告。我看这不过是一点小事情(按,指《海燕》署'发行人曹聚仁'之事),一过也就罢了。……《海燕》虽然是文艺刊物,但我看前途的荆棘是很多的,大原因并不在内容,而在作者。说内容没有什么,就可以平安,那是不能求之于现在的中国的事。其实,捕房的特别注意这刊物,是大有可笑的理由的。"③

2月29日,鲁迅致信曹靖华:"《海燕》已以重罪被禁止,续出与否不一定。一到此境,假好人露真相,代售处赖钱,真是百感交集。同被禁止者有二十余种之多,略有生气的刊物,几乎灭尽了;德政岂但北方而已哉!"又致信杨霁云:"顷接来函并文稿,甚欣甚慰。《海燕》系我们几个人自办,但现在已以'共'字罪被禁,续刊与否未可知,大稿且存敝寓,以俟将来。

---

① 《鲁迅全集》第13卷,人民文学出版社,1996年,第285页。
② 《鲁迅日记》下卷,人民文学出版社,1996年,第997页。
③ 《鲁迅全集》第13卷,人民文学出版社,1996年,第316—317页。

此次所禁者计二十余种，稍有生气之刊物，一网打尽矣。"①

3月22日，鲁迅致信孟十还："《海燕》曾有给黎明出版的话，原因颇复杂，信不能详，不过现在大约已经作罢。"②

4月2日，鲁迅致信颜黎明："你们所要的两本书，我已找出，明天当托书店挂号寄上，并一本《表》，一本杂志。杂志的内容，其实也并没有什么可怕，但官的胆子总是小，做事总是凶的，所以就出不下去了。"③（按，"杂志"指《海燕》第二期）

1936年7月1日，聂绀弩与鲁迅、蔡元培、柳亚子、巴金、田间、萧红等140人在中文拉丁文化研究会发起的《我们对于推行新文字的意见》签名运动中联合署名。

同日，上海《现实文学》第一卷第一期发表聂绀弩与鲁迅、奚如、东平、胡风、萧军、萧红等67人联合署名的《中国文艺工作者宣言》，主张建立广泛的统一战线，坚持抗日救亡工作。

高大的背影倒了

1936年9月30日，聂绀弩受冯雪峰嘱托，护送刚从南京出狱的丁玲去陕西。离沪临行前，绀弩怕特务来搜捕抄家什么

---

① 《鲁迅全集》第13卷，人民文学出版社，1996年，第321—322页。
② 《鲁迅全集》第13卷，人民文学出版社，1996年，第334页。
③ 《鲁迅全集》第13卷，人民文学出版社，1996年，第346页。

的,特意将珍藏的几十封鲁迅写的信件,忍痛烧掉了。以往一般人的信,他都是随看随烧,免得牵连他人;唯独鲁迅的信,他始终冒死密藏着,舍不得烧。

10月19日凌晨,鲁迅病逝。聂绀弩在旅途闻讯,兼程往回赶。聂绀弩晚年十分痛惜地说:

> 及至在从西安返沪途中,听到鲁迅去世的噩耗,我的悲愤和悔恨是难以言状的。我要是早知道先生不久于人世,任何反动派的迫害已不能再损伤他,我是决不会将那些宝贵的信函付之一炬的……或者我晚走那么几天,或晓得自己很快就会回来,我也不会忍痛割爱。所剩的唯一的一封信是《漫画与生活》杂志要我帮他们向鲁迅先生约稿,我就写了封信向鲁迅要稿子。他回信说,稿子可以写,但须说明要哪方面的文章,要多长,才好写得。我觉得别人所托我未完成,但我尽了力了,于是就将鲁迅先生给我的信,一起寄给了《漫画与生活》的编辑,而他就保存好了。鲁迅先生死后,他就把那封信寄给了许广平……这是我和鲁迅先生几十封书信中唯一幸存的一封。想起那些被烧毁的珍贵的信件,我至今遗恨无穷。[①]

10月22日,聂绀弩回到上海,与身怀六甲的妻子周颖一

[①] 周健强编:《聂绀弩自叙》,团结出版社,1998年,第289—290页。

道参加鲁迅出殡。

那规模是难以想象的宏大,而鲁迅没有大的相片。于是我请人买了一丈多竹布,拼接好了,正在想找一个什么画家为他赶制一幅遗像。人们都说:"找司徒乔来,最合适了。"我们把白布在地板上铺平,司徒乔一进门,二话没说,就脱了皮鞋,站在那白布上,从口袋里拿出一本有鲁迅小像的书,用那笔不像笔、扫把不像扫把的大画笔,蘸着满满的一碗墨汁,看一眼书上的小相片,画一笔;再看一眼,再画一笔;很快就画好了,画得极像,给那空前的民众的葬礼壮了声威。①

鲁迅的葬礼

下午一时五十分举行"启灵祭"。敬礼后,由参加的三十余人绕棺一周,接着由聂绀弩和鹿地亘、胡风、巴金、黄源、黎烈文、孟十还、靳以、张天翼、吴朗西、陈白

---

① 周健强编:《聂绀弩自叙》,团结出版社,1998年,第289页。

尘、萧乾、欧阳山、周文、曹白、田军等十六人扶柩上车。他们都是当时有名的青年作家，他们轮流把鲁迅安稳地送到万国公墓。他们还要把鲁迅的精神用笔写下来，传承下去。

鲁迅逝世后十二日，聂绀弩作《关于哀悼鲁迅先生》（载《小说家》）。11月，又作长篇悼诗《一个高大的背影倒了》（载《热风》），后被黄源编在"鲁迅纪念委员会"出版的《鲁迅先生纪念集》的首页，足见大家对它的重视。诗的开头，绀弩写道：

> 一个高大的背影倒了，
> 在无花的蔷薇的路上——
> 那走在前头的，
> 那高擎着倔强的火把的，
> 那用最响亮声音唱着歌的！
> 那比一切人都高大的背影倒了，
> 在暗夜，在风雨连天的暗夜！

在诗的最后一节，绀弩写道：

> 安息吧，亲爱的朋友！
> 永别了，人民底同志！
> 我们要从你底尸身上走过，
> 踏着你底肉和骨和血，

踏着你指引过底路，

用我们底眼泪，

用我们底歌，

用我们底脚印，

造成你底坟墓！

愿你底英灵永远和我们同在！

这首感人至深的悼诗，写出了鲁迅的战斗精神，写出了鲁迅在中国披荆斩棘的作用，写出了人民沉痛悼念他的原因，也写出了后起者踏着鲁迅所指引的道路继续前进的决心。钟敬文后来在纪念绀弩的一篇文章中说："我非常喜爱他的新诗……现在我手边所能找到的他的新诗，只有那首追悼鲁迅的《一个高大的背影倒了》（《鲁迅先生纪念集》，1937年刊）……这首诗，四十多年前我读了它，心里就很激动和钦佩。现在重读它，还觉得它虎虎有生气。恕我狂妄，我始终认为在数量不多的追悼鲁翁的诗篇中，它是值得反复吟诵的一篇。"[①]

是年底，准确地说是12月25日，聂绀弩的女儿诞生了。在进医院生产之前，挺着大肚子的周颖对绀弩说，如果是男孩，他的名字应该叫"鲁迅"，在肚子里就参加过鲁迅先生的葬礼，就用他来纪念一个人类良善的灵魂吧。如果是女孩呢？绀弩说，那就叫"海燕"。因为春天里和几个朋友办过一个刊物，名字叫

---

① 钟敬文：《悼念绀弩同志》，杨哲编《钟敬文散文》，中国广播电视出版社，1996年，第203—204页。

做《海燕》。①

1983年,朱正将聂绀弩写鲁迅的十几篇文章二十多首新旧诗汇集成册,名《高山仰止》。他在编后记中说:"我想,编这样一本集子是很应该的。绀弩同志虽然1933年从日本回国以后才同鲁迅有直接的交往,但非泛泛之交。如同大家所知道的,鲁迅曾支持他所编的《中华日报》副刊《动向》,而他也赞同鲁迅提出来的'民族革命战争的大众文学'口号。至于他们之间往还的情况,他自己没有专门写过文章,但是萧军曾在一篇回忆鲁迅宴请他们情况的文章中作了十分有趣的描绘。他是始终把自己当作'一个鲁迅的小小的门徒'的,敬爱之心,虽老不衰。这些文章所以感人,我想不只因为作者是散文的高手,也是因为作者有这一种深挚的感情:情文相生吧。"②

聂绀弩一生敬仰鲁迅,踏着鲁迅的足迹前进,是鲁迅精神的继承与发扬者。

---

① 聂绀弩:《婵娟·父性》,载《聂绀弩全集》第4卷,武汉出版社,2004年,第98—99页。
② 朱正:《编后记》,聂绀弩《高山仰止》,人民文学出版社,1984年,第140—141页。

何人绘得萧红影

——聂绀弩与萧红

"想起了她是萧红"

聂绀弩与萧红的相识是鲁迅安排的。时间是1934年12月19日，地点在上海广西路332号梁园豫菜馆。据鲁迅当天的日记记载："晚在梁园邀客吃饭，谷非夫妇未至，到者萧军夫妇、耳耶夫妇、阿紫、仲方及广平、海婴。"①

鲁迅安排这次宴席的目的，主要是为胡风（谷非）长子庆祝满月，其次为来自东北的萧军萧红夫妇接风，并介绍一些朋友给他们。此前的12月17日，鲁迅就致信二萧说："本月十九（星期三）下午六时，我们请你们俩到梁园豫菜馆吃饭，另外还有几个朋友，都可以谈天的。"② 这几个朋友包括茅盾（仲方）、

---

① 《鲁迅日记》下卷，人民文学出版社，1976年，第919页。
② 《鲁迅全集》第12卷，人民文学出版社，1996年，第605页。

聂绀弩（耳耶）周颖夫妇、叶紫，而胡风、梅志夫妇因信件被耽误未能前来。

这次相识之后，聂绀弩夫妇接二连三，主动前往二萧处探望，嘘寒问暖。1935年，萧军的《八月的乡村》和萧红的《生死场》均由奴隶社编印出版，被聂绀弩认为是"这一年最值得特笔的东西"，"是这一年来创作上最好的收获"，"它们的出现，会使中国的创作达到新的较高的水准是无疑的"。①

1936年初，聂绀弩与人合编《海燕》杂志，萧红帮忙做校对。同年7月上旬，萧红在东渡日本前夕，到聂的住处向他们夫妇道别。半年之后，萧红又重回上海。

上海的这段时期，两人交往还是较多的。一天傍晚，装扮一新的萧红突然造访聂家，可她"穿的崭新蓝绸旗袍，头发蓬得像鸡窝，脸上搽着一脸粉"，乃至屋主人愣住了，没认出来"这丑鬼"女客是谁。过了恐怕有半个钟头，聂绀弩"这才如有天启地想起她是萧红"！②

> 萧红，是我们的朋友，是朋友的爱侣，是一个最有希望的女作家，是《生死场》的作者，我们对于她的尊敬是无限的。今天，却看见她不过是一个女人，一个搽脂抹粉

---

① 聂绀弩：《一年来的文化动态》，《中华月报》第4卷第1期，1936年。
② 聂绀弩：《萧红一忆》，载《聂绀弩全集》第4卷，武汉出版社，2004年，第391页。

的，穿时兴的衣服的，烫什么式的头发的女人！我感到一种无名的悲哀，正像小时候读《木兰辞》。"女秀才移花接木"，到了木兰"穿我旧时裳"，"出门见伙伴"，女秀才回到女装，对丈夫称"妾"的时候所感到的一样。我连忙跑上楼告诉她："你的样子难看极了！"她悯然离去，以后就不穿那衣服，也不烫头发。①

在一个想赢得赞美的青年女子面前，绝大多数男人都不会吝惜自己的口舌与掌声。但是聂绀弩毕竟是聂绀弩，他是一个不善恭维、坦率真诚的人，对任何人任何朋友，包括对萧红也是如此。萧红对朋友的规劝意见也采纳吸收了。

1937年淞沪会战爆发之后，聂绀弩随上海救亡演剧一队抵达武汉，不久二萧也到来。

第二年初，阎锡山在山西临汾办了个民族革命大学（以下简称"民大"），希望吸收进步青年去学习，并来武汉招聘教授，一帮青年作家都动了心。1月27日这天，聂绀弩与萧军、萧红、端木蕻良、艾青、田间、李又然等人到汉口乘坐火车，前往"民大"文艺系任教。他们乘坐的车厢是棚车，萧军称之为"五等铁皮卧车"。萧红担心那地方不好，怎么请教授却让坐

---

① 聂绀弩：《萧红一忆》，载《聂绀弩全集》第4卷，武汉出版社，2004年，第391—392页。

货车呢?①

萧红的担心是有道理的,那地方果然不怎么好。2月15日,聂绀弩致信胡风说:

> 到此多日,已由萧君函告想已察及。一路之上据我观察,端木情绪最劣,处事为人亦有问题。艾青、又然常在私人问题上闹纠纷,毫无较大眼孔。比较起来,萧军夫妇尚有做事能力及意志,且不涉及私人恩怨,实为难能可贵者。现艾青又然均被派赴运城分校,萧君亦拟于日内赴运。我与端木及萧夫人在此工作,惟前工作尚未分配,仅出席几次课外文艺活动指导,情形甚佳。我曾讲一次新文字问题,亦似能得听众欢迎。日来正从事学生文化团体合并及教授文化人等组织工作,以便对外发生影响。此地书籍刊物太少。仅有《解放》《新华》,往往一抢而空。②

聂绀弩晚年在一篇回忆文章中又说:

> 我和萧红见面比较频繁的只是很短的一段时间。1938年初,同萧军、端木蕻良、田间及她,都在临汾的实际上

---

① 梅志:《胡风传》,载《梅志文集》第3卷,宁夏人民出版社,2007年,第262页。
② 聂绀弩:《致胡风》,载《聂绀弩全集》第9卷,武汉出版社,2004年,第180页。

是薄一波同志做主的山西民族革命大学，而且住在一个院子里。这时候，丁玲领导的西北战地服务团听说我们到了临汾，她们也从什么地方赶到临汾来了。她们一来就演戏，演过一两次（即一两日）戏，敌人（日军）就从晋北南下来了，民大就搬家，缩小，我们这几个尚未上课的手无寸铁的所谓教授之类，就随西北战地服务团渡河，去了西安。①

另据端木蕻良在一篇回忆聂绀弩的文章中写道：

临汾失守前夕，丁玲要我们和她一起到西安去搞宣传活动。绀弩这时有个新想法，看样子，大革命的场景又再现在他的眼前了。有一天，他突然对萧红、塞克和我几个人说："目前正是时候，我们可以成立一个'萧红服务团'，到各省市去开展抗日活动。"萧红当即说她身体担负不了这个任务。绀弩说事务性活动，可以由大家来干，只要她担个名就行。萧红说，话是这么说，那些必然要临到头上的联系，都是摆脱不了的。她说："我的任务，还是要写出东西来！"这事就作罢了。②

---

① 聂绀弩：《序〈萧红选集〉——回忆我和萧红的一次谈话》，载《聂绀弩全集》第9卷，武汉出版社，2004年，第71页。
② 端木蕻良：《"山阴道上"》，姚锡佩、周健强等编《聂绀弩还活着》，人民文学出版社，1990年，第148页。

不要往下看，要向上飞

2月23日晚上，聂绀弩和萧红、端木蕻良到临汾车站，准备和丁玲的西北战地服务团去西安，不愿一起走的萧军来送行。萧军托丁玲照顾萧红，丁玲建议萧军要打游击就去五台山找八路军。萧军还与聂绀弩单独在月台上踱步了好一会儿，有过一段对话：

"萧红和你最好，你要照顾她，她在处世方面，简直什么也不懂，很容易吃亏上当的。"

"以后你们……"

"她单纯、淳厚、倔强、有才能，我爱她。但她不是妻子，尤其不是我的！"

"怎么，你们要……"

"别大惊小怪！我说过，我爱她；就是说我可以迁就。不过这是痛苦的，她也会痛苦，但是如果她不先说和我分手，我们还永远是夫妇，我绝不先抛弃她！"①

3月4日，聂绀弩和萧红、端木蕻良等人随同西北战地服务团抵达西安。"在西安过的日子太久了，什么事都没有，完全

---

① 聂绀弩：《在西安》，载《聂绀弩全集》第4卷，武汉出版社，2004年，第136页。

是空白的日子!日寇占领了风陵渡,随时有过河的可能,又经常隔河用炮轰潼关,陇海路的交通断绝了,我们没有法子回武汉。"① 一天晚上,聂绀弩陪着萧红在马路上来回地走,随意地谈。萧红说得多,聂绀弩说得少。

> 朦胧的月色布满着西安的正北路,萧红,穿着酱色的旧棉袄,外披黑色小外套,毡帽歪在一边。夜风吹动帽外的长发。她一面走,一面用手里的小竹棍儿敲那路边的电线杆子和街树。她心里不宁静,说话似乎心不在焉的样子,走路也一跳一跳地。脸白得跟月色一样。她对我讲了许多话,她说:
>
> "我爱萧军,今天还爱,他是优秀的小说家,在思想上是同志,又一同在患难中挣扎过来的!可是做他的妻子却太痛苦了!我不知你们男子为什么那样大的脾气,为什么要拿自己的妻子做出气包,为什么要对妻子不忠实!忍受屈辱,已经太久了……"
>
> …………
>
> 我想起萧军的嘱托。我说:"飞吧,萧红!记得爱罗先珂童话里的几句话么,'不要往下看,下面是奴隶的死所!'……"
>
> 她的答话,似乎没有完全懂得我的意思。当然,也许

---

① 聂绀弩:《在西安》,载《聂绀弩全集》第4卷,武汉出版社,2004年,第137页。

是我没有完全懂得她的意思。①

到了月底,丁玲约聂绀弩同她到延安去打一转。反正闲着无聊,就到延安去看看吧。一连几天都和丁玲在一块接洽关于车子的事情。直到临行的前一天傍晚,在马路上碰见萧红。萧红自己吃过饭,得知聂绀弩还没吃,一定要请他。她帮聂绀弩点了两样最爱吃的菜,并且要了酒。她自己不吃也不喝,隔着桌子望着聂绀弩。聂绀弩边吃边说:

"萧红,一同到延安去吧!"
"我不想去。"
"为什么?说不定在那里碰见萧军。"
"不会的。他的性格不会去,我猜他到别的什么地方去打游击去了。"

吃饭的时候,我没有说话,她也不说话,只默默地望着,目不转睛地望着,好像窥伺她的久别了的兄弟姊妹是不是还和旧时一样健饭似的,在我的记忆里,这是她最后一次和我只有两人坐在馆子里,最后一次含情地望着我。我记得清清楚楚,好像她现在还那样望着我似的。我吃了

---

① 聂绀弩:《在西安》,载《聂绀弩全集》第4卷,武汉出版社,2004年,第135、137页。

满满的三碗饭。①

最后，聂绀弩说了这样一句话："萧红，你是《生死场》的作者，是《商市街》的作者，你要想到自己的文学上的地位，你要向上飞，飞得越高越远越好……"②

第二天启行，在送行的人群中，聂绀弩向萧红做着飞的姿势，又用手指天空，她会心地笑着点头。

十多天后，聂绀弩和丁玲从延安回到西安，当中多了一个萧军。他在去五台山的中途折到延安，让聂绀弩他们给碰着了。

很快，萧红和萧军彻底决裂，之后和端木一起回到武汉。

聂绀弩则在萧红之前已经先期回汉。不久，受周恩来指派前往皖南新四军军部工作。临行之前，7月2日，聂绀弩到武昌小金龙巷看望萧红，劝她去延安，她说舒群也劝她去延安，但她不想去。③ 她后来去了重庆，继而香港。胡风1942年初从香港撤退到桂林之前，去看过一次萧红，"无论她的生活情况还是精神状态，都给了我一种了无生气的苍白印象。只在谈到将来到桂林或别的什么地方租个大房子，把萧军也接出来住在一起，共同办一个大刊物时，她的脸上才露出了一丝生气"④。

---

① 聂绀弩：《在西安》，载《聂绀弩全集》第4卷，武汉出版社，2004年，第137—138页。
② 聂绀弩：《在西安》，载《聂绀弩全集》第4卷，武汉出版社，2004年，第139页。
③ 周健强：《聂绀弩传》，四川文艺出版社，1987年，第171页。
④ 晓风编：《胡风自传》，江苏文艺出版社，1996年，第173页。

"萧红是天下第一美人"

1942年1月22日，萧红在香港玛丽医院病逝。此时，聂绀弩正在桂林编报纸副刊。也就是说，聂绀弩与萧红的武汉一别，实际成为永诀。

得知萧红去世的噩耗，聂绀弩当时有无诗文纪念，尚不可知。但是，为纪念萧红逝世四周年，聂绀弩1946年1月20日作了《在西安》一文，载1月22日《新华日报》。此文又以《和萧红在西安的日子》为题，在天津《鲁迅文艺月刊》创刊号发表。也许言犹未尽，聂绀弩还写了篇短文《萧红一忆》，回忆上海时期的生活片段。

聂绀弩与骆宾基等在香港浅水湾萧红墓地（1949年）

1月29日,中苏文化协会举办萧红逝世四周年纪念会,聂绀弩在会上高度评价萧红,说:"萧红是天下第一美人,因为她能在人性中发挥出人的美来。"①

五年之后,天下大变。1951年3月,聂绀弩辞去香港《文汇报》主笔之职,北上回京任职。临行之前,他去浅水湾萧红墓地凭吊,并写了一首《浣溪沙·扫萧红墓》:

浅水湾头浪未平,秃柯树上鸟嘤鸣。海涯时有缕云生。
欲织繁花为锦绣,已伤冻雨过清明。琴台曲老不堪听。②

本书作者在广州银河园萧红墓前
(2018年2月)

再过十年。1961年9月26日,聂绀弩致信香港友人高旅(邵慎之),附录七律《柬慎之谢寄罐头》,其尾联云:"问浅水湾无恙否,几时同上小红坟。"③

远在北京的聂绀弩不知道,萧红骨灰

---

① 江:《纪念萧红》,上海《时事新报·大地》,1946年1月30日。
② 《聂绀弩全集》第5卷,武汉出版社,2004年,第121页。
③ 《聂绀弩全集》第5卷,武汉出版社,2004年,第191页。

在有关部门和朋友的帮助下,已于1957年8月15日迁葬于广州银河公墓。每年清明时节,萧红墓前的鲜花总是多于他人。她并不寂寞。

在暴风雨来临的前一年,聂绀弩忽发奇想,要南下走一遭。在广州,他与曾敏之、胡希明、陈芦荻等文友相聚后,特意到北郊银河园为萧红扫墓。后来一口气写了六首七律:

一

千里故人聂绀弩,南来微雨吊萧红。
遗容不似坟疑错,碑字大书墨尚浓。
生死场慄起时懦,英雄树挺有君风。
西京旧影翩翩在,侧帽单衫鬓小蓬。

二

流离东北兵戈际,转徙西南炮火中。
天下文章几儿女,一生争战与初终。
狼牙啮敌诗心蛊,虎胆修书剑气虹。
蒋败降倭均未见,恨君生死太匆匆。

三

黄河滚滚怒而东,去日山川动荡中。
有寇追踪千里月,与君横渡八方风。
万倭其奈天生德,一艇轻飞地母宫。
回忆此情犹未远,如何人说凤台空。

四

奇才末世例奇穷，小病因循秋复冬。
光线无钱窥紫外，文章憎命到红中。
太平洋战轩窗震，香港人逃碗甑空。
天地古今此遥夜，一星黯落海崵东。

五

闻近弥留絮语中，一刊期与故人同。
悠悠此恨诚终古，渺渺予怀忽廿冬。
浅水湾头千顷浪，五羊城外四山风。
年年虎吼龙吟处，似以新篇傲我侬。

六

霓雌不碍以文雄，隽语长思鲁迅翁。
刊物两期同海燕，龙门一品进萧红。
我人宁信灵魂说，叟女终无地下逢。
果尔春来亦何觉，乱搔华发向空濛。①

这六首七律语言朴实、情感真挚，表达了聂绀弩对亡友萧红的无限哀思。第一首写出了至今无法相信萧红去世的悲伤，并对其人品文章作了高度评价。第二首叹息萧红逝去太匆匆。第三首追忆了抗战初期与萧红一道去临汾途中过黄河的烽火岁月。第四首对亡友死于战乱和贫困的境遇寄寓了深切同情。第

---

① 聂绀弩：《萧红墓上六首》，载《聂绀弩旧诗集：三草》，野草出版社，1981年，第70—75页。

五首表达了对亡友的无限怀念。第六首既希冀萧红在泉下能和鲁迅先生相逢,又知不可能。由此可见聂绀弩之至情至性、至真至纯,乃侠之大者。

高旅读了聂绀弩寄赠的这组诗后,回信建议他为萧红作传,而聂思考此事后反倒认为高旅更适合。1964年12月5日,聂绀弩致信高旅云:"元旦将届,例当献礼,有瘦石画萧红像、迩冬书拙作吊诗条幅,已裱好,并另题拙作一首。"① 所谓"拙作"即《慎之见吊萧红诗后,动议我为萧红作传。我思此事慎之自为尤佳,因将瘦石所画萧红遗像下题迩冬书拙句寄赠,借促命笔,并系以诗》,诗曰:

与君曾近五千里,乃有斯篇持寄君。
画与书诗惟两绝,人同尔我早终分。
友朋情意何生死,今昔江山迥旧新。
大任谁胜萧女传,港中高旅最高文。②

不过高旅接信不以为然,也没把事情放在心上,"萧女传"自成幻影。聂绀弩随后运交华盖作楚囚,在山西坐牢整整十年。

1977年10月27日,萧军到寓所看望"特赦"归来的聂绀

---

① 《聂绀弩全集》第9卷,武汉出版社,2004年,第285页。
② 《聂绀弩全集》第5卷,武汉出版社,2004年,第195页。

弩,"他以手抄诗稿示我,其中有赠萧红及我诸诗"①。

进入80年代,已近耄耋之年的聂绀弩,长期为疾病所困扰。1980年8月15日,他躺在北京邮电医院的病床上,为人民文学出版社将要出版的《萧红选集》作序。因"无力把《萧红选集》通读一遍","就把这与萧红同志的三段谈话回忆出来,聊以充数。这些谈话,一面虽是言犹在耳,景犹在目;一面究竟也相去四十多年,不免有些记不完全了,但有的地方,由于现在加了一些补充,或者反而比当时更完全了"。②

第一段谈话,"说明萧红虽然是我们大家公认的才女,她的著作,全是二十几岁时候写的。但要以为她是不学而能,未曾下过苦功,却是错的。这种错误看法,很容易阻碍青年学习写作"。第二段,"可以看出萧红是怎样推崇鲁迅,尤其是鲁迅的杂文。她用了旧小说上的某些陈词滥调,简直像开玩笑似的。但那些陈词滥调经她一用,都产生了新意,而且十分贴切真实,而又未经人道"。③ 第三段,是对萧红的作品《生死场》和《商市街》的看法。

所以,与其说这是一篇序文,不如说是对一个文友逝世快四十年的纪念。

---

① 萧军:《人与人间——萧军回忆录》,中国文联出版社,2006年,第259页。
② 聂绀弩:《序〈萧红选集〉——回忆我和萧红的一次谈话》,载《聂绀弩全集》第9卷,武汉出版社,2004年,第76页。
③ 聂绀弩:《序〈萧红选集〉——回忆我和萧红的一次谈话》,载《聂绀弩全集》第9卷,武汉出版社,2004年,第76—77页。

开门猛讶尔萧军

——聂绀弩与萧军

在梁园的晚宴上

聂绀弩与萧军的情谊之深并不逊于与萧红,且交往时间更久,长达半个世纪。

他们第一次见面的时间地点,与见萧红相同,都是1934年12月19日,在上海梁园鲁迅安排的晚宴上。萧军对此次宴请印象深刻,曾有大篇幅的回忆,笔者节录如下。

吃酒的冷菜摆上来了,鲁迅先生提来了一只较大的黑色的玻璃瓶放在了桌子上,许广平先生拿起瓶子,在每人面前的玻璃杯里倒进了半杯近乎黑紫色的汁液,她解释着说:

"这是一位朋友由外国带来的葡萄汁,送给周先生的。

太浓了,需要掺上一些冷开水……"接着她又把一只暖水瓶由另外一张桌子上提过来,每个杯子里注上了冷开水,说:"这冷开水,……也是从家里自己带来的,怕他们这里没有,……有能喝白酒、老酒的,……自己斟罢,不会喝酒的可以用这葡萄汁来代替,……"

那位穿深蓝色长袍、瘦长个子、有些驼背的人,先伸出一条长胳膊把一只盛白酒的酒壶抓过去,在自己面前另一只杯子里注满了一杯白酒,接着就旁若无人地深深呷了一口。

这时许先生出去了一下,回来向鲁迅先生耳边轻轻地说了一个"没"字,鲁迅先生才以主人的身份开始在介绍客人了。首先他指一指他自己身边左侧那位说上海话戴眼镜的人说:

"这是我们一道开店的老板……"鲁迅先生并没有说出这位"老板"的姓名。……

接着就介绍了那位喝白酒的长个子:

"这位是聂先生!"这位聂先生连身子也没欠,只是哼了一声,因为他的嘴里已经在咀嚼着什么东西了。接着是介绍那位女士,鲁迅先生说她姓周,是聂夫人。那位穿西装的青年姓叶。最后介绍到我们头上来,鲁迅先生指一指我和萧红:

"这两位是刘先生,张女士,他们是新从东北来的。"

…………

在席间，他们之间的谈话我是有些莫名其妙的，在我听起来似乎用的是些"隐语"或"术语"之类，因此我只能说吃了又喝，喝了又吃。同时我也注意到了那位长身驼背的人总在不停地向他的那位"夫人"碗里挟这样、那样的菜，而那位"夫人"也并不客气，这倒使我感到怪有趣的，我也就学他的样，也开始向萧红的碗里挟取她不容易挟到的，或者不好意思把手臂伸得太长才能挟到的菜。这却使萧红有些不好意思了，暗暗用手在桌下制止着我。

....

路上萧红轻轻地告诉我，许广平和她说了：那位老板就是C先生，驼背高个子是聂绀弩，女士是周颖，穿西装的青年人是左翼作家叶紫，空位是为H君和他的夫人T女士留的，这天也确是他们的第一个男孩满月的日子。①

初次见面，聂绀弩在萧军面前的形象似乎欠佳——"脸形瘦削、面色苍白，具有一双总在讽刺什么似的在笑的小眼睛，短发蓬蓬"，"个子虽近于细长，但却显得有些驼背"，②可这些并没有妨碍他们成为终生挚友。

这次相识之后，聂绀弩夫妇隔三差五就上萧军住处串门，

---

① 萧军：《人与人间——萧军回忆录》，中国文联出版社，2006年，第256—258页。
② 萧军：《人与人间——萧军回忆录》，中国文联出版社，2006年，第256页。

问候他们小两口。1935年1月21日这天,聂绀弩问萧军为什么不写稿子去换钱,萧军说写了也没办法发表。聂说:"你找老头子(按,指鲁迅先生)啊!他总有办法……你总得要生活下去呀!——老头子介绍去的文章如果不是太差,他们总是要登的。太差的文章老头子也不肯介绍的……"①

在聂绀弩的鼓励、怂恿下,为了在上海生活下去,萧军开始写些短篇小说和散文,并打算请鲁迅审阅、介绍。同年8月,萧军的长篇小说《八月的乡村》由上海奴隶社出版,由鲁迅作序。聂绀弩写了一篇推荐文章,在上海《读书生活》半月刊(1935年11月)第三卷第一期发表。聂绀弩高度评价说:"《八月的乡村》是一部十五万字的长篇小说,写的是为民族生存的战斗的一角,是同类题材中间的最好的一部,也是整个现中国文坛上最值得夸耀的收获。""就中国自己的文化程度说,《八月的乡村》在中国文坛上,就说不减于《铁流》或《毁灭》之在世界文坛,似乎也不算十分夸张。未来的中国是未可限量的吧,比《八月的乡村》更有力量更纯熟的作品大概不会没有。但是此刻现在,我们却还只有这样一部,而对这一部对于未来更好的作品,一定会给与良好的有力的影响。"②

---

① 萧军:《鲁迅给萧军萧红信简注释录》,黑龙江人民出版社,1981年,第138页。
② 聂绀弩:《〈八月的乡村〉》,载《聂绀弩全集》第3卷,武汉出版社,2004年,第312,313—314页。

天各一方的挂念

淞沪会战打响之后，聂绀弩、萧军先后从上海转移到武汉。1937年10月19日下午，武汉文化界与七月社等团体在汉口基督青年会举行鲁迅逝世周年纪念会，聂绀弩和萧军作为主席团成员双双出席大会，萧军还作了讲演。

在武汉的几个月里，聂绀弩与萧军，还有胡风、奚如等一帮朋友写稿子、下馆子，过得也算充实。到了1938年1月份，国民政府第二战区开办的民族革命大学在山西临汾开学，并在武汉延聘青年作家当教授，萧军动心了。据胡风1月22日的日记：

> 饭后，同奚如夫妇、绀弩回家，坐了一会儿，一同到萧军那里，谈了一会儿闲天。萧军想拖我和绀弩等一同到临汾去，好像没有《七月》一样。端木则如有所待似的。①

最终到临汾去的是聂绀弩、萧军、萧红、艾青、田间、端木蕻良、李又然等人，胡风、冯乃超等人则留在武汉。

到了临汾之后没上一次正式的课，日军就要打来了，民族革命大学必须搬迁。除了萧军之外，聂绀弩、萧红等人则跟随

---

① 晓风辑注：《胡风日记·武汉一年（续一）》，《新文学史料》，2016年第4期，第149页。

丁玲的西北战地服务团去了西安。萧军独自投奔延安。

3月24日，萧军在延安致信胡风："我于三月二十日到延安，二月廿六日从临汾随学校退出，这近乎一月中尽在跑路和躲炸弹了。还算平安，居然到了此地。于此地大约停留一两月左右，待萧红到此，再作行止。"①

萧军到达延安后，住进陕甘宁边区政府招待所。不久，聂绀弩和丁玲从西安来到了延安，碰到了萧军。据萧军夫人王德芬讲述——

（萧军）渡过黄河，步行了二十多天，于三月二十一日到达延安城，先去照相馆拍了一张照片，留下了风尘仆仆的疲惫形象，之后就住进了陕甘宁边区政府招待所。一打听去五台的路上有战事，通不过去，只好暂时在延安停留下来。刚巧"西北战地服务团"的负责人丁玲和聂绀弩从西安来向党中央汇报工作，也住在招待所，见到了萧军。毛主席从丁玲那里得知萧军来到延安的消息，很想见见这位鲁迅的学生、《八月的乡村》的作者，就派秘书和培元先到招待所去看望萧军，问他愿不愿意去见见毛主席。萧军说："我打算去五台打游击，到延安是路过，住不了几天，毛主席公务很忙，我就不去打扰了！"和培元走了以后，丁玲对萧军说："既然到了延安，难得的机会，毛主席热情相

---

① 转引自袁培力：《萧红年谱长编》，陕西人民出版社，2019年，第290页。

邀,还是应当去见见!"萧军同意了。还没等萧军前去拜访,一天上午毛主席亲自到招待所看望萧军了,同时还会见了何思敬、丁玲、聂绀弩几位同志,并请大家在招待所共进午餐。①

4月5日,萧军接受丁玲劝说,愿意到西安参加"西战团"做抗战宣传工作,遂和丁玲、聂绀弩一同离开延安前往西安。4月7日,他们返回西安梁府街女子中学"西战团"驻地。这时,萧红、端木蕻良也在该团。

接着,聂绀弩离开西安回到武汉,继而去皖南,又到桂林、重庆、香港;而萧军则在西部地区的兰州、成都、延安。两人可谓天各一方,相互的挂念与关注是必然的。

1938年12月8日,萧军自成都致信胡风,问:"老聂到哪里去了?"② 1939年7月20日,萧军在成都致信胡风说:"偶然在什么报上看到绀弩,在江浙某处编一个刊物,不知你有确息否?周颖还是没有消息吗?念念!"③ 1942年7月27日,萧军于延安致信胡风,云:"近来我却很想念你、绀弩、曹白、柏山

---

① 王德芬:《萧军在延安》,《新文学史料》1987年第4期。
② 萧耘、王建中主编:《萧军全集》第16册,华夏出版社,2008年,第120页。
③ 晓风、萧耘辑注:《萧军胡风通信选》,《新文学史料》2004年第2期。

等人，但不知再相见于何时何地？"[1]

1949年1月20日，聂绀弩于香港作《由萧军想起的》一文，再次赞誉《八月的乡村》等作品，还说："比如我自己，就常有有萧军在，我们的文章还到哪里讨生活的感觉。"[2] 接着又对萧军在东北解放区发表的一些所谓"谬论"进行了毫不留情的批评与剖析，最后语重心长地说，"作为他的朋友，至少不希望他有太多的跌跤的机会"[3]。当然，绀弩的这个跟风式批评并非正确，大概是坚信组织的思想原则使然吧。

千言万语从何说

西安一别就是十多年。聂绀弩与萧军再次相见，已是共和国成立前夕。

1949年8月17日，聂绀弩随全国文代大会代表参观团到东北参观，于抚顺遇见了在煤矿总工会工作的萧军。萧军在日记中写道："我们从西安一别，已经十一年不见了，他还不见

---

[1] 萧耘、王建中主编：《萧军全集》第18册，华夏出版社，2008年，第692页。

[2] 聂绀弩：《由萧军想起的》，载《聂绀弩全集》第1卷，武汉出版社，2004年，第269页。

[3] 聂绀弩：《由萧军想起的》，载《聂绀弩全集》第1卷，武汉出版社，2004年，第274页。

老。我心情微微有些酸楚和兴奋,但马上就平静下来。"① 接着,萧军为老朋友写了一首诗:

> 十年小别足风波,渭北江南两地过。
> 侵髡有丝心自在,低眉无那骨难磨!
> 漫漫长夜光初晓,凛凛霜晨寒正多!
> 松柏芝兰期远路,风风雨雨尽如何。

第二天,聂绀弩回赠一首《答萧军(一九四九年八月十七号参观东北,于抚顺遇到萧军蒙以诗件赠,成此答之)》:

> 人皆欲杀我怜才,伯气纵横髡未摧。
> 四十余年何足数,奇书开卷第一回。②

从胡风的日记和书信看,50年代初期,胡风被逮捕之前,他们这几个老朋友往来还是频密的。

《胡风日记》:"(1952年8月14日)绀弩引萧军来,一道到东安市场吃饭后,到萧军家,十时过回来。"③

---

① 萧耘、王建中主编:《萧军全集》第20册,华夏出版社,2008年,第536页。
② 萧耘、王建中主编:《萧军全集》第20册,华夏出版社,2008年,第538页。
③ 梅志、张小风整理辑注:《胡风全集·日记》第十卷,湖北人民出版社,1999年,第345页。

这则日记虽然简略，但当天胡风在致上海梅志的家书中，谈及聂绀弩与萧军的境况却颇为翔实。节录如下：

> ……老聂引萧军来了。到东安市场吃了晚饭，又一道到萧军那里。他自己租居一栋大楼房上面一间，家里住在同一胡同另一处。他到北京一年，每天早上跑小市场，搜买各种小古董，里面有很名贵的东西。房子里各处摆的都是。他自己，写廿八万字的一个长篇，前天送人民文学出版社审查，要求出版。写完后，写信周扬，要求介绍一个工作，且提出了他能做的各种工作。结果由他挑选，到北京文物局古物组当研究员，已做了一个月左右云。他这门本事，是跑了一年小市场跑出来。谈起来，还是那一副气概，但怨气冲天，如这部小说不能出版，就要大闹一场，云。后来又到他家里坐了一会儿，已有五个孩子，大的今年上中学。
>
> 两种人物，两种生活，得意者与失意者。这个文坛，就是这样毁灭人的！①

《胡风日记》："（1953年10月12日）聂绀弩、萧军来。"②

---

① 晓风选编：《胡风家书》，复旦大学出版社，2007年，第290—291页。

② 梅志、张小风整理辑注：《胡风全集·日记》第十卷，湖北人民出版社，1999年，第445页。

《胡风日记》:"(1954年10月18日)聂绀弩、萧军、吕荧来。"①

聂绀弩养女吴丹丹曾经回忆说:"(50年代)我们家有几位常客,萧军、陈迩冬、张友鸾、戴浩等。"有一次绀弩请萧军外出吃饭,丹丹也嚷着跟了去。"在莫斯科餐厅落座后,父亲点了好多菜。待到杯盘狼藉,服务员来算账时,父亲才发现口袋里的钱不够。他为难地望着萧叔叔,而萧叔叔却把双手一摊,表示毫无办法。这时的我,别提多高兴了,报功似地嚷着:'我有钱,我有十元钱!'"②

1962年4月8日,聂绀弩在致高旅信中附录了一组新作的旧诗,其中有《军过》(后改为《萧军枉过》)诗曰:

剥啄惊回午梦魂,开门猛讶尔萧军。
老朋友喜今朝见,大跃进来何处存?
八月乡村五月矿,十年风雨百年人。
千言万语从何说,先到街头饮一巡。③

千言万语从何说啊!1965年秋,聂绀弩和萧军一道看望受"胡风案"牵连的吕荧,结果被吕荧误认为是来抓他的人而拒之

---

① 梅志、张小风整理辑注:《胡风全集·日记》第10卷,湖北人民出版社,1999年,第519页。
② 吴丹丹:《一束小白花》,姚锡佩、周健强等编《聂绀弩还活着》,人民文学出版社,1990年,第448—449页。
③ 《聂绀弩全集》第9卷,武汉出版社,2004年,第247页。

门外。1966年1月，胡风回京候审，聂绀弩第一个前去看望，"告诉他萧军也想来，并且还提议三人同照一张相，'他说我们三人是鲁迅先生身边的最后三人了。照张相留一个纪念吧'。胡风考虑后没有同意。因为他觉得自己是判了刑的，目前还有人监视着，可不要连累了他"①。

叹惜垂老剩三拳

1976年，聂绀弩特赦回京，萧军写下两首《"绀弩获释"有赠》：

一

又是相逢一破颜，十年囚羁两霜天！
烟蓑雨笠寒江月，孤岭苍松雪地莲。
鹤唳晴空哀九皋，猿啼三峡过前川。
濯缨濯足浑闲事，流水高山韵未残。

（首联自注：彼被囚于山西狱中，我被"关押""改造"于京都。）

二

萧萧白发两堪骄，犹爱弯弓射大雕。
狐鼠跳梁闲岁月，杨花逐水去迢遥。

---

① 梅志：《友谊长存》，张晓风选编《长情赞》，江苏文艺出版社，1997年，第140页。

恢恢天网终无漏，滚滚沧江未尽潮。

万仞临风一俯仰，闲将石火教儿曹。①

萧军的旧体诗，体现了他那雄浑深沉、气势磅礴的艺术风格。在 70 年代末、80 年代初，诗词家、书法家吴丈蜀曾言，"现在尚健在的老一代作家中，能以诗词擅长者应推萧军和聂绀弩"②。

1977 年 10 月 27 日上午，萧军在绀弩出狱后第一次到他寓所去看望，聂绀弩记录："他人虽变得瘦弱可怜，而精神尚佳，不减当年。他以手抄诗稿示我，其中有赠萧红及我诸诗，当时录而存者。"③ 回首"近于终身的友谊"，1979 年 3 月，萧军在回忆录中写道："我今年七十二岁，他（按，指绀弩）已经七十六岁了，我们之间的这种友谊，是经过

萧军（前排左一）等友人看望聂绀弩夫妇

---

① 萧军：《人与人间——萧军回忆录》，中国文联出版社，2006 年，第 259 页。

② 李兴辉：《心香一瓣奠灵前》，梁山丁主编《萧军纪念集》，春风文艺出版社，1990 年，第 342 页。

③ 萧军：《人与人间——萧军回忆录》，中国文联出版社，2006 年，第 259 页。

各种风风雨雨考验的,证明是并无任何变化。尽管我们之间对待某一问题,某一思想,某一见解……有时有争论,有争执,有争吵……甚至到了'面红耳赤'的地步,但这些情况对于我们基本的友情来说,并无任何妨碍和损害以至影响的。因为我们全是喜欢一切习于'真'的人!"[1]

1980年2月,出狱后的胡风病情加重。当时,他尚未平反。3月,在其女儿张晓风和萧军的书信请求下,中共中央组织部将胡风接到北京医治。正好聂绀弩在北京邮电医院住院,4月11日,萧军弄了一辆车把胡风拉到聂绀弩的病房,总算完成了"三人同照一张相"的夙愿。[2] 后来聂绀弩在合影上题诗云:

近态狂奴未易摩,仙人岛上借吟哦。

孙行者出火云洞,猪八戒过子母河。

天上星辰曾电击,人间岁月已砺磨。

三人同照一张相,所失文章共几多?[3]

20世纪30年代即已结识的三个朋友终于聚会了,同照一

---

[1] 萧军:《人与人间——萧军回忆录》,中国文联出版社,2006年,第259页。

[2] 仇广宇:《聂绀弩:进步着,落后着》,《中国新闻周刊》,2014年第36期,第79页;晓风:《萧军、胡风与病中的聂绀弩完成"三人同照一张相"的夙愿》,《北京青年报》,2014年12月26日。

[3] 聂绀弩:《题照》,载《聂绀弩全集》第5卷,武汉出版社,2004年,第217页。

张相的夙愿也达到了，"但是中间坐着的胡风只是茫茫地望着前面说不出一句话来，过去那么潇洒的老聂虽然精神看上去还好，却已是弯腰曲背，只有萧军仍不减当年的豪迈气概，但已满头白发了"。"在这短短的几年里，萧军是由于忙，胡风、老聂是由于病，三个朋友想在一起聚首就再也没有了可能"。①

聂绀弩与胡风、萧军在一起

忽然想起，前几年香港城市大学出版过一本晓风等编的胡风、聂绀弩、萧军合集，书名叫作《逆风而立三侠客》。他们的确是20世纪中国文坛的"文侠"。

---

① 梅志：《友谊长存》，梁山丁主编《萧军纪念集》，春风文艺出版社，1990年，第227页。

绝笔留诗祭雪峰

——聂绀弩与冯雪峰

骆宾基曾经拿聂绀弩与冯雪峰进行对比,说"绀弩与冯雪峰同样,不是我们同龄人而是我们同代人当中的长者,但在我来说,绀弩又和冯雪峰不同,前者随心所欲般任性纵情,而后者律己严,且慎于情"[①]。然而这样两个性格迥异的人,却是一对交情很深的朋友。

特殊的任务

1936年4月,参加过长征的冯雪峰作为中共中央的特派员从陕北来到上海,寻觅、恢复、领导中共地下党组织,还要完

---

① 骆宾基:《又是一年春草绿》,《新文学史料》1987年第4期。

成"附带管一管"文艺界工作的任务。

大约在1935年11月间，左翼文艺界的周扬等人，一方面在酝酿解散"左联"，一方面提出"国防文学"的口号。鲁迅对此采取观望、怀疑，甚至抵制的态度。冯雪峰坚定地认为，鲁迅是左翼文艺运动的旗手，也是左翼文艺界内部团结的核心，而他所肩负的宣传共产党的抗日民族统一战线的任务，在文艺界也只能通过鲁迅才能完成。所以他到上海不久，就和鲁迅、胡风商量后提出了"民族革命战争的大众文学"的口号，并让胡风写文章反映出去。胡风写出《人民大众向文学要求什么？》，得到鲁迅和冯雪峰的认可，要他找个地方发表出去。胡风就交给聂绀弩，他拿给光华大学学生，在他们编的《文学丛报》第三期上发表了。

聂绀弩曾是"左联"指派领导光华、交通等大学的"沪西片"大组长，还是《文学丛报》创办的倡议人、不挂名的组稿编辑。聂绀弩也在《夜莺》月刊第一卷第四期（"民族革命战争的大众文学"特辑）发表《创作口号和联合问题》一文，积极投入"民族革命战争的大众文学"与"国防文学"两个口号的论争。《现实文学》第一号又发表他的《创作活动底路标》。后来，他接受周文传达冯雪峰的意见而退出论争。

是年夏秋间，冯雪峰根据中央的指示，多次将经过审查的一批知识分子，输送到陕北根据地去，其中有被国民党软禁在南京而设法救出的丁玲。丁玲回忆说："1936年夏天，我终于能和党取得联系，逃出南京，也是由于曹靖华受托把我的消息和要求及时报告给鲁迅,由鲁迅通知了刚从陕北抵达上海的中央特派员冯雪峰同志。是冯雪峰同志派张天翼同志到南京和我联系并帮助我逃出的。"①

9月下旬的一天,聂绀弩忽然接到党组织联络人周文的通知,让其到一家旅馆会见冯雪峰。原来冯雪峰是要他完成护送丁玲去西安的任务。这在聂绀弩1957年所写的一份材料中有所反映:

> 冯雪峰,我在鲁迅逝世前半月许才会见,以前不认识。会见他,是在周文通知我的一个旅馆里,谈的是关于派我送丁玲到西安的事。这事,本来已由周文和我谈妥,他和我谈,不过"以昭慎重"之意,并无新内容。……
>
> 我入党,在这一年半以前,关系在军委,跑关系的是吴奚如;两个口号论战之后,关系才转到雪峰这边,跑关系的是周文。
>
> 我以前编《中华日报》副刊,编《海燕》,都在入党之前,与雪峰无关,那时他还未到上海。
>
> 两个口号论战时,我从胡风口里知道雪峰从延安到上海的事。听胡风的说法,雪峰是延安特派来领导文化的,周扬、夏衍他们是抗拒领导的(具体的话不记得)。所以我也参加了口号论战。但我发表了一篇文章之后,胡风告诉

---

① 丁玲:《鲁迅先生于我》,载西北大学鲁迅研究室编《鲁迅研究年刊1981年》,陕西人民出版社,1981年,第15页。

我说，雪峰说我的理论是错的，叫我写一篇自我检讨的文章。但我等候告诉我，我的意见如何是错的，如何检讨，却一直没有告诉，也没有再谈检讨的事，所以检讨也没有写。论战文章也再没有写。……

鲁迅死后，曾由周文通知我，到王任叔家里开过一次会。参加的是任叔、雪峰、胡风、夏衍、周文、我。是否还有别人，记不起了。会上谈了些什么也不记得，总是关于文化方面的。并且说这会以后要继续开。但以后也没有开，也不知为什么。我和雪峰在离开上海以前，只见过这两次。①

抗战初期，除了在金华有过短暂交集外，两人天各一方。直至抗战末期，两人都到了重庆。聂绀弩创办《艺文志》，冯雪峰提供了《机巧》《对光明的拥抱力》等文稿发表。

共事人文社

1951年4月初，人民文学出版社成立，冯雪峰出任社长兼总编辑。在冯雪峰的要求下，从香港回京的聂绀弩被调到人文社任副总编辑兼古典部（二编室）主任。冯雪峰后来对副社长楼适夷说起原因："绀弩这个人桀骜不驯，人家嫌他吊儿郎当，

---

① 聂绀弩：《关于冯雪峰》，载《聂绀弩全集》第10卷，武汉出版社，2004年，第253—254页。

谁也不要,我要!"① 聂绀弩在一份交代材料中说:"五一年下半年起,我到文学出版社工作。他(按,指冯雪峰)对我说,不必管事,好好研究马列主义。后来又说,找一个副主任,把编辑室的事交给他,我自己专门研究马列主义。这些话很投合我。"② 在另外一份写废的检讨中,聂绀弩说:"……我就是以上述的精神状态和认识水平到社来工作的。但有几件事又使我背上更多的包袱。其一,我说我不懂古典文学。冯雪峰说,你还懂文言,比别人还好(这话我后来说过,但被揭露时,则变成'党内只有我懂古典文学')。冯又说,其实是给你一份供给,让你去好好研究马列主义。后来又说,你花五年十年时间,去研究几种古典小说,如《水浒》《红楼梦》也好。具体工作,不必管(那时也很少具体工作)。我说我早上起不来。冯说没有什么关系,我也起不来。后来又说,找一个好的副主任,把具体事交给他(这是以后关于我对于副主任问题被揭发为封官许爵的张本)。其二,最初几天,丁玲曾对我说,冯是不会做行政工作的,蒋天佐有病,劝我做副社长,把行政担负起来,把冯解放出去多做点别的事。我一向就怕做首长和行政工作,当时坚决拒绝了。"③

---

① 楼适夷:《说绀弩》,载姚锡佩、周健强等编《聂绀弩还活着》,人民文学出版社,1990年,第261页。
② 聂绀弩:《关于冯雪峰》,载《聂绀弩全集》第10卷,武汉出版社,2004年,第256页。
③ 聂绀弩:《检讨》,载《聂绀弩全集》第10卷,武汉出版社,2004年,第306—307页。

事实上，聂绀弩和冯雪峰都为人文社古典部作出了很大的贡献，为后来的发展奠定了坚实的基础，这已是老一辈人心中的共识。舒芜说："这个班子（按，指古典部）不像别的室，不是从某个编辑室或出版机构集体转过来的人，而是东找一个西找一个拼凑起来的。大概是由冯雪峰、聂绀弩到处物色来的。……直到今天，在社会上、在古典文学界，都还站得住。这跟冯雪峰的眼光很有关系。"① 顾学颉也说："他（按，指聂绀弩）和冯雪峰同志一起，经常想方设法罗致人才，充实古典部的编辑力量。他们从各方面陆续约请到不少对古典文学研究有成绩的同志到编辑室来工作（其中有好些人，当时和后来都成为古典文学界的专家、名人，著作不少）。"② 周汝昌本来在四川大学任教，因出版《红楼梦新证》得到聂绀弩的欣赏，遂被邀到人文社去工作。但是川大不放行，冯雪峰出面请中宣部下调令，方得如愿。

至于具体业务工作，洁泯说："雪峰当时提议对几部古典小说用注释条目并加上有分析的出版前言予以编辑加工出版，以为普及。这个计划决定后，绀弩首先把七十回《水浒传》的编辑工作承担起来，他组织人手作版本的校勘，亲自动手作每回

---

① 舒芜口述、许福芦撰写：《舒芜口述自传》，中国社会科学出版社，2002年，第249—250页。
② 顾学颉：《"输赢原不定，对弈两三场"》，载韦君宜等《怀念集》，人民文学出版社，2011年，第136页。

的注释条目，集体讨论审议后定稿。"① 在冯雪峰的支持下，聂绀弩还亲自前往传说中的施耐庵故乡苏北兴化及扬州等地进行实地调查。绀弩陆续在报刊上发表他的研究成果《水浒》五论，影响极大，他被全国各地邀请前去演讲达五十余次。冯雪峰也在百忙中撰写了长文《回答关于水浒的几个问题》，陆续在他主编的《文艺报》发表，起到了极好的先期宣传效果。因此当1954年作家出版社出版重新校订、注释并由聂绀弩撰写《前言》的七十一回《水浒传》时，《人民日报》发表短评，把它视为中华人民共和国成立后出版界的重大成就。

1954年4月，王任叔调入人文社，担任党委书记兼副社长、副总编辑，并插手古典部的事情。比如，王任叔撰写了一篇谈如何整理古典文学作品的文章，要印了拿出去散发；聂绀弩看到了，觉得写得并不怎么高明，却又不知如何说，只好送给冯雪峰，请他再看看。冯雪峰阅后，大概也觉得不怎么好，于是采取了一个折中的办法，"在社内打印参考"。

王任叔来社前，人文社上下班并不是很严格。冯雪峰表示过，编辑可以迟到，可以晚来一个小时。王任叔就任后，特别强调严格遵守劳动纪律，要求准时上下班，有段时间还搞了签到簿，派人事科的人在大门口察看员工何时进门，核对和查举其与签到簿不符之处。这种做法，激起了更大的意见和不满。

---

① 洁泯：《回忆聂绀弩》，载《晨昏断想录》，生活·读书·新知三联书店，2006年，第165—166页。

聂绀弩自己不签到不说，还主张迟几分钟也不必计较。在社党支部会议上，王任叔指责聂绀弩"抗拒"他，说古典部"聂绀弩能领导，党不能领导"。肃反运动之后，整个古典部被王任叔打成"聂绀弩搞独立王国的小集团"。冯雪峰十分反感对聂绀弩等人的打击，但他已无发言权，一股"用人不当，脱离政治，脱离实际"的炮火早已投向他，更何况其时他正在为《文艺报》的一条按语而大受责难。

由于《红楼梦》研究问题遭到批判，冯雪峰被迫在全国文联大会上做了检讨，《人民日报》上也发表了他的《检讨我在〈文艺报〉所犯的错误》，随后被撤销主编一职。而到人文社年终总结之前，王任叔竟专门让冯雪峰到社里，参加支部会，就此事再做检讨。聂绀弩以为，这是王任叔在搞"逼宫"，想自己当社长。两人的对立和冲突，于是乎愈演愈烈了。

在历次的运动中，聂绀弩都站在冯雪峰这一边。人文社洁泯说："三反"运动时，"那时社内有极少数人，用反对官僚主义为口实，对社长冯雪峰大肆攻击起来，言词难堪，有点居心叵测，那时绀弩仿佛洞若观火，站起来用着既平心静气又具杂文风格的语调，把对方夸大之词，不实之情，非善意的气度，批驳得淋漓尽致，一干二净，使对方哑口而无言。"[①]

---

① 洁泯：《回忆聂绀弩》，载《晨昏断想录》，生活·读书·新知三联书店，2006年，第165页。

"我是'雪峰派'"

1957年初,组织上对聂绀弩做出结论和处理,给予留党察看两年处分,撤销副总编辑职务。6月2日上午,冯雪峰托楼适夷约被处分的聂绀弩到他家吃午饭,这是反省结束后两人第一次会面。后来,聂绀弩说:"冯向我表示,在肃反期间,我似乎对他有些不满,其实他和王任叔都曾向组织替我讲过话,最后都曾向组织表示,最好不要开除我。似乎是要我谅解。我告诉他,这意见,王任叔早告诉过我。即使没有告诉,我推想大概也是如此的。冯又说,他和邵荃麟商量过,请作协介绍我去外面旅行,问我愿不愿意。我表示愿意。此外,问我写了一些什么稿子,说可以拿到社来出版,以前的小说集(原在社内)也可出版。最好还是搞几部东西出来。他以后也将埋头写作云云。"①

1958年2月,中共人文社党支部通过"开除冯雪峰出党"的决议。接着,又撤销其人文社社长兼总编辑职务。当聂绀弩惊闻冯雪峰所遭到的毁灭性打击时,他只能以散诞的语言和行为表达自己的悲愤:"既然冯雪峰是'右派',我自然也是'右派',我是'雪峰派'嘛。不过我不是资产阶级右派,而是无产阶级右派,雪峰愿意去北大荒接受改造,我也去,雪峰走到哪

---

① 聂绀弩:《关于陈企霞》,载《聂绀弩全集》第10卷,武汉出版社,2004年,第261页。

里，我跟他到哪里。"① 牛汉回忆："王任叔在送聂绀弩到北大荒之前，在后二楼开了一个会，刘岘也在，雪峰没有参加。聂绀弩在会上说，我一生非常信任雪峰同志。我当年在苏联待过几年，苏联的斗争十分凶，后来事实证明，'右派'不一定不革命，'左派'不一定真革命。如若雪峰同志是右派，我也愿成为右派，他是左派，我也是左派，坚定地追随他。"② 可是，组织上又以照顾年老为由要将他们留在社里。绀弩却再也不愿看已变了颜色的"故旧"的面孔，毅然去了北大荒。

60年代初中期，东北归来的聂绀弩，大量时间用于练字作诗。综观现已收集到的聂绀弩旧体诗中有关雪峰的诗，大约九组十八首，在赠友人诗中无论是数量和内容上都最为丰富。这些诗作，大部分写于暴风雨之前。

1963年冯雪峰六十岁时，聂绀弩曾作《雪峰六十》（四首），足见他们感情之深：

一

早抛小布方巾去，时有普罗灵感来。

刚见论争通俗化，忽惊名列索维埃。

长征五岳皆平地，小饮三江一酒杯。

---

① 王培元：《冯雪峰：一只独栖的受伤的豹子》，载《在朝内166号与前辈魂灵相遇》，人民文学出版社，2007年，第26页。
② 何启治、李晋西编《我仍在苦苦跋涉：牛汉自述》，生活·读书·新知三联书店，2008年，第251—252页。

回想西湖湖畔社,九天阊阖一齐开。

("论争通俗化"是指1934年关于"文艺大众化"问题的讨论。"名列索维埃"指1934年初,冯雪峰在瑞金当选中华苏维埃政府中央执行委员会候补执行委员。)

二

小帽短衣傲一时,灵山献颂见襟期。

头颅险在上饶砍,名姓岂惟中国知。

扬州明月茅台酒,鲁迅文章画室诗。

他人有此或非乐,我老是乡将不辞。

(冯雪峰1941年2月26日被捕后,即囚于上饶集中营。在集中营作诗《灵山歌》。"画室",为冯雪峰发表文章所署笔名。)

三

荒原霭霭雪霜中,每与人谈冯雪峰。

天下寓言能几手,酒边危语亦孤忠。

龚临秋水千波雪,诗掷空山万壑风。

言下挺胸复昂首,自家仿佛即冯翁。

(称赞冯雪峰写了一两百篇寓言,说明了冯一生对他自己所信仰的事业的耿耿孤忠。)

四

举酒邀花花面酡,以花挞马马欢歌。

隔年风雪都晴了,如此江山奈老何。

津惜渔人归一棹,弈嗟樵子烂千柯。

太平天国多才杰,臣力犹堪施与罗。

（"施与罗"即施耐庵、罗贯中。冯雪峰被划为右派后，依然壮志满怀，决定写一部太平天国的长篇小说，为此花了十五年时间收集大量史料，可惜终未实现。）

1965年，"四清运动"开始。楼适夷回忆："（绀弩）听说我们要上安阳搞四清，忙托我去搞几块殷墟出土的甲骨片……可是见不到甲骨，只好马二先生游西湖，空手而归了……就只好把绀弩的重托置之脑后了。倒是雪峰，大概也受了托付，他并不忘记，一同去岳飞老家汤阴去参观岳庙，就买了几张碑文的现成拓片，他说：'找不到甲骨，拿回去可以送给绀弩的。'后来，我又上半壁街，果然见到绀弩屋子里已高高张贴了岳飞《满江红》碑文的拓片了。"[①] 很快，狂风暴雨来临，悠闲的日子不复存在，聂绀弩被卷了进去。

1969年10月，冯雪峰随人文社全体人员，到达湖北咸宁"五七"干校劳动。1971年夏，又被转送丹江口劳动。次年10月，回到北京，在人文社鲁迅著作编辑室工作。

最后的绝笔

1976年1月31日，大年初一。冯雪峰因病在首都医院去世，享年73岁。他没有留下遗嘱，只是在弥留之际，痛哭流涕

---

① 楼适夷：《说绀弩》，载姚锡佩、周健强等编《聂绀弩还活着》，人民文学出版社，1990年，第264页。

地一再表示希望能让他回到党的队伍。

同年10月，聂绀弩被特赦生还。当他得知可敬的雪峰已死，悲从中来，痛惜知己。痛定思痛，在这一年的12月21日手录《挽雪峰前辈四首》定稿，以志纪念。挽诗一经传出，便广为流传。兹录二首如下：

一

狂热浩歌中中寒，复于天上见深渊。
文章信口雌黄易，思想锥心坦白难。
一夕尊前鹙尾酒，千年局外烂柯山。
从今不买筒筒菜，免忆朝歌老比干。

二

天色有阴必有晴，物如无死定无生。
天晴其奈君行早，人死何殊睡不醒。
风雨频仍家国事，人琴一恸辈行情。
枕箱关死千枝笔，忆鲁全书未着成。

1979年4月4日，中共中央批准同意恢复冯雪峰的党籍和政治名誉。4月16日，楼适夷致信黄源说："这里冯雪峰已经中央批准，全部改正，恢复党籍，恢复名誉，拟再次举行追悼会，登报，正在请示中。又聂绀弩的问题已平反昭雪，右派问题也最后改正,并恢复组织生活,正在安排工作。"①

1985年冬,为了人文社古典室事,室主任林东海要去拜访聂绀弩。副总编辑陈早春说要同林一起去,想请聂老写一篇纪念冯雪峰的文章或诗歌。转年春是冯雪峰逝世十周年,现代文学界正组织一个纪念冯雪峰的学术讨论会,并出版会刊,纪念集不可缺少绀弩的诗文。

到了聂家,陈早春把雪峰逝世十周年纪念活动的设想和计划详细地介绍一通。介绍过程中,绀弩目不转睛地注视陈早春,并侧耳谛听,真恨不得把"三耳"都竖起来,突然冒出一句:"写什么?怎么写?"林东海说:"你们是老同事老朋友,总有话可说,写文章也行,写诗也行。要方便一些就写一首诗吧!"绀弩不说话了,略有所思,似乎开始构思了。②

11月10日,周健强遵绀弩之嘱将两首纪念雪峰的诗送到林东海办公室,让他代转给陈早春。诗是周健强抄写的,题为《雪峰十年忌》,诗曰:

一

月白风清身酒店,山遥路远手仇头。

识知这个雪峰后,人不言愁我自愁。

---

① 巴一熔、黄炜编:《黄源楼适夷通信集》(下),浙江人民出版社,2006年,第156页。
② 林东海:《人间怪杰——记聂绀弩先生》,《文汇读书周报》2001年第12期。

二

干校曾经天地秋，脱离干校病添愁。

相逢地下章夫子，知尔乾坤第几头。

"月白风清""山遥路远"二词形象地写出了人如其名的雪峰严于律己、不畏艰险的高风亮节。第二首以"干校"喻"文革"，雪峰深刻地感受到由内部派系斗争延及社会的自相残杀，达到了史无前例的高峰。聂绀弩想起当年反清志士章太炎鼓励同牢邹容的诗句："临命须掺手，乾坤只两头。"雪峰在地下见到章夫子，

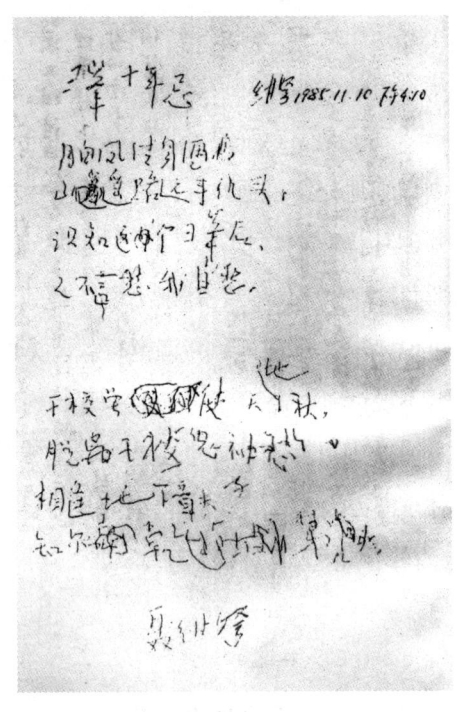

聂绀弩手书《雪峰十年祭》

就可以知道自己说乾坤第几头了。另据周健强回忆，当绀弩解释其二首句初稿时，"他忽然顿住，四处找圆珠笔。说：'这两

句要改'"。① 于是，将"曾使"改为"曾经"，使平仄谐协，意亦较胜；次句"鬼神愁"改为"病添愁"，化奇险为平实，可少去许多误解。

1986年3月26日，聂绀弩油干灯尽，平静地走了，《雪峰十年忌》便成了他的绝笔。

① 周健强：《聂绀弩传》，四川文艺出版社，1987年，第255页。

港中高旅最高文

——聂绀弩与高旅

聂绀弩不止一次把高旅的文章和周作人比较，甚至认为高旅比知堂更胜一筹，而钱锺书也有不及高旅之处。比如他在致高旅的一封信中说："《持故》好，博学卓识有知堂风味，但知堂抄书多，你不抄，胜他。海内外博学知名者为钱锺书，他只谈文艺，你比他天地阔。"① 因此，绀弩有诗句曰："港中高旅最高文。"

从《力报》到《文汇报》

《聂绀弩全集》第 9 卷 "序跋书信" 卷，搜罗聂绀弩给 44

---

① 《聂绀弩全集》第 9 卷，武汉出版社，2004 年，第 342 页。

位亲友的信。若按信札数量多少排名，冠军非香港作家高旅莫属，高达141封，是亚军舒芜（64封）两倍还多。

绀弩与高旅通信始于1961年，止于1985年。但是，他们早在抗战之前就打过交道了。

高旅，原名邵慎之，江苏常熟人。1936年，高旅那时才十八岁，和朋友在苏州的两家民营报纸上编两个文艺周刊，以团结文艺青年，参与救亡活动。为《吴县日报》编《文学周刊》时，曾辗转请了不少名作家赐稿，聂绀弩就是其中之一。他反应最快，支持高旅，寄来了一首诗，写的审强盗。强盗说，杀了他之后，还请把他肚子剖开看看。一看，全是树皮草根。

全民抗战开始后，高旅改行从事新闻工作，又参加敌后游击队，还到大学去读书，肄业于北平民国学院经济系。1940年，桂林《力报》创刊后，受邀任新闻编辑。而此前，绀弩已从金华来到《力报》社，编副刊《新垦地》。两人在桂林第一次见面，高旅就谈起在苏州向他索稿的事，聂绀弩第一句话是："原来是你呀！"可见他记得很清楚。

高旅说："绀弩是看我长大起来的，不嫌幼稚浅薄，我觉得他有一种'父兄的感情'。他喜欢说'以友为师'，这里可以代他补充一句，他又是'以青年为师'。他爱与青年接近，爱护他们，却又讨厌他们有'左倾幼稚病'。我经历过一场白色恐怖的惊涛，有二百多人被杀害，做了漏网之鱼，这是切身的经验与教训。那时说'昏话'，犯'左倾幼稚病'，一应俱全。绀弩大概见得多，常说：青年可以说'昏话'，列宁说过的；但是不可犯'左倾幼稚病'。"①

1949年夏秋之交，高旅在上海遇到当时香港《文汇报》的负责人。对方说："找你也找不着，来得正好，到香港《文汇报》来写社论吧。"一个月后，高旅就到了香港。听说聂绀弩已从北京回到香港，便去看他。一别四年余，这时才见了面，十分高兴。

绀弩说："给《文汇报》写社论吧。"

"你在《文汇报》吗？"

"没有，正在谈，即去任总主笔，你不要走，走了我就成了光杆儿总主笔。报社里都是你认识的老朋友。不过没有地方住，连办公桌子也没有。也没薪水发。"

"这样筚路蓝缕也亏得你在当领导。"

"大家真的当了裤子在支持，薪水挂着发不出，不过有个办法，外面的稿费是不欠的，可以从稿费中拨一笔钱出来作你的薪水。没有见到宿舍中那种挤法，空气污浊，对你不适宜，不如租一间房子在外面住，也不必去上班。待有了头绪再说。"②

绀弩为朋友竟想得如此周到！

香港《文汇报》创刊初期，经济十分拮据，有时连房租也付不出。所以聂绀弩每周到高旅九龙寓所来一两次，说是"开

---

① 高旅：《最后和最早》，姚锡佩、周健强等编《聂绀弩还活着》，人民文学出版社，1990年，第101页。
② 高旅：《最后和最早》，姚锡佩、周健强等编《聂绀弩还活着》，人民文学出版社，1990年，第103页。

会"，谈社论的方针。几句话说完，便一起去吃饭，或去看一场电影，或过海到香港的一家茶楼听清唱粤曲。

绀弩在《文汇报》每晚上班，为新闻版写"编者的话"，就是当日新闻的短评。那时朝鲜战争方起，每天总是头条新闻，"编者的话"多以此为题材。1951年2月，高旅也去当夜班，绀弩就叫他来接手写"编者的话"。

当《文汇报》在港创刊三十五周年纪念时向绀弩征稿，他准备写一篇文章，想在文章中说："卅余年来《文汇报》最大的功劳，在造成了一高旅。"[①] 可惜这篇文章没能写成。

香港捎来两罐头

中华人民共和国成立十多年之后，北大荒归来的聂绀弩开始和高旅频繁通信。

笔者曾经做过一个统计，从1961年5月至1966年4月，聂绀弩给高旅写了75封信，平均每年15封。这些信的内容归纳起来，主要有以下几点：

一是谈文论诗，切磋技艺。包括传递自己的写作近况，表达自己的作诗心得和观点，还虚心听取高旅的意见和指教。比如："写了《水浒》研究的文章廿万字（已发表七万）、《聊斋》研究八万字，均未发表。计划从明年一月份起开始写一部小说

---

① 《聂绀弩全集》第9卷，武汉出版社，2004年，第353页。

史之类的书，说是说三年完成，恐未必能如期完成。"（1961年7月）① "我学旧诗，是在无聊之际，君当无意于此。但君诗实有善于眼前事物随采入诗之长。如有意为之，略加格律化，便不可及。我则颇不擅此，倒喜舍眼前事物而采现成词句或视句中需要何物，随之而行。故所谓即事亦非完全即事。"（1961年10月5日）② "诗有打油与否之分，我以为只是旧说。作诗有很大的娱乐性，吸力亦在此。截然界线殊难画，且如完全不打油，作诗就是自讨苦吃；而专门打油，又苦无多油可打。以尔我两人论，我较怕打油，恐全滑也。君诗本涩，打油反好，故你认为打油者，我反认为标准。"（1962年3月15日）③ 再如："关于我的诗，你的意见很对，特别是整体观念，对于我的益处很大。我向来写文章之类，总只把意思说完就算，不懂文章作法，也不愿去管，所以文章不能成大气候。"（1962年1月13日）④

《高旅文库目录》中可查到聂绀弩与高旅往来书信记录

---

① 《聂绀弩全集》第9卷，武汉出版社，2004年，第206页。
② 《聂绀弩全集》第9卷，武汉出版社，2004年，第213页。
③ 《聂绀弩全集》第9卷，武汉出版社，2004年，第244—245页。
④ 《聂绀弩全集》第9卷，武汉出版社，2004年，第235页。

聂绀弩每有新作,第一时间寄给高旅指教,有时连自己都没有了底稿。1981年6月,聂绀弩旧体诗集《三草》由香港野草出版社出版。诗作大半是从友人处收集和自己回忆的旧作,其中高旅从香港抄寄者贡献最大。高旅在"序言"中云:"不闻'生活为文学艺术之源泉'乎?诗人以刑狱流放,颇历坎坷,岂非'这也是生活'(鲁迅语)?于是有此诗有此集,在此作证。"

二是代购物品,投桃报李。计划经济时代,特别是20世纪60年代初期,内地物资匮乏,所以绀弩时常托高旅从香港购买东西,如稿纸、药品、香烟、食品之类。第一次写信就是要买医生开的几样药,并说"需款大概不会太多,请你先垫。钱是有的,可不知怎样给你,俟打听到好办法时再说。如果你情况很好,我就小敲你一下,想你也不会吝啬"。又,"香港如有五百字装的小稿纸请寄个几百张来,如没有,普通横线笺亦可,大小略如此笺"。(1961年5月29日)[①]"《文汇报》准进口么?能否设法寄一份给我。"(1961年7月)绀弩还说对高旅"有无穷的物质欲望,说来惭愧杀人"。究竟是啥欲望呢?"主要的是香烟、烟草之类,其次是吃的,粮食和肉类的制成品至上,其次什么都好。"(1961年7月)"白糖不缺。奶粉自是好东西,但每日亦吃半磅鲜奶,无之亦可。罐头,到馆子里可吃,味道欠佳。"(1961年9月5日)"听说香港豆豉不错,价极廉,税

[①] 《聂绀弩全集》第9卷,武汉出版社,2004年,第203—204页。

亦不多,请寄点来。"(1961年11月2日)①

看信上要这要那的,高旅真以为他经济窘迫,绀弩赶紧发表声明:"你把我的情况想得太穷,其实不是那么回事。除了没有高级待遇,钱也少了一些外,别的都一样。我有几千块钱存着,公债也不少,目前夫妇收入(按,指每月)共二百六十元,女儿自己负担有余,哪里会穷!问题是有钱没东西买,又不能寄给你。"(1961年9月26日)②

高旅不断给邮寄东西,绀弩何以为报呢?俗话说,秀才人情纸半张。且看:

中秋寄高旅

丹丹久盼过中秋,香港捎来两罐头。
万里友朋仁义重,一家大小圣贤愁。
红烧肉带三分瘦,黄豆芽烹半碗油。
此腹今宵方不负,剔牙正喜月当楼。

柬慎之寄罐头

终朝驴背祭诗神,万里猪肝累使君。
塞北音书杳鸿雁,江东父老隔泥云。
燕山细语含羞草,南海微风织锦纹。
问浅水湾无恙否,几时同上小红坟。

---

① 《聂绀弩全集》第9卷,武汉出版社,2004年,第207、208—209、222页。
② 《聂绀弩全集》第9卷,武汉出版社,2004年,第211页。

此外，绀弩也回赠过甲骨拓片、沈尹默书法和尹瘦石画作之类。

三是家常闲话，婚姻儿女。比如力劝高旅结婚，谓"独身对身体不一定好"，"迟婚自有好处，但现在实为大好时光，五十以后便索然矣"。（1961年10月5日）帮他分析原因："兄婚事变化，闻之甚惜，然此事最不可勉强，所谓塞翁失马也。我不知对方为何如人，以意度之，年龄太差，恐是一问题，以兄年资，不应找太年轻对象，因往往彼此不相理解，甚至无话可说，而主要的则在知识水准。"（1962年11月28日）甚至传授经验："我知道你功败垂成已不止一次了。里面当有复杂微妙非外人所能理解者，但是否有由于你总有羞怯因而坐失机宜之处？这种事不但处士，就是老手也会有的。女性总是勇敢的，不过她不说，只是用种种方法来表示。你要把她想得太高洁，认为不一定是表示，而不敢行动，就失掉机会了。"（1963年1月）①

最有意思的是，绀弩还请高旅算过卦。"偶与人谈看相算命之事，以兄所算例实之，其人听后即追问何人何地，坚托请为他算一个。推辞不掉，只好将他八字寄上，希兄暇时一算，倘无暇或不愿算，请于来信时带一笔，说不算就行。八字为'乙未、己卯、庚午、己卯'，另一命则其新添一孙，六五年七月一日（阴阳历未说）早晨一时。老者能活几岁，小者能否养得？

---

① 《聂绀弩全集》第9卷，武汉出版社，2004年，第213、258—259、263页。

以直言为佳。"（1965年8月7日）①

1966年4月4日，绀弩给高旅写了暴风雨来临前的最后一封信，祝贺他将要结婚，希望"寄一双照"；又说"拙著久拟出版，后因方针之类有所变更，致受影响，然非我一人如此也"。② 之后，联系就此中断。

忽奉京书觉晓光

劫后归来，法院的判决还未撤销，绀弩于1978年2月19日给高旅写了一封信：

"几月来，见过余罗二公，也谈过几句，对兄事或避或不详，故知者几等于零。我担心你的生活。罗说你能很好地生活，有自己的房子。看来你可能成为巴尔扎克似的人物。这使我宽心大放。""前所寄诗如有存者，乞检还，颇想看看旧日心情。寄敏之、三流或罗，想均可转到。又，港地闻有拙著，倘买得到，乞赐一二种。""我患喘及他种老人病，都不算重。有一近百岁人，需用中药'救心丹'，他我均无法自买，你如有此力，乞买多少，托余罗二公转给我，无力也就罢了。韶公尚在港否？住何处？老所想和他通信。敬颂时好！结婚未？巴尔扎克结过婚没有？"③

---

① 《聂绀弩全集》第9卷，武汉出版社，2004年，第289页。
② 《聂绀弩全集》第9卷，武汉出版社，2004年，第293—294页。
③ 《聂绀弩全集》第9卷，武汉出版社，2004年，第295页。

高旅曾经回忆过收到这封信的情景：

忽来一信，信封面上只写香港某大厦名称，没有第几层几号字样，也没有街道名，居然为邮政人员送到，我看了字迹，立刻知道是谁写的。可是手指发起抖来，竟不能拆开，待用剪刀剪开，里面只几句普通的话，如何怀想之类。其实是一点不普通。十几年中，朝夕在念，生死不知，忽得一书，哪怕只几个字，读后会有怎样一种心情？又看邮戳，北京香港，路上走了十天，不是十天，而是十二年啊。①

过了几天，高旅写诗一首：

> 十年长夜梦存亡，忽奉京书觉晓光。
> 手迹似人仍款款，邮期于我信茫茫。
> 陡然身热生悲喜，久矣胆寒仰典章。
> 急待开封偏未许，心随颤指候低昂。

他们又开始通信了。从1978年2月至1985年1月，7年时间绀弩给高旅写了66封信，很多还是在医院病床上写的，殊为难得。信的内容更多是关于一些老朋友们，如罗孚、梁羽生、曾敏之等情况的交流。至于代购物资则大为减少，但也有一些，

---

① 高旅：《最后和最早》，姚锡佩、周健强等编《聂绀弩还活着》，人民文学出版社，1990年，第100页。

多是治病药品,还有一次是买电子计算器。有意思的是,由于两地隔阂,高旅以为绀弩还很窘迫,想给予金钱支持。孰知绀弩回信说:"你想寄钱给我,看了有点发笑。我正愁你无法存活,想托夏衍与金尧公商量。前问你愿否回《文汇》,你似不愿,我又曾问四维(按,指罗孚),他说你自力更生,可以过。这样,我心里一块石头才放下。只要可以混,就不必去找罪受了。"(1978年9月5日)又说:"我已改正(恢复党籍、级别待遇和名誉)平反(补发工资二万,可惜无用,买不到什么如意的东西)……反正在家里,工资自送来。"(1979年6月19日)还说:"你来京如恐床头乏金,我可助二三千元人民币。"(1982年3月)①

还有两件事让笔者记忆最为深刻。

一是找关系帮高旅解决历史遗留问题。

记得夏衍在一篇回忆绀弩的文章中说:"1976年受到'特赦',拖着病体回到北京,每个月只能向派出所领取十八块钱不够生活支出的生活费,正是自顾不暇,我见到他时,他提出的却是帮助解决远在香港的作家高旅的问题,而不是要求帮助改善他自己的生活。"② 原来,高旅作为香港《文汇报》主笔,对报纸建设有重要功绩,因不满"文革"中的一些错误做法而愤

---

① 《聂绀弩全集》第9卷,武汉出版社,2004年,第299—300、307、330页。
② 夏衍:《绀弩还活着》,姚锡佩、周健强等编《聂绀弩还活着》,人民文学出版社,1990年,序文第1—2页。

然辞职。从 1968 年至 1981 年，他辍笔 13 年，不再发表任何文字。"四人帮"垮台后，聂绀弩夫妇俩为高旅的事仗义执言，积极奔走，最后在中央领导过问下批准平反，每月给他津贴港币 2000 元。所以，绀弩给高旅的很多信就是涉及这方面问题的："不知何人曾说费公去年年底就要给你落实政策，我曾嘱周婆向李子诵仔细询问恳切商谈。但周婆是粗枝大叶有腿无脑之人，似未谈出结果。我与李公关系不够，又未与会（民革），自然谈不上。"（1979 年 12 月 7 日）"我不认识廖公，一时也托不着人。但已托与连贯同志有关的人去找连公，尚无回信。前夏公说对有关人说过，想是金公，又听说费公要替你落实，想是馆中有相当阻力，故未实现。这回看连公有无办法。我又曾嘱周婆致书诵公恳谈，周婆恐不足重。"（1980 年 6 月 10 日）"兄之落实政策事，近已向胡乔木同志提出，请他向有关方面了解，并促成之。"（1982 年 8 月 2 日）①

再看绀弩致信胡乔木的信："高旅事，想不易。因年多，当时负责或有关之人多离休，新人又不知究竟，此亦一碍。"（1982 年 8 月 10 日）②

二是为高旅在内地出版著述牵线搭桥。

"你曾寄给我一张李审言遗作的原稿目录之类……现在我写一张介绍信给你，介绍你直接写信给上海古籍出版社编辑部陈

---

① 《聂绀弩全集》第 9 卷，武汉出版社，2004 年，第 308、313、332 页。
② 《聂绀弩全集》第 9 卷，武汉出版社，2004 年，第 193 页。

落，他会直接回信给你的。"（1979年12月25日）"有一人名张翅翔，曾在桂林《力报》当过校对，认识彭燕郊（彭说他原名什么，忘了），现在在湖南人民出版社当编辑，我的短篇集是他来要去出版的。你说该社黎公曾向你接洽出版小说事，我想他可能认识你，自然也认识黎公，所以写了一信给他，从旁了解了解。湖南是省出版社名誉较好的之一，出的书都不错，如来接洽，不妨答应。"（1982年2月13日）"兄书《金剃刀》，人民文学出版社云将在《朝华》八月（?）先发表，然后出单行本，可望得两次报酬。《秋娘》为花城，《玉叶》为湖南，想均无改变。"（1982年8月2日）"你的《持故》小品，恐怕三联和文学都可出，届时再说。"（1982年10月1日）①

再看聂绀弩给出版社朋友推荐高旅的信件。致人民文学出版社牛汉信说："友人高旅的杂文集稿托朱正兄送上一阅。我以为是很好的，可与周老二并美。你看看，可用则用之，否则退回，送到三联去碰碰，我想它会要的。"（1980年12月16日）致上海古籍出版社何满子信说："高旅，介绍你给他，叫他和你通讯，你也不妨和他通一下。……《持故二集》已齐稿，约廿万字，你社可出版么？"（1985年1月30日）②

在聂绀弩的推荐下，内地出版了高旅如下著作：

小说《杜秋娘》，花城出版社1982年8月出版；

---

① 《聂绀弩全集》第9卷，武汉出版社，2004年，第309、327、332、337页。

② 《聂绀弩全集》第9卷，武汉出版社，2004年，第129、157页。

小说《玉叶冠》，湖南人民出版社1984年3月出版；

杂文集《持故小集》，北京三联书店1984年2月出版；

小说《金剃刀》，人民文学出版社1984年6月出版；

小说《金屑酒》，花城出版社1986年3月出版。

著述出版了，还得有销售。"前几天有个都乐书店与我有点小关系（难友），想把书送到那里卖，才知都没有了。适其主持人李四来，我跟他讲，他说《持故》已贩卖了，销路不错，卖了几十本。"（1985年1月27日）[①] 真是操碎了心！

1985年2月4日，病入膏肓的聂绀弩给高旅写了最后一封信，说："忽然想起，你的著作应以一部分送到戏剧电影界，可惜手头无书了……我叫都乐书屋向花城和湖南去要《杜秋》《玉叶》，要多少由他决定。我手头几本《持故》和《彩凤》也拿去了。尽量向各方扩大影响，能多少是多少，我已写信给铸成、满子叫他们介绍。"[②]

翌年春，聂绀弩逝世的噩耗传到香港，高旅止不住心中悲痛，作了两首悼诗：

一

至痛无言信有之，悼文五易不成词。

何堪旧梦翻新话，忍令前车作后师？

未诧唐臣闻赦泣，曾知汉官用谗窥。

[①] 《聂绀弩全集》第9卷，武汉出版社，2004年，第354—355页。

[②] 《聂绀弩全集》第9卷，武汉出版社，2004年，第355—356页。

孤灯同坐论天下,但说流光不我欺。

二

五十年来倾胆肝,盛名贱处赭衣寒。
宋慈能洗方成录,羊角论交岂问官。
漏屋偏逢连夜雨,孤篷复对塞江盘。
箧中千首北荒草,剩有头颅掩泪看。①

1997年高旅逝世后,其家人将他"箧中"聂绀弩的信札及相关资料,全部捐赠香港中央图书馆。

---

① 高旅:《最后和最早》,姚锡佩、周健强等编《聂绀弩还活着》,人民文学出版社,1990年,第106页。

不与 D.M. 睡一屋

——聂绀弩与端木蕻良

从见面到间隙

淞沪会战打响之后,上海的文化人纷纷撤退。1937 年 11 月 22 日,端木蕻良来到武汉,和萧军、萧红一起住在作家蒋锡金租赁的武昌小金龙巷。① 不久聂绀弩来这里找二萧,认识了端木。据端木回忆:

> 我和绀弩第一次见面,是在武汉蒋锡金租赁的小金龙巷住所。那时正是抗日战争开始的阶段,许多从上海撤出的文化人,都到了武汉。我因为腿风湿性关节炎犯了,行动不便,半路在葛坝停留了一个时期。在上海办《七月》

---

① 袁培力:《萧红年谱长编》,陕西人民出版社,2019 年,第 255 页。

文学刊物的朋友们，都先到了武汉，来信催我快去，并告诉我，在武汉不单可以先起炉灶来办刊物，还有条件去当战地记者。我便不顾病的好坏，急忙赶到武汉。朋友们都热情地接待我，也安排我住在小金龙巷，新朋旧友很快就融汇一气了。

当天，一位穿着半旧长袍的瘦高个儿，来到小金龙巷，朋友们高兴地招呼他，并把他介绍给我：原来他就是聂绀弩。

那时，我穿着皮夹克，灯芯绒裤子和长筒皮靴，他上下打量了我一眼，便像老相识一样和我聊起来了。他说着湖北口音较浓的普通话，当他知道我的腿犯有风湿性关节炎时，便告诉我用热酒涂敷患处，加以按摩，就会好得快些。我谈到到武汉沿途所见的情况，特别是乘汽车路过东阳一带，才体会到"山阴道上，应接不暇"八个字的真实味道。我还说一路上看到不间断的乌桕树，枝叶好像擦过我头顶似的，树叶都被秋风染的，煞是好看……他笑了，嘴里重复说着"山阴道上"这一句。从他的眼神中，看出他的思想也跑到"山阴道上"去了。[①]

第一次见面之后，两人在武汉会面的机会就多了。一帮旧友新知聚在一起，常常作诗唱和。端木刚到武汉时，就写了一

---

① 端木蕻良：《"山阴道上"》，姚锡佩、周健强等编《聂绀弩还活着》，人民文学出版社，1990年，第146页。

首七律，最后两句是引用刘禹锡的成句："从今四海为家日，故垒萧萧芦荻秋。"写完，他觉得过于乐观，随即丢开了。可是聂绀弩看了却说这最后两句用得好，用得贴切。可见他对时局是乐观的，他内心有一种激情，因此有特殊感受。那时的聂绀弩对写旧体诗没啥兴致，别人写得很起劲的时候，他欣赏评论居多，动笔很少。"也许他认为杂文更能起到直接抨击时弊的作用，那时，他给我印象较深的，是他喜欢庄子的文笔恣肆，和神游天地的气概。我们自然而然，也会说到《马蹄》《秋水》等篇上来，仿佛内心有一种默契似的。"①

两个月之后，1938年1月下旬，端木也和聂绀弩、二萧等人去了临汾。据其回忆：

> 我们联袂去山西临汾民族革命大学教书时，他（按，指聂绀弩）便经常和一些搞文字改革的同学接触、研究。记得他还和学生们一起办过墙报，开展过拉丁化活动呢。通常，学生找我们谈文艺的最多，谈文字改革方面的问题，大都去找绀弩；田间则经常和史轮、袁勃等几个人在一起写诗、论诗。大家都和同学们打成一片，绀弩精神也显得格外振奋。②

---

① 端木蕻良：《"山阴道上"》，姚锡佩、周健强等编《聂绀弩还活着》，人民文学出版社，1990年，第146页。
② 端木蕻良：《"山阴道上"》，姚锡佩、周健强等编《聂绀弩还活着》，人民文学出版社，1990年，第148页。

聂绀弩与萧红、端木蕻良、塞克等人在西安（1938年）

由于日军迫近临汾，民族革命大学要搬迁，聂绀弩去西安、延安打了一转后于4月上旬先行返回武汉。接着，端木自西安致信在武汉的胡风，说："我，萧红，萧军，都在丁玲防地，天天玩玩。绀弩一定带去许多我写不出来的消息。"①

4月16日，端木再次致信胡风，于信末特别写上："绀弩兄周颖先生暨小宝宝问好。"② 同一天，萧红和萧军彻底决裂。

5月9日，端木和萧红坐火车回到武汉。6月下旬，两人在汉口举行婚礼。

7月2日，聂绀弩准备去皖南工作之前，到武昌小金龙巷与萧红道别。至于有无和端木道别，那就不得而知了。

1940年1月17日，端木和萧红在重庆乘飞机抵达香港。4月，聂绀弩由金华抵达桂林。

---

① 袁权辑注：《端木蕻良致胡风的二十一封信》，《新文学史料》2013年第1期。

② 袁权辑注：《端木蕻良致胡风的二十一封信》，《新文学史料》2013年第1期。

1941年6月1日，由周鲸文和端木蕻良主编的香港《时代文学》月刊创刊号发行。创刊号内页登有"特约撰述人"，共67人，包括聂绀弩、丁玲、胡风、舒群等。

1942年1月12日，萧红病重，呼吸困难。端木将其送至跑马地山村道养和医院，后又转至玛丽医院。21日，萧红突然脸色红润，情绪甚好，能和端木、骆宾基谈话。没料到翌日上午，萧红便与世长辞。三天之后，端木和骆宾基将萧红的骨灰葬于香港浅水湾。

2月初，端木离开香港，去澳门逗留月余之后，经江门、肇庆、梧州来到桂林。此时聂绀弩正在桂林编辑《力报》副刊。

时隔四年，两人再见，究竟是怎样一番情景？一时无从查考。但在端木所写悼念聂绀弩的文字中，涉及桂林的部分只有寥寥数十字：

> 在桂林，他写的杂文《韩康的药店》，得到广泛的赞誉。我觉得杂文写到这个地步，才是上乘，因为突破了套路。①

仅仅是谈作品，并不涉及交往。但在彭燕郊的文章中就可看出两人已经有了嫌隙：

---

① 端木蕻良：《"山阴道上"》，姚锡佩、周健强等编《聂绀弩还活着》，人民文学出版社，1990年，第149页。

有一位也很有名气、很写过一些引起广泛注意的作品的小说家，也是老熟人，绀弩很不喜欢他。在桂林，我和他一度同住在一栋小楼上。一天晚上，绀弩到我这里来聊天，忽然下起大雨，回不去了，我在中间小厅上给他搞个地铺，"就在这里过一夜算了"。住对面房的那位小说家这时也被雨阻还没回来，绀弩想了一下，说："还是回去，我不能跟他同睡在一个屋顶下。"原来，这位小说家和也是老朋友的另一位小说家的伴侣，也是小说家的一位女作家曾经有过一段让人议论纷纷的共同生活，整个过程绀弩十分清楚。人们都认为这位小说家在这件事情上私德有亏，不过我知道绀弩不全是从"挖老朋友墙脚"这个角度看的，男女间事，在他看来，关键在于有没有爱情，问题是如果出于爱情以外的什么目的，那就是失德。而这位小说家和这位女作家的结合，到她病终前已经很难维护下去，人们同情她而责难他，也是情理中事。①

尽管没有点名道姓，但是十分明显，"这位小说家"就是指端木，"女作家"则是萧红。

对端木的人，聂绀弩可能"很不喜欢他"（绀弩曾在写萧红的文章中用"D.M."代替端木），但是对端木的文，却未必不

---

① 彭燕郊：《我所知道绀弩的晚年》，《现代中文学刊》2012年第1期。

喜欢。笔者遍览聂绀弩在重庆《商务日报》期间（1946年3月至10月）所编《茶座》副刊，发现了端木发表的好几篇诗文（曹革成《端木蕻良年谱》均未提及）：

《白草》（诗），载1946年3月12日《商务日报·茶座》；

《不能想像的事》，载1946年3月13日《商务日报·茶座》；

《小小的画面》，载1946年3月14日《商务日报·茶座》；

《荒野情歌》（诗），载1946年3月15日《商务日报·茶座》。

可见聂绀弩并不因人废文。

颇有意思的是，1946年2月份，端木蕻良等人到了重庆，"文协"于3月3日举行欢迎茶话会，聂绀弩等20余人出席会议。1948年1月，湖南某高校欲聘聂绀弩到长沙任教，他由于受到国民党当局关注无法前往而推荐了端木蕻良。

绀弩的箭与信

1948年初，聂绀弩到了香港；同年11月，端木蕻良也到了香港。两人同在香港屋檐下，不可能没有故事，且看时任香港《大公报》副刊编辑罗孚的《绀弩端木香港一段缘》——

对于端木蕻良，绀弩好像一直有些情绪。这情绪来自萧红。绀弩30年代在西安，和萧红有过感情。就是那一回在西安，萧红最后决定愿意跟着端木走。后来和端木到了香港，有些人认为端木在萧红最后的日子里对她不够好，因此对端木颇有意见，绀弩就是其中之一。两人和陈迩冬都是好朋友，晚年在北京，两人有约到陈家，往往是一个去了一个就先走，避免同时在一起的不愉快。

端木的《真自由书》显然是从鲁迅的《伪自由书》而来，剪贴本的小书中有这样几篇：《拟冈村宁次致何应钦书》、《拟莫德惠致张学良书》、《第五度空间——拟鸡蛋致爱因斯坦书》、《拟萧伯纳致中国人民书》、《拟毕加索致×××书》（从文字看来×××可能是张大千）、《拟毕加索宣言》、《拟毕加索给蒙田先生一点更正》。一共是七篇。

但从绀弩的《马桶间寄居者文录》中却可以知道还有一篇《拟端木蕻良与蒋介石论红楼梦书》不知道为什么遗漏了，没有剪贴进去。此刻我只能从绀弩的文章看到一句，蒙田先生也就是端木蕻良说："蒋介石是贾政和王熙凤的私生子。"

绀弩又是怎么说起的呢？

绀弩的《马桶间寄居者文录》中有这几篇文章：《人与非人》《音乐牛谈》《三人坐》《迎骆宾基》《鱼水篇》《由萧军想起的几件事》《谈"拟致"》。和《文录》一样，也是七篇，我怀疑实际不止，没贴全。

《谈"拟致"》就是对端木放的冷箭。"拟致"就是有些文章的题目，"拟……致……书"。绀弩说，他自己也写过一篇"拟致",是《拟聂绀弩先生向……书》,还注明了,这是"仿蒙田先生《拟端木蕻良与蒋介石论红楼梦书》"。他的文章作者署名就是绀弩,这就是绀弩拟"绀弩先生",这就无异于揭发出,蒙田先生拟端木其实就是端木拟端木,自己拟自己。

绀弩实际上是在反对端木这些"拟致"体的文章,认为没有意思,其实不作过高的要求,也就不必反对。有些趣味,没有什么意思,但也没有什么恶劣的意识,也未尝不可以;能有一些意思更好,却也不必要求过多。不过,当年大家思想都过"左",这样严格要求,也不足为奇;本来就对那个人有些情绪,因此容易流于严、流于苛,就更不足为奇了。

绀弩的箭是这样射出的。他说:"'拟致'用得最多的,恐怕是蒙田先生了。比之于题目,我觉得他的文章倒是值得谈谈的。那些文章可以使读者震惊他的机智、渊博、才气、勤快,以及一百种同类的好东西,可是缺乏一种更重要的对于文章则是生命的见解,也就是意见,意思。鲁迅先生嘲笑过作古文的秘诀,即说了一大阵,等于什么都没有说。以《萧伯纳致中国人民书》为例,蒙田先生的文章,不幸而类是。也许没有意思,正是文章的难能可贵处。赵元任的《阿丽丝漫游奇境记》的序文里,你看曾有这样的名句:'谁不能把文章写得有意思呢?但是你能写得没有意思么?'诚然,我们不能写得没有意思;但是有人能的,例如蒙田先生。蒙田先生的文章也有点意思的，可惜比起文章来，却少得出奇。以《论红楼梦书》为例，意思只有一句：'蒋介石是贾政和王熙凤的私生子'。凡此往往，如果有人愿意谈谈，至少，要比写俏皮题目有意义些。"①

在罗孚看来，"端木蕻良这蒙田，这些'拟致'体的《真自由书》似乎并没有收进他后来出版的集子中，也许认为那是一时的游戏文章吧"②。

罗孚文中所说"晚年在北京，两人有约到陈家，往往是一个去了一个就先走，避免同时在一起的不愉快"，可能是道听途说，不足为凭。因为晚年的聂绀弩进入一种人生的境界，没有什么过节不能释怀的。事实上，端木就有过这样一段关于聂绀弩的回忆：

> 1963年，我得了脑血栓后遗症，左半边身子轻度偏瘫。听说绀弩也得了半身不遂的毛病。有一天，黎丁找我，说要请我和绀弩在他家吃饭。那时黎丁好像住在花园大院，我到黎丁家时，绀弩已经在座，黎丁家也没有别的客人，我们谈话漫无边际，想到那儿，就扯到那儿。绀弩很关心

---

① 罗孚：《绀弩端木香港一段缘》，罗孚著、高林编《繁花时节怀故人》，生活·读书·新知三联书店，2020年，第233—236页。

② 罗孚：《绀弩端木香港一段缘》，罗孚著、高林编《繁花时节怀故人》，生活·读书·新知三联书店，2020年，第236页。

我的病，并且传授我一些对病理的经验。不过，有一条，后来证明并不准确，他说，得了心血管病的人，一旦好了，就不会再犯。这个论点，对那时的我，是起了鼓舞作用的。我虽然半信半疑，但还是欣然接受了。他还向黎丁要了纸笔，用毛笔写好一封文言的介绍信，为我介绍一位老中医舜耕先生，因为他就是服用这位老中医的药见效的。

由于代步、煎药等等都有不便，我没有去找这位老大夫，但那封介绍信，却一直保留着。直到"十年浩劫"才被毁了。①

"文革"结束之后，聂绀弩写旧体诗多了起来。端木每一读到，"都能体会到他特殊的风格。诗律限制不了他，如果说，把杂文的性质纳入诗里表现出来，应该说正是绀弩的风光。从他的诗里，也可以感到他的一些生活状况，从诗句的苍劲气概里，也感到他生命的刚强"②。1978年2月9日，聂绀弩致信黎丁说："前些时，端木有信自东北来，说是您谈到我并告以通信处，我还未写回信，就把他的原信和通信处搞丢了，真是抱歉。他似乎说春节后可回京，也不知是否。我近日身体因喘和痔疮很觉不适，但尚无他病，甚堪告慰。"③

---

① 端木蕻良：《"山阴道上"》，姚锡佩、周健强等编《聂绀弩还活着》，人民文学出版社，1990年，第149页。
② 端木蕻良：《"山阴道上"》，姚锡佩、周健强等编《聂绀弩还活着》，人民文学出版社，1990年，第149—150页。
③ 《聂绀弩全集》第9卷，武汉出版社，2004年，第446页。

生命再刚强的聂绀弩,最终难敌病魔的吞噬。1986年3月,聂绀弩去世。端木自己也在病中,送去一诗为悼:"以诗作诔已寻常,未吊遗容欲断肠。天殒繁星空月冷,缁衣绀裹大弩殇。"① 缁衣绀裹,正是聂绀弩的文侠本色。

　　在聂绀弩逝世之后的一次座谈会上,萧红生命中的三位关系密切之人:萧军、端木蕻良、骆宾基,一起与会并相继发言。目睹此情此景,与会作家李辉感叹道:"文坛前辈之间的情感纠结或者恩怨,在上世纪80年代的氛围中不是花边谈资。度过劫乱的人们有太多新的面对,往事早已如烟飘然而去。"②

---

　　① 罗孚:《绀弩端木香港一段缘》,罗孚著、高林编《繁花时节怀故人》,生活·读书·新知三联书店,2020年,第237页。
　　② 李辉:《骆宾基:与黑土地的不解情缘》,《贵阳日报》2019年7月14日。

比邻而居的情谊

——聂绀弩与辛劳

同一个院落

1938年秋，聂绀弩经周恩来介绍，从武汉到达皖南新四军军部。最初任政治部宣教科科员，不久调到战地服务团创作组，创作组成员还有辛劳（陈晶秋，1911—1945）、林果（林琳，1919—2004）和菡子（罗涵之，1921—2003）。

林果和菡子都是南方人，只有辛劳是东北人，祖籍黑龙江，出生于内蒙古海拉尔。

诗人辛劳

"九一八"事变后,辛劳与其他东北文学青年一起流亡到上海,加入中国左翼作家联盟。1933年8月1日与师田手等参加"左联"举行的集会被捕,关押半个月后释放。1934、1935年间在上海私立江苏中学任教。1935年4月,首次在上海《太白》半月刊(第二卷第三期)发表小品文《索伦人》,署名辛劳。尔后写了许多作品,散见于上海《小说家》《文学》《中流》《创作》《文学大众》《时代文艺》等刊物,主要作品有随笔《与诗人们商量》,小说《饥饿的朋友》《自由以后》等。1937年前后曾被捕,押往国民党中央党部直接操纵的苏州反省院。抗战开始后,致力于诗歌和散文创作,写下大量的作品,热情宣传抗日救亡,呼唤人们的爱国之心。1938年下半年,辛劳到皖南新四军军部工作。聂绀弩是在上海还是在皖南与辛劳相识的,已不可考,但他们在新四军成为好朋友却是事实。并且两人同住一个院落,比邻而居。1939年初,王元化随上海慰问团访问新四军,就住在辛劳的那个院落里,"这个院落很小,只有几间屋子。一进院门,左右各有一间,辛劳住一间,另一间是聂绀弩住的"①。

1939年冬春之间,辛劳创作了一首一千行的抒情长诗《捧血者》。它由《序诗》和另六章组成:《行人》《月黑的夜》《我爱》《奥秘》《林雀》《古歌》。《序诗》下题着:"献给家修和在炮火中走散的人们。"诗前则引了裴特斐(按,今译裴多菲)的诗:"为了祖国/不捧着生之鲜血,/那是/不爱国的人们!"3月

---

① 王元化:《〈捧血者〉序》,陈梦熊编《辛劳作品集·捧血者》,珠海出版社,1999年,第3页。

20日，金华《东南战线》半月刊第五期刊发了辛劳《〈捧血者〉序诗》，并加编者按："……这类长诗在抗战以后，还是很少见过，在结构与表现方法上都很成功，并由聂绀弩先生为之作序。长诗全部将在本刊下期发表，这里先将其序诗及聂绀弩先生序文刊载，希读者注意。"① 由于《东南战线》是中共浙江省文委主办的救亡刊物，经常揭露国民党分裂统一战线的行径，乃至出到第五期时被当局查封，也就无法再刊登长诗全部内容。

匪夷所思的是，这样一首充满战斗激情，"在结构与表现方法上都很成功"的长诗，在新四军中并未受到欢迎。据时任新四军《抗敌》杂志编委的黄源回忆："当时新四军中也有一些作家，如诗人陈辛劳，写了一首长诗《捧血者》，但他们不是结合皖南战斗的实际写，结果陈辛劳这首诗在服务团里被几个领导一句一句地批。"②

聂绀弩却很认可辛劳和他的诗。大概是1939年7月间，聂绀弩在给温州文学青年莫洛（马骅）写信拉稿时，向他介绍了诗人辛劳。据胡今虚回忆说："辛劳姓陈，黑龙江人，很有才华，正患病住医院，肺上已经有三个洞。聂绀弩很器重、爱护辛劳，把他的长诗介绍给金华即将出版的《怒火文艺》③杂志，

---

① 中共金华市委党史研究室编：《东南战线》，中共党史出版社，2004年，第658页。
② 黄源：《黄源回忆录》，浙江人民出版社，2001年9月版，第130页。
③ 《怒火文艺》原名《东线文艺》，1940年3月1日创刊于浙江金华，同时在江西上饶出版。创刊号发表辛劳长诗《秋天的童话》。第2期改名。

并写了评价文字；又把他的长诗《望家山》寄给莫洛……莫洛立即把《望家山》编入诗刊《海燕》。"①

聂绀弩还以诗一般的语言，为辛劳的长诗《捧血者》写下三四千字的序文：

> 哦！你幻美的姑娘呵！请别用你那梦一样的眼睛望我！一个流浪人，应该"那袅袅的万里的流云"（《行人》）——"流云是他勇敢的游踪"（《月黑的夜》），应该"挑战的流浪天下"（《我爱》）；现在是我不能不离开你的时候了，你不能让我的心像"山溪平静地流响山间"（《月黑的夜》），向你轻轻地说一声"再会"么？
>
> 哦！你热情的姑娘呵！请别用你那火焰一样的眼睛望我！我爱高山，我爱大海；我爱看那"金红的海水"（《行人》），"黄色变成碧绿，黑色又变得白如银"（《月黑的夜》）；我爱看"槟榔花红在山上"（《月黑的夜》），爱看"迷山顶上一片白霞"（《我爱》），"月黑的夜"，我爱看"在高山跳跃的野火的光芒"（《奥秘》）；我还爱看黄河"奔放，流向天野"（《古歌》）。别了，姑娘！并不是你系不住我的心，一个流浪人的天性和运命，连他自己也无法理解，无法安排！在高山大水面前，我将永远怀念着你；正像在你面前，并没有忘掉它们。你不能像"山溪平静地

---

① 莫洛、胡今虚：《聂绀弩与温州》，姚锡佩、周健强等编《聂绀弩还活着》，人民文学出版社，1990年，第129—130页。

流响山间",轻轻地向我说一声"再会"么?

哦!你青春的姑娘呵!请别用你那朝日一样的眼睛望我!我永远记得和你在一块儿的时候的幸福。你"霞霰飞洒,那般美丽","珍珠会显得暗淡,黄金你不必提起"(《奥秘》),你曾用"歌颂自然的喉咙","清幽的唱起欢乐的曲子"(《林雀》),像"夜莺染着玫瑰"(《奥秘》);"一个热情的拥抱"的时候,我听见你的心"这般跳跃"(《奥秘》)!但是"天空没有不散的云彩",姑娘,我"还得行旅长途"!把过去的事都忘记了吧,因为"记忆就是痛苦,不管昨日曾经欢喜,有谁能捉住飞去的云霞"(以上《行人》)!我们不是只需要像"山溪平静的流响山间",轻轻地,轻轻地说一声"再会"了么!

············

别了!我至爱的姑娘!让我们"粗野的拉手"(《古歌》),"我有个崇高的愿望"(《奥秘》):愿你"永保有颗孩子的心";我将永远为你祝福,"以一个少有的亲切的微笑"(以上《序诗》)!可是唉唉,你别望我呀![1]

这篇别具一格的"串串烧"序文,俨然就是一篇优美的散文诗,在聂绀弩的文章中是不多见的。不过在笔者看来,聂绀弩似乎在向皖南告别,向辛劳说再会,要去"行旅长途"!

---

[1] 《聂绀弩全集》第九卷,武汉出版社,2004年,第10、11、16页。

小河口分别

朱微明在文章中写,在新四军部队中,副军长项英"执行统一战线政策是右的","执行知识分子政策是左的","他不能很好地团结、使用知识分子,他要求知识分子、文艺工作者和部队的干部、战士一样,丝毫不照顾他们的工作和生活的特点";而聂绀弩"习惯在夜间工作,常在豆油灯下备课、看书、编稿、创作,第二天起迟了,不能按时出早操……这使项英副军长不高兴,烦言啧啧,说他'吊儿郎当,有文化人的臭习气……'有时,还在会上不点名地批评他,弄得绀弩心绪烦乱,萌发离开皖南的打算"。[1] 他计划应胡风的邀请到重庆去编《七月》。

1939年10月16日,聂绀弩乘上离开皖南的小船。第二天,病中的辛劳用饱满深情的笔写下一首送别诗,发表在绍兴《战旗》周刊上。鉴于该诗不易见到,笔者抄录如下:

渡船前——送绀弩兄

我知道今天为何没有晨雾,/那是怕遮掩了离别的面庞,/再珍惜的看一看吧!/谁知道相聚在那一年呢?/我是正在患病,/你又去得这样辽远!/在河边,/竹篙已经提起,/你站立在渡船头,/马儿依在你的身旁。/别了,在小

---

[1] 朱微明:《柏山和胡风及胡风事件》,晓风主编《我与胡风:胡风事件三十七人回忆》,宁夏人民出版社,1993年,第140—141页。

河口的河边!

我没有勇气,/把这当个梦寐;/我不敢看你,/也不敢看远山……/在炮火中别了,/我咒骂那日本顽敌使我们分散!/在河边,/竹篙已插入水里,/船儿缓缓地离了岸,/河水绕船荡着漩涡,/漩涡,我心中的漩涡!

那山头的草半枯了,/缀着红叶如花的树木,/愿比那苍松吧,永远记忆——那么长住的青葱!/春去了,春会再来的,/我们战斗,向酷冬!/渡船上,/那撑船手哟!/慢慢的划,慢慢地,/别这么急,/带去了我亲切的朋友!

什么呢?我无言语,/那句话该说?那句话该埋起?/秋花向谁红呢,/为什么开得这样惨淡?/我们希望着丽日,/追求并且奔跑着向前……!/已经到了河中了/那渡船,你/半低着头,也没向我看;/一滴滴水从提起的竹篙流下,/流下来了!流下来了!

为了祖国的娇艳,/要在风暴中锻炼;/更坚强一点吧!/这风暴会把我们锻炼得更好!/你去了!你去了!/再见在希望的晴丽的天!/渡船,/那载着别离的重载的船,/渐渐远了,远了!/泪在我的眼边,/抑止着,/怕流入河水泛起波澜,惊你的渡船!

虽然明知明天会来,/若不死,我们明天会见,/企望着那欢聚的时刻吧!/但我病着,/我忧伤并且凄怆,/隐隐的炮声响了……/望着对岸的竹林,/郁蔚的招引着船。/你在挥手了,/渡船已近了对岸;/你又在挥手了,/我看看那

/云雾覆满的秋天!

再见了,我挥着藤杖! /(那此后,将陪我攀山入海的手杖。)/不要牵记我——明白么? /为了光明的原故,我原谅一切,/一切将为了芳香的田园。/也向外边的朋友说:"辛劳问候"! /船靠近了河那岸,/我转进丛莽,/悄悄弹去泪点,/隐约的看见了/你上岸,你骑马,/你转入竹林,不见了……

你骑上那枣红色的马,/你坐在金皮的鞍,/你拉紧马嚼环;你扬起我送你的栎木杖,马蹄驮你向前!……/祝福着马,/在窄狭的山路,/不要过分的飞奔;/在斜陡的山岗,/蹄子要沉重的放稳,/野草绊塞的路畔,/不要为枯草,小树诱惑! /更不要失路……在天云蔽荫下,/我的朋友,愿你平安!①

聂绀弩本来是要去重庆的,结果路过金华时留下了。不久,辛劳也离开新四军,到了金华,二人一起住在柴场巷十五号国际新闻社金华分社办事处邵荃麟那儿。曾经到过金华与辛劳见面的彭燕郊回忆说:"看来他(按,指辛劳)在金华生活得不错,他和荃麟、葛琴,绀弩及和他同居的C女士、麦青住在一起,荃麟是个十足的忠厚长者,葛琴是个十足的贤惠主妇,绀弩为他的长诗写了《序》,长诗就发表在荃麟主编的《东南战

---

① 辛劳:《渡船前——送绀弩兄》,《战旗》周刊第 84 期,1940 年 10 月 17 日。

线》上。他和绀弩还去过江西上饶和弋阳,演剧七队在弋阳……"①

1940年春,聂绀弩要去桂林编《力报》副刊,就此与辛劳告别。

迟到的诗集

同年5月初,辛劳为拟出版的诗集《捧血者》撰写《后记》,不忘感谢聂绀弩。他说:"这部诗能够写出来,得感谢我已离开的那个军队,给我那么多闲暇的时间,更感谢绀弩兄,那时候我们偶然地相逢,并且住在一个小房子里,——我所以对绀弩的感谢加个'更'字,并不是因为他给我写了序,而是因为在荒僻的山村中,他给我的慰解和鼓励。"②

1941年以后,辛劳去江苏盐城再次参加新四军,与邹韬奋、范长江、丘东平等人一起工作。

1942年,桂林诗创作社计划出版辛劳诗集《捧血者》,广告也登了,因故未果。但是同年《诗创作》月刊第十期刊登了《〈捧血者〉后记》。

1943年9月,聂绀弩为文艺界抗敌协会桂林分会所编《二十九人自选集》由桂林远方书店出版发行。其中收有辛劳《〈捧

---

① 彭燕郊:《他一身都是诗——悼念诗人辛劳》,《新文学史料》2000年第2期。
② 辛劳:《捧血者》,星群出版社,1948年,第53页。

血者〉序诗》,"也算是慰情聊胜于无了"①。

同年11月,辛劳出版油印本诗集《栅栏草》,收《在月夜》《五月十四日》《小夜曲》及《插秧女》四篇。

抗战末期,苏北新四军与国民党韩德勤部队遭遇,辛劳被俘,死于狱中。

1946年9月22日,聂绀弩负责的重庆《商务日报》文艺副刊发表《骆宾基来信》。信曰:"来信早收到,辛劳稿已交书店,并希望,捧血者序诗,早日寄来。如能在你这序诗前加以记忆之类的东西,尤佳。弟当草一后记之类的短文,如何?"②由此可知,骆宾基在为亡友辛劳的诗集《捧血者》出版操劳,需要聂绀弩当年写的序文。

1948年5月,辛劳遗著《捧血者》终于由上海星群出版社出版(列入"森林诗丛")。卷首有诗人的《序诗》,卷尾有东平《给〈捧血者〉的一封信》及辛劳生前所写《后记》。但令人不解的是,集中并未收入聂绀弩所作《序〈捧血者〉》。是聂绀弩当初没有寄给骆宾基,还是其他什么原因呢?

1997年4月,珠海出版社推出"世纪的回响"丛书第一辑十种,其中收有辛劳的诗文合集《捧血者》,这让更多的人从历史尘封中感知一位热血诗人。值得一提的是,合集序文为辛劳生前的友人王元化所作,而绀弩序作为附录收入。王元化在序

---

① 彭燕郊:《他一身都是诗——悼念诗人辛劳》,《新文学史料》2000年第2期。
② 《骆宾基来信》,《商务日报》1946年9月22日,第4版。

中特意指出:"看出辛劳诗的真正价值的是绀弩。他们两人在服务团那个小院落里比邻而居的时期,结下了深厚的情谊。"①

2022年6月23日,由内蒙古文联、内蒙古社科院、内蒙古出版集团联合主办的《捧血者——诗人辛劳》新书首发式暨学术研讨会在内蒙古文学馆举行,书中收录了王元化、聂绀弩、吴强等名家对辛劳的回忆性文字。这位被历史尘封的热血诗人再次走进人们的视线。

---

① 陈梦熊编:《辛劳作品集·捧血者》,珠海出版社,1999年,序文第4页。

战友师徒如兄弟

——聂绀弩与彭燕郊

聂绀弩去世之后,朋友们公推彭燕郊写传记,"因为他是最有资格和可能写好绀弩、为绀弩传神写照的人选"①。重庆出版社曾郑重请彭燕郊写聂绀弩传,他本人也很重视这件事,下决心写十万字的绀弩传(他认为写十万字就可以了,关键是要传达"神"),但后来终于没有动笔,不能不说是一个遗憾。

皖南拜师

彭燕郊比聂绀弩小十七岁,但彭燕郊参加新四军却比聂绀弩早半年左右。

---

① 龚旭东:《情深之至的缅怀》,《现代中文学刊》2012年第1期。

1938年3月，彭燕郊（本名陈德矩）在福建龙岩参加新四军，编入第二支队政治部宣传队。参军第二天开始北上抗日，由闽至皖行军，6月到达军部驻地岩寺，宣传队编入司令部战地服务团。"我们军部战地服务团里爱好文学的小青年特别注意新来的文学家，聂绀弩、吴蔷（吴强）来了，王淑明来了，加上先来的柏山、黄源，随先遣支队到敌后去的东平，已经有好几位文学家成为新四军战士了。"[1] 10月，经军报《抗敌报》主编张孤梅介绍，彭燕郊拜聂绀弩为师，但彭燕郊一直在驻地周围做民运工作，很少有机会向绀弩请教。1939年初，彭燕郊调军政治部敌军工作部工作，后来因患病被送到后方医院治疗。

1939年10月，《七月》第四集第三期发表了彭燕郊组诗《战斗的江南季节》，聂绀弩看了高兴得不得了，马上给彭燕郊写了一封信。[2]

1940年初，彭燕郊离开新四军，转移到浙江金华。承邵荃麟、葛琴夫妇关照，住了下来，"先期到金华的绀弩、辛劳也给了很多帮助"[3]。但很快，聂绀弩经邵荃麟推荐前往桂林，主编《力报》副刊《新垦地》。

4月，聂绀弩受压离开桂林去重庆。6月间，彭燕郊也来到

---

[1] 彭燕郊：《回忆辛劳》，载《那代人：彭燕郊回忆录》，花城出版社，2020年，第119页。

[2] 彭燕郊口述、易彬整理：《我不能不探索——彭燕郊晚年谈话录》，漓江出版社，2014年，第146页。

[3] 彭燕郊：《彭燕郊自撰年谱二种》，陈思和、王德威主编《史料与阐释》2011卷，复旦大学出版社，2013年，第389页。

桂林。10月,聂绀弩重回桂林《力报》,并介绍彭燕郊当助理编辑,和他一起编《新垦地》和一个新副刊《半月文艺》。并支持彭燕郊在副刊版面创办《半月新诗》,让他独立编辑。"做编辑,对于彭燕郊来说,是一块处女地。聂绀弩对彭燕郊的引导所产生的意义和价值十分巨大。这不仅仅因为它暂时解决了彭燕郊没有工作的窘迫和无助,让彭燕郊获得了生存的支柱,而且更因为编辑工作在未来的岁月里转化成了彭燕郊对中国新诗和民间文化去作出积极建设的巨大资源。"①

1942年初夏,由于受到国民党特务点名威胁,聂绀弩与彭燕郊一起离开力报社。有一天,彭燕郊到府后厅远方书店去看聂绀弩——

> 他被《力报》解聘后,连个住处也没有了,暂时借住书店的一间小屋,他正坐在那间仅有一床一桌的小屋的床上,冥想着,我问他是在想些什么。他说:
> "我在想,天上会不会掉下一点钱来!"
> 贫穷!为广大读者热爱的我们的优秀作家竟然贫穷到这种程度!我说:"你又写杂文了。"然而,这是多么辛辣的愤懑的杂文!
> 绀弩离开报馆时,他的"行李"是一只旧小皮箱,一床薄棉被和一件大衣,胡乱地用一床旧被单包起,简单得

---

① 刘长华:《彭燕郊评传》,湖南文艺出版社,2008年,第76页。

真可以伸手一提就走,这是相当有代表性的。[1]

桂林作序

是年夏天,彭燕郊把他的诗集《第一次爱》编好了,聂绀弩翻了一翻,说:"你不写篇序什么的吗?""我没话要说,我是留给你写的。"也许彭燕郊真没有话说,甚至不知道怎样说,因为他是"第一次爱"。那么就让聂绀弩来"饶舌",他十分坦白地从记叙他自己的第一次恋爱起笔,然后过渡到彭燕郊——

> 彭燕郊在战争开始的时候,还是个十七岁的天真未凿、至多也不过"情窦初开"的毛头小子,然而战争使他加速地成长而且壮大了;战争使他离开了那浑浑噩噩的家庭生活和学校生活,使他走到战场:参与了战争,和成千成万的战士们生活在一起,战争给予他以生命,意志和才能,给予他以嘹亮的歌喉和歌唱的情绪与欲望。于是他成了战争之子……

> 这世界,在彭燕郊看来,也就是一个大万花筒。这里面许许多多的事事物物,我们大家都看见过,可是很少人觉得稀奇,很少人发生兴趣,甚至看惯了,虽然天天看见,

---

[1] 彭燕郊:《"贫病作家"》,载《那代人:彭燕郊回忆录》,花城出版社,2020年,第290页。

也和没有看见一样。彭燕郊却不同，他看什么东西都是新奇的……

　　他不断对于我们常见而漠然了的东西发生兴趣，还能从大家共见的东西上看出我们所不能看见的东西来。……

　　战争如果能改造我们的民族和国家，它必是从我们人改起，从人与人之间的关系改起，从人民的生活改起。它需要新的人，需要对人和事物的新的看法；需要把潜伏在人民的生活底层，心的底层，为一般人所不能看见的东西掘发出来；需要人民的声音；需要人民毫无掩饰，毫无顾忌，倾心吐胆地说出他们的朴质的希望。战争把这任务交给这时代的诗人们，要他们迅速地完成它。彭燕郊就是其中的卓越的一个。他歌颂战争，用战争的眼观察一切；他是农民之子，他的诗就是农民自己的语言；他暴露着农民最隐秘的东西，而歌唱着农民和他自己对于未来的希望。所有这些力量都是战争给予他的。战争诞生了他，教育了他，使他陷于一种第一次爱的兴奋与沉醉的状态，在这状态中，他写出了甚至连自己也不充分理解的感人的诗篇。他将终生摆不脱这种神圣的战争的影响，正像别人永不能忘记各自的第一次爱。①

　　这篇序文是彭燕郊写诗半个多世纪中，对他的诗歌最深刻

---

　　① 聂绀弩：《彭燕郊的〈第一次爱〉》，载《聂绀弩全集》第3卷，武汉出版社，2004年，第389—395页。

也最深挚的一篇论述，触及并洞察到了彭燕郊其人其诗的本质特征。龚旭东说："关于彭燕郊诗歌的评论，目前所见最早也最重要的，是聂绀弩为彭燕郊诗集《第一次爱》写的序言……他的这篇序言对彭燕郊的独特艺术气质和彭燕郊早期诗歌创作特征的敏锐把握与犀利剖析，为彭燕郊研究树立了一个最基础而又扎实的坐标点，可谓彭燕郊研究的奠基之作。"① 由于种种原因，《第一次爱》延至1946年5月才由桂林山水出版社出版。但令人遗憾的是，聂绀弩所作序言被书报检查官抽去。不过该文早已发表在1942年10月10日桂林《文化杂志》第三卷一期。

1943年秋冬间，聂绀弩离开桂林，前往重庆与妻女团聚。

山城重逢

1944年8月，日军开始进攻广西，桂林文化人纷纷撤离，彭燕郊也不例外。他说：

> 1944年我只身辗转到了重庆。绀弩早几个月已经先离开桂林到那里了，相对凄然，他给我看新写的一首七律《题〈金石录后序〉》，这是我看到的他的第一首旧体诗（彭引此诗从略），写的是李清照和赵明诚，女郎也使人想

---

① 龚旭东：《彭燕郊研究的现状与展望》，易彬、龚旭东编《风前大树：彭燕郊诞辰百年纪念集》，西苑出版社，2020年，第431页。

到当时被称为文化城的桂林,也已付劫灰。但诗写得实在说不上好,没有什么特色。"你也写起旧体诗来了?"我说。"好玩嘛!"他用他那特有的满不在乎的神气回答。我以为他在偷懒,要写,就该写新诗或散文。"(《千古文章未尽才——聂绀弩的旧体诗》)①

在重庆,彭燕郊一度与聂绀弩等人同住张家花园文协"作家宿舍"。

1947年秋,聂绀弩离开重庆,并于第二年初辗转到达香港。1949年6月,赴北平参加第一次全国文代会。彭燕郊也于1949年5月潜赴香港,然后转赴北平参加文代会。

彭燕郊晚年在与青年学者易彬对话时说:

> 一直到解放前,绀弩,还有胡风、邵荃麟、雪峰给我帮助都很大。可以说,我一直跟着他们。金华、桂林、重庆、香港,再到北京,一直在一起。从生活上说,绀弩和我,比我跟胡风还要亲近。绀弩了解我还更多一些。他对我的评价是,我感受到了很多别人没有感受到的东西。这一点,他认为是最主要的。因为作为一个诗人,感觉很一般的话,就很难写出有个性的东西。绀弩的这个讲法其实主要是认为我的视角比较独特,很多视点是别人没有的。

---

① 转引自侯井天注解集评:《聂绀弩旧体诗全编注解集评》下,山西人民出版社,2019年,第446页。

在这一点上，他对我有很大的鼓励。这个鼓励是很重要的。①

一南一北

中华人民共和国成立之后，彭燕郊长期在湖南工作，与聂绀弩一南一北，更多是书信往来。特别是"文革"结束之后，1979年、1980年间，聂绀弩与彭燕郊开始了频繁的通信。

1979年4月23日，聂绀弩致信彭燕郊，说："我的诗是野狐禅，不值一提，偶印几本分赠友人，以免抄写，谈不上注。我以为诗不必注，也不必懂透，懂透了反如嚼蜡。常看外国电影，看其男女交谈，心羡不已，及看译制片，则觉得不过如此。……但我想在你那里印一个第三小本，名曰《南山草》，要和前两本格式和大小一样。（相近）约七十首诗，印一百本。你愿意代效此劳再好没有。需款多少，先核算一下，免临时慌张。我现在颇有几文，决不会赖皮或半赖皮。""末了还是谈拙诗吧。我写了一些诗，只为无聊消遣，不计工拙是假，不知工拙是真，无人可问，更无人肯面谈，只好胡写下去，不料有人在背后谈了，甚至有人找上门来要诗了。人们背后说我别开生面，独辟蹊径，开七律未有之境，渐渐我也听说了。可怜我连熟面，正

---

① 彭燕郊口述、易彬整理：《我不能不探索——彭燕郊晚年谈话录》，漓江出版社，2014年，第146—147页。

道，已有之境一概不知，那能谈到这些。这回你说我的诗达夫作不出，但达夫诗我也作不出，谁的诗我也做不出，你说用典而不为典所用，咱们老友，斤两悉知，我总共知道几个典？平生每笑鲁、郭、茅、达……一面反对文言，一面作旧诗，自诩平生未如此矛盾，不料活到六十岁时，自己也作了，比他们更作得厉害了。看来你比我懂诗得多，那么何不多谈一些，也免我七八十岁老人常（闹？）笑话！"①

4月24日，又致信彭燕郊："既然你下月就要来京，等你来面谈印诗事亦可。反正非急事，不必忙。谢您关怀！我的女儿叫吴丹丹，卅二岁。您的女儿想是叫彭或陈丹丹，吴丹丹嘱候彭叔父叔母尤其问丹丹（姊或妹）。敬礼！你在'文革'中未坐牢吧，如其是，我比你幸运，我坐了十年牢，平反后，补发了部分工资，生活上要宽裕些。"② 实际上，彭燕郊的女儿既不姓彭也不姓陈，而是随母姓张。

6月19日，致信彭燕郊，云："今寄上《南山草》草稿，请设法印出一百本，格式开本，须与前二草相近，至于三草合订，如何印法，以后再说。此草内容须仔细推敲，务请细读一遍，以合乎政治标准为佳。此意兄定领会，不必多谈。"③

7月18日，致信彭燕郊，云："我在医院住了廿多天，前

---

① 彭燕郊：《绀弩遗简补缺》，《新文学史料》2012年第2期。原载《开卷》2005年第6卷。
② 《聂绀弩全集》第9卷，武汉出版社，2004年，第361页。
③ 《聂绀弩全集》第9卷，武汉出版社，2004年，第362页。

天才出院。没有大病，心胸尚可，体衰而已。在医院曾嘱老伴寄50元给你作印写纸张之用，不足再补。我无钱，自会揩油，今无须此，是我比你有钱时，故用不着客气。《北荒草》已馨，《赠答》亦剩无几，看来《南（山）草》可印120乃至130本，文代会延至十月开，印事进行不必太快。"①

8月3日，致信彭燕郊，云："现在暑假，你在忙些什么？何以好久不见来信？托印之事，有无进展？若干日前曾寄小款50元以为纸张费用，亦不知收到否？并曾去信询问，亦未见答，均不知何故。见信后务请赐复，以免悬念。"②

8月6日，致信彭燕郊，云："你的高足来，带来了茶叶。他说曾带有一信，一到京就投邮了，但我未收到。我怕你身体不健康，正又发了一封信给你，并托别（人）打听。他一来才放心了。因他说你并无不健康或别事。他说你说收到50元感到不好处理，因为刻字不需花钱。但我想不通，难道纸张蜡纸之类，也不要花钱吗？他说你说要印《三草》，我意只印《南山》，《三草》等过些时咱们见面，商谈一下，不必忙。说不定还会有印《第四草》的希望哩。怕《三草》已付印，赶写此信，不及多谈。"③

8月11日，致信彭燕郊，云："信和印品均收到，谢谢！原稿变成印品，这就进了一大步。以后会被百多人看见，为害

---

① 《聂绀弩全集》第9卷，武汉出版社，2004年，第363页。
② 《聂绀弩全集》第9卷，武汉出版社，2004年，第363—364页。
③ 《聂绀弩全集》第9卷，武汉出版社，2004年，第364页。

百多倍,奈何!有些错字,是原稿之过,无关工作者,工作者都是应该致谢的,而尊夫人的精装,尤当叩头,因为太精美了。"①

12月25日,致信彭燕郊,云:"……长沙郑公题《南山草》诗甚佳,惜我愧不敢当,有机会替我道谢。人有说我非唐非宋者,郑公独说亦唐亦宋。其实我知唐宋为何物?又买这买那,想是口袋过于麦克,有些东西,在长沙买恐亦不贱,再加寄费,豆腐变成肉价钱了。以后不必如此,宁可在有需要时向你去讨,比较实际。"②

好了,打住。从上面一些通信可看出,聂绀弩晚年与彭燕郊交往的主题,就一个字:诗。也可说两个字:诗集。毕竟两人都是诗人。

1984年4月,《彭燕郊诗选》由湖南人民出版社出版,收录聂绀弩四十年前所写《彭燕郊的〈第一次爱〉》作为代序。

梅志传信

在聂绀弩去世前一两年,梅志在与彭燕郊的通信中不断传递着聂绀弩夫妇的信息。

1986年1月28日,梅志致信彭燕郊:"周婆病已痊愈早出院了,但就是太早了点,身体还不太好,现在家疗养,哪儿也

---

① 《聂绀弩全集》第9卷,武汉出版社,2004年,第364—365页。
② 《聂绀弩全集》第9卷,武汉出版社,2004年,第366页。

不敢去了。老聂仍昏睡，精神不佳，吃得也少，可说身体衰竭之至。幸好没有感冒发烧，过了冬可能好些吧！"①

2月2日，彭燕郊致信梅志："……计划五月间到京，住个时期。我现在不但担心老聂，也担心周大姐，她这人太要强了，不肯休息，还在搞许多事情。"②

3月8日，梅志告诉彭燕郊："老聂仍然是没精神，老昏睡，好在还能吃。周大姐已康复了。"③

3月26日，聂绀弩病逝。

3月27日，学生陈耀球于北京致信彭燕郊："……晚上才去看丹丹，马上又拖着丹丹一起去看周健强同志。听周说才知道聂老于昨日去世。周为理后事忙了一天。周给您的信已经写好，明天将以航空寄出。聂老是您的

彭燕郊和女儿参加聂绀弩遗体告别仪式

---

① 张晓风、龚旭东整理辑注：《梅志彭燕郊来往书信全编》，海燕出版社，2012年，第92页。
② 张晓风、龚旭东整理辑注：《梅志彭燕郊来往书信全编》，海燕出版社，2012年，第96页。
③ 张晓风、龚旭东整理辑注：《梅志彭燕郊来往书信全编》，海燕出版社，2012年，第98页。

挚友，我也请您节哀。"①

彭燕郊为参加追悼会，4月6日自长沙到北京，住聂家，"直住了二十三天"②。彭燕郊女儿张丹丹告诉笔者："聂伯伯去世之后，父亲也会带我去看望周颖周伯伯。"

1987年，何满子到北京看望周颖，推举彭燕郊为绀弩作传记的人选，周颖认为合适。彭燕郊义不容辞地答应了，后来何满子、梅志、周颖等友人多次督促此事，他总是说"我不能急就""不能随随便便写"，一拖二十年都没写出来。不过留下了一些回忆文章，也弥足珍贵。

---

① 易彬、陈以敏整理注释：《彭燕郊陈耀球往来书信集》，百花洲文艺出版社，2020年，第100页。
② 易彬、陈以敏整理注释：《彭燕郊陈耀球往来书信集》，百花洲文艺出版社，2020年，第102页。

流亡路上忘年交

——聂绀弩与骆宾基

聂绀弩和骆宾基在友谊上"属于忘年之交，神魂一致"，但他又是骆宾基心中"年轻气盛的友人倾心依恋的人物"，"在他那潇洒不羁的风度里，总有魏晋贤达那种脱俗的竹林气息，可以说处处闪现着自唐诗宋词以来我们华夏民族的优秀的文化传统的光泽：重于如德、如才、如'道'的精神，而轻于如珠、如金、如玉的物质"，"这种属于精神贵族的'名士气'"，

晚年骆宾基

实质上是对当时市侩世态的一种轻蔑的表现。①

"给你刻了一个图章!"

1940年1月,身为浙江省第三专员公署《战旗》报主编的骆宾基,从绍兴到金华组稿,在国际新闻社金华分社办事处见到了"时常所怀念的""名士"聂绀弩。他后来回忆说:

> 我似是在1940年元旦之后到达金华的。这是我第三次来访,街面上却已不是初次流亡来浙江到建设厅报到时的情景了,那时所有商店都半关着,从上海、杭州逃出来的过客又特多,空袭警报也频繁,人人行色匆匆,一派战时紧张模样。
>
> 柴场巷十五号(?)是座木料门面建筑,那江浙式两层楼的楼窗以及漆着土红色的栏杆,在白粉院墙之外就看得清清楚楚了。这木料门面的两层小楼西厢还各有一间角楼,因而从院门到带楼道长廊的前厅是日常不见阳光的阴凉小院,砖铺过道,石缝间长着绿苔。对我说来,虽是第二次来作客,但却说不出的亲切,真是欢欣如归,仿佛边防哨所的战士回归大本营驻地一般。因为当时在这东南半壁,我说过,金华已成为如武汉一般的左翼文化重镇,而它的

---

① 骆宾基:《又是一年春草绿》,《新文学史料》1987年第4期。

大本营，就是在这并没高挑帅旗的柴场巷十五号。那白院墙门侧，却挂了一个"国际新闻社金华分社办事处"的方形标牌。这个木面结构的两层楼小院的主人，就是来自上海的两位左翼作家：男主人就是十年以后曾任中国作家协会党委书记的邵荃麟同志，女主人就是30年代为鲁迅所赏识的介于丁玲之后萧红之前出现的女作家葛琴，可以说他们夫妇两人都是鲁迅先生周围的中共党员。还有一个著名的杂文家聂绀弩同志，就住在这座小庭院的角楼上，另有楼梯出入。我们就是在这个角楼上第一次相识，而他同样可以说，是来自鲁迅身边的左翼作家……我当时想到要见面的这位"名士"，就不禁要自笑，他是那么才气横溢，诙谐有趣，而且是为我时常所怀念的。

....

自然，在这有名的柴场巷十五号，我也见到了我们不但初识就感到心心相通且相悦的长我十三岁的聂绀弩同志。这是我们第二次见面，他仍然穿着那件为新四军战士所缴获的日本校级军官黄呢大衣，仿佛战地记者一般，但已不似初识那么随随便便，那么放纵无忌，那么名士派头了。他文质彬彬，举止也出奇的优雅，显然这是由于他身旁有一位柔情的女伴挽臂相陪的缘故……我必须说，我要为我这位第二次会面的忘年之交的友人庆幸的，为他们的幸福而庆欣！绀弩同志说："我给你刻了一个图章。"准备以后带给我。但我呢？竟没有想到应该为他们两人的结合，送一点有纪念意义的礼物。在社会交往方面,我是完全无知的。虽然很高兴得到这颗出于左翼才子之手的篆刻名章,但也同样不知珍藏,为了带到上海去支取稿费交给我的妹妹,而终于失落,这之后才感到它的珍贵。①

从上文可以推测,聂绀弩与骆宾基第一次相见就是在金华柴场巷十五号,时间应该是在1939年某月。

"你何必这样挥霍呢?"

他们第二次相见不久,聂绀弩就去了桂林,骆宾基去了皖南。分别之前,他们秘密参加了一个纪念高尔基的活动。据骆宾基回忆:"1940年6月(按,月份疑误),我离开浙东应邀去皖南新四军之前……在中共浙江省文委邵荃麟同志支持下,笔者与聂绀弩、林淡秋等人秘密参加了一次纪念高尔基逝世四周年晚会,举行了正式的悼念致哀的仪式。由邵荃麟同志作了关于高尔基生平的报告,朗诵了《海燕》,集体合唱高尔基作词的《囚徒歌》!参加这次纪念活动的还有张(按,应为杜)麦青、计惜英、彭燕郊以及葛琴同志。次日,我伴同林淡秋等同志离开浙东,邵荃麟与葛琴夫妇去福建工作……张(杜)麦青同志则去屯西协助骆耕漠同志工作。而聂绀弩同志与诗人彭燕郊也

---

① 骆宾基:《一九四〇年初春的回忆》,载《书简·序跋·杂记》,青海人民出版社,1986年,第237—254页。

先后去广西桂林，应《力报》之约任编辑去了。"①

1940年底，骆宾基听从冯雪峰建议，也来到桂林从事文学创作，友人们闻讯相迎。聂绀弩陪同骆宾基拜见《救亡日报》总编夏衍，随后将他带至《自由中国》主编孙陵处，即在该杂志社暂住下来。

回想桂林时期的生活，骆宾基说：

> 当时绀弩已是年近四十岁的中年名家了，却和我们一样，时常是裤袋里空空如也，没有足够买盒强盗牌的中档纸烟钱。1941年在我第一次流亡桂林时期，我们常常去的广东酒家是"文园"。一壶附带牛奶和方糖的红茶，是五分钱，广东有名的蛋挞、虾饺之类点心，也不过一角一碟。有时我们却约好，茶点不能超过的碟数，但就是进门以前根据付账单能力，约好了零买小吃的碟数，却往往还会在热衷于文学艺术、音乐之类的探讨中完全忘记了两人订的"协约"，就是说，吃过了头超过了我们口袋里的支付能力。于是不管当初是谁答应做东了，两人凑，凑不足，只得留一人在"文园"独自坐候，一人到附近的《自由中国》之类的出版社去找人借钱了！自然，以后不管是谁拿到稿费，还是相约去"文园"喝酒的！当时广东有名的称作"龙虎

---

① 骆宾基：《抗战初期到浙东》，载《书简·序跋·杂记》，青海人民出版社，1986年，第207—208页。

斗"的蛇猫合烧菜，单价是一元二角。几次我都主张，豁上一个星期吃素不吃荤了，一定要尝尝这个南方名菜，但是几次都为绀弩所阻挡。他总说："何必这样挥霍呢？省下这一元二角，明天再来吃它的蚝油豆腐、咕噜肉嘛！"当时那种只求"今朝有酒今朝醉，那管明日无米明日饥"的浪漫诗人的作风，今天看来实际上也是反映了在国民党统治下的抗日斗志不得舒展的政治苦闷。尤其是1941年1月"皖南事变"惨案发生之后，我们谈着在云岭新四军总部为两人所共同熟悉的朋友，谈着我们尊敬的叶挺，猜测着我们老军长未来的命运！也谈项英、谈出身于创造社的宣传部长朱镜我，谈黄源与诗人戈茅，尤其是关心着那个曾为诗人辛劳热恋过而在金华仍念念不忘的教导队女友的命运。我们虽是作着遥远的祈祷式的祝愿，却无法写怀念的文章。因为国民党反动派的势力当时已伸入广西。①

1941年暑期，骆宾基离开桂林，转赴香港。12月8日，太平洋战争爆发。骆宾基当即决定去探视一下萧红，再决定自己的行止。端木蕻良考虑到骆是单身，就请他留下来，帮助照料重病中的萧红，将来一起离港，骆宾基同意了。44天之后，萧红病逝，骆宾基与端木一同将其安葬。之后，经澳门、梧州，重返桂林。

---

① 骆宾基：《又是一年春草绿》，《新文学史料》1987年第4期。

差不多在同一时间,胡风也从香港来到桂林,住了整整一年(1942年3月—1943年3月)。后来胡风回忆说:"算起来,在桂林一年,到我家来得次数最多的可以说是老聂、彭燕郊、骆宾基和伍禾。"① 聂绀弩在中华人民共和国成立后的一份交代材料也说过:"(在桂林)我倒是经常和骆宾基、秦似、伍禾这些人的过从要密得多。"②

1942年夏,由于受到当局点名威胁,聂绀弩离开《力报》,一度失业。后来在胡风的支持下,与骆宾基携手合编《文学报》。刊物只在1943年出了一期,即被图书审查委员会取缔。

在香港迎接老朋友

1943年秋冬之间,聂绀弩离开桂林,前往重庆。第二年春,骆宾基也在国民党湘桂大撤退之前,转赴重庆。在重庆,聂绀弩与骆宾基、彭燕郊等友人一度同住张家花园65号文协"作家宿舍"。再后来,骆宾基去一家中学任教(其间曾被军统逮捕关押一个多月),聂绀弩相继在几家报社编副刊。

1946年初夏,骆宾基闻讯家人在徐州遭遇困境,决定赶过去。离开重庆之前,他去看望了住在回龙寺周颖处的聂绀弩,并告诉文协将要开会选举理事的消息。在回龙寺住了一宿,第

---

① 晓风编:《胡风自传》,江苏文艺出版社,1996年,第199页。
② 聂绀弩:《历史交待再补充》,载《聂绀弩全集》第10卷,武汉出版社,2004年,第82页。

二天和聂绀弩一起下山。① 之后前往徐州，尔后又到沪杭一带逗留。

不在一起的日子里，他们用书信互通消息。聂绀弩曾在他主持的重庆《商务日报》副刊发表过骆宾基的一篇作于上海的《〈罪证〉后记》（1946年8月19日），一通寄自杭州的《骆宾基来信》（1946年9月22日）。这封信是这样写的："来信早收到……现在杭州改剧本之后，写萧的传。你编的副刊，如可用此传稿，当能抄一份寄上，稿费可由可羽②支作旅费，望来示一提。又因宣传，是需渝一月廿二日那张四周年纪念的报纸，因为那上你我两篇文章，弟都未收存也。千万找一找，早日寄下，万谢万谢。另《客观》上有我写的《发表欲小论》，也希能剪一份寄来。"③

1947年春，骆宾基在返回东北途中被国民党逮捕入狱。沈阳解放前夕，被解往南京，直至1949年初获释。之后，转赴香港。而聂绀弩已于一年前来到香港。

为迎接老朋友的到来，1949年4月4日，聂绀弩写了篇杂文《迎骆宾基》（载4月7日香港《大公报》）。文章说：

---

① 韩文敏：《骆宾基评传》，载《现代作家骆宾基》，燕山出版社，1989年，第83页。

② "可羽"，即竹可羽（1919—1990），浙江嵊县人，曾任桂林《力报》校对。

③ 《骆宾基来信》，《商务日报》1946年9月22日，第4版。

骆宾基（这里姑且止限于骆宾基），一个现中国的优秀小说家，为什么一再地被捕，一再地几乎被虐杀掉了！

但骆宾基终于未被虐杀掉，终于胜利地脱离了虎口（或者说"人狗"口）！这是人民的胜利；人民的力量强大了，不可抵御地胜利了。……

得到骆宾基在东北被捕的消息的时候，我在重庆。那天，带着沉重的心，买了一本《悲多芬传》（罗曼·罗兰著，傅雷译）。翻开扉页，上面有译者加上的这几句话：天将降大任于斯人也，必先苦其心志，劳其筋骨，空乏其身，行拂乱其所为，所以动心忍性，增益其所不能……（孟子）我好愤怒！瞧，我的朋友骆宾基，被万恶的统治者捉去"苦其心志，劳其筋骨，空乏其身，行拂乱其所为"去了。

…………

骆宾基，我的朋友，他是坚强者，他会在被虐杀中，即在"苦其心志……动心忍性……"的全过程中，更坚强起来！纵然不是坚强者，他也曾在被虐杀中，即在"苦其心志……动心忍性……"的全过程中，坚强起来；只要他不倒毙，不真被虐杀者吞掉！然而那"苦其心志……动心忍性……"的全过程是艰苦的，不拿出力量来，不把自己的生命的意义发挥到最高度，是不能战胜的！我一面相信我的朋友，一面又担心过大的灾难不是人力所能抵御；一面明知他通过了那全程，就会成为千锤百炼的英雄，一面又深感到在锤炼中，究竟太过痛苦。因此，我说，在那时候,我的心情不止是阴暗。

文章结尾时,聂绀弩写道:"新社会来了,我们要大踏步迎上前去,瞧啊,多少人和我们走在一起,人这么多,骆宾基,别跑开了。咱俩靠拢些!"①

两个月后,聂绀弩和骆宾基、吕荧等人一起北上,参加第一次中华全国文学艺术工作者代表大会。

给绀弩寄肉松和烧鸡

1949年10月1日,聂绀弩和骆宾基应邀参加中华人民共和国开国大典。

五天之后,骆宾基举行婚礼,聂绀弩夫妇、胡风等朋友参加婚宴,闹酒。

从《胡风日记》来看,1949年之后到胡风被捕之前这几年间,骆宾基和聂绀弩夫妇、胡风三家人往来是很频密的——

1952年9月21日:到周颖处喝酒,骆宾基在。

1953年1月18日:到周颖处,吕荧、骆宾基亦来。打扑克,晚饭后玩到十时过。

2月1日:到绀弩处,一道到他家。骆宾基来,玩扑

---

① 聂绀弩:《迎骆宾基》,载《聂绀弩全集》第1卷,武汉出版社,2004年,第284—290页。

克，吃晚饭，玩到十一时。

2月15日：到老聂处，骆宾基、吕荧在。吃晚饭，打扑克，玩到十时过。

1954年4月27日：绀弩、骆宾基来。

1955年2月13日：周颖、骆宾基来。

3月7日：周颖、骆宾基来，玩到夜九时。①

不过，骆宾基在纪念聂绀弩的文章中却说："（50年代）我们，虽说同在北京，一年也不过见面一两次，而且多是陪人趋访，情虽如旧，却也不似往日心魂相融般的胶着了！尤其是在对于古史及青铜文学的断代方面，他是拘于'殷墟为甲骨文字之始'的否古（殷商之前的五帝、唐虞之古）观点，且又固执己见，我们是很难如旧日般共话了！"②

聂绀弩夫妇与骆宾基（右一）、徐光霄

1955年6月，骆宾基因胡风问题受牵连，审查持续一年之久。

---

① 梅志、张小风整理辑注：《胡风全集·日记》第10卷，第360、387、390、393、484、544页。

② 骆宾基：《又是一年春草绿》，《新文学史料》1987年第4期。

7月，聂绀弩也因胡风问题被隔离审查。反省结束后，聂绀弩很长时间都有着情绪，不愿同任何人往来。偶尔来往者也都是三四十年代的老朋友骆宾基、何封、向思赓等人。

到了50年代末期，聂绀弩成为"反右"斗争对象后，"骆宾基也有半年多没有来往，他到郊区去体验生活，来往就少了，搬到颐和园去后，绝未见面"①。

1958年6月，骆宾基下放黑龙江；7月，聂绀弩遣送北大荒。两人可谓近在咫尺，却并未相见。骆宾基说："我没有去看他！我是下放牡丹江地区，也还没有戴上政治帽子。虽然十年浩劫当中，在'漏网右派'的横幅大标语之下曾经受过斗争，但当时确乎是行动自由，可以去萝北（按，聂绀弩实际上是在密山）探望他。而且也不是没作过朝思暮想的梦。但机会来了，却又为我谢辞了。因为考虑到，见了面，免不了一番牢骚，那就会为以罗织人罪为政治攀登阶梯的偏见者所误解、所疑忌，或更有甚者故作误解而网罗，那会给彼此带来更大的不幸！"②

当大风暴雨来临时，聂绀弩被捕入狱。他的朋友也是关的关，死的死，靠边的靠边，谁也救不了他。就在1974年，骆宾基的问题刚刚得到解决，他领到了第一个月的工资，就立刻跑到聂家，第一件事便是要周颖给聂绀弩寄肉松和烧鸡。事后骆宾基被领导批判道："你关的是国民党监狱，他关的是共产党监

---

① 聂绀弩：《关于周颖的发言》，载《聂绀弩全集》第10卷，武汉出版社，2004年，第242—243页。

② 骆宾基：《又是一年春草绿》，《新文学史料》1987年第4期。

狱,你送什么东西?"① 但是,这丝毫没有吓住骆宾基,他甚至找到茅盾,想托他带信给周恩来总理。在非常岁月里,敢于为一个"反革命分子"说上几句话的,可谓凤毛麟角。

1976年11月2日,聂绀弩终于被"特赦"回京,但政治问题并未解决。当时到车站迎接的只有三五人,包括朋友戴浩、骆宾基。

聂绀弩去世一周年后的春三月,骆宾基写了篇纪念文章,说:今天的读者可以想象到,"绀弩由于心脏及筋络老化而安然寿终,在我们这些金华、桂林、重庆与香港等地长期流亡相处的友辈之间,形成一种什么样的哀思了!它的冲击力是缓慢的,却波及我们半个世纪的历史性回忆",这种哀思胜于一般的哀念,"它是深含淡淡悲戚之疼的"!②

骆宾基等友人在北京车站迎接聂绀弩出狱(1976年)

---

① 小琴、小新:《怀念聂伯》,《新文学史料》2003年第3期。
② 骆宾基:《又是一年春草绿》,《新文学史料》1987年第4期。

奇肥怪瘦话连床

——聂绀弩与秦似

聂绀弩比王力小三岁，算是秦似（王力之子）的父辈，却和秦似称兄道弟，显得有点滑稽，但也说明两人的良好关系。

秦似升帐，好事就来

1940年4月，秦似应夏衍之约前脚刚到桂林，聂绀弩后脚也到了桂林。

一天黄昏时分，在太平路《救亡日报》社，秦似看到一个气宇轩昂，身穿一件日本军官黄色绒大衣，却又当胸打开扣钮的人，迈着雄步走进来找夏衍。因夏衍不在，他就要了一张纸条，在上面留言。

秦似

写毕,还重看一遍,便霍地站起来,昂然走了出去。秦似第一次看到那个签名——聂绀弩,字体工整而有一种文人书卷气。

很快,秦似由于向绀弩主编的《力报》副刊投稿,以及筹办"野草社",便和他熟了起来。宋云彬桂林日记记载:"(5月20日)午后五时进城,应夏衍之邀也。在东坡酒家小饮,商谈出一专载杂文之期刊,座有王石城、秦似及聂绀弩。"① 又据秦似回忆:

> 特别夏衍同志,他对文章的洞察力很强,总喜欢看到生动活泼、有新意的文字,他自己写文章,那怕写的是社论,也总要注意及此的。因此,当我向他建议办一个力求活泼,专刊短文的杂文杂志时,立即得到他的赞同和支持。那时绀弩刚由皖南来到桂林,于是由夏衍同志约集了几个人,共同商议办刊物的事。不久就筹备第一期的稿件了。编辑一共五人:夏衍、宋云彬、聂绀弩、孟超、秦似。这也就确定了它是同人刊物的性质。
>
> 记得是一面在集稿了,一面商议刊物如何定名。对于刊物的内容与方针,似乎大家都比较一致,没有多大分歧,但刊名叫什么,却费一番斟酌。我们相约各人都想一两个名字,然后公议采择。夏衍同志想了两个,其一是《短笛》,取"短笛无腔信口吹"的意思;其二是《野草》。其

---

① 海宁市档案局整理:《宋云彬日记》上册,中华书局,2016年,第101页。

他各人想的，则都记不起来了。大家赞成用《野草》。那理由，倒不少为了因袭鲁迅，而是觉得在那样的时局下，这个刊名可能给社会和文坛带来一点生气，引人略有所思。①

聂绀弩晚年在怀念孟超的文章中说：

> 四十年前，咱们五人同在桂林编一个小小的杂文刊物《野草》。其实是刚露头角的秦似挂帅，他每升帐，除了前面还有两名大将之外，轮到你我"起霸"。咱俩做完规定的功架，把手一拱："俺（假定秦似是诸葛武侯的话）——龙骧将军关兴"；"俺——虎贲将军张苞"。其威风不下于包大人的王朝、马汉。然后大家一齐说："各位将军请了！丞相升帐，你我两厢伺候！"虽不必真这样做，只在想象里闪过一下，不也很有趣么？何况秦似一"升帐"，好事就来了。他把提包往广东酒家或老正兴的餐桌上一搁，大家坐下来点了菜，一面喝酒，一面听他编这一期《野草》的经过的报告，有问题就讨论，有特殊文章就传观。②

《野草》自1940年8月20日创刊后，在头一年，最有影响的文章是夏衍的《旧家的火葬》和绀弩的《韩康的药店》。那是

---

① 秦似：《回忆〈野草〉》，《新文学史料》1979年第2辑。
② 聂绀弩：《〈水泊梁山英雄谱〉外序——怀孟超》，载《聂绀弩全集》第9卷，武汉出版社，2004年，第98页。

在皖南事变之后，全国弥漫一片白色恐怖，桂林的生活书店于1941年春也忽然被封了。正是人们蕴藏着心头的怒火，却敢怒不敢言的时候。一天，秦似在科学书店（《野草》由该书店出版）办点什么事，忽然看见绀弩走进来，手里拿着未封口的信，那里面就是《韩康的药店》。他说了声："巧得很，文章，你细看去吧。"说完便走了。"我立即读这篇用毛笔写在粗糙的土纸上的文章，真是令人击节。我虽看懂了其中的含义，而且也预计到它将引起的轰动，但韩康是什么时代的人，出于何书，并不知道。那时，夏衍同志已经去了香港。我立即带到宋云彬那里给他看。他边看边发出会心的笑声，口里不住叫'妙！妙！'他告诉我，韩康出自《后汉书》什么传，是东汉人，绀弩把一个东汉人拉来和西门庆作陪衬，这种写法真是奇绝的。惟独这样，人们便有点像看《山海经》或《聊斋》那样，把锋芒暗藏起来。果然，这篇文章连国民党的书报原稿审查处的官员也嗅不出什么来，竟给通过了，后来只有后悔不迭。"[1]

桂林时期，聂绀弩和秦似常常一高一矮，走在那灯光暗淡的破烂马路上，天南地北，无所不谈。有一天晚上，两人踯躅在街头时，绀弩忽然说："我要写一篇诗人节和豆腐。"

"什么？"秦似诧异了。

"诗人节和 dòu fǔ。"绀弩的湖北口音很重，经常把杜甫说成"豆腐"。但他还是耐心地重复了几遍，秦似这才听懂了。

---

[1] 秦似：《友情难忘录》，姚锡佩、周健强等编《聂绀弩还活着》，人民文学出版社，1990年，第193—194页。

那时，在桂林文化界中，柳亚子、田汉等人是爱写旧体诗词的，似乎胡风也写过，绀弩总是见而远之，但这不等于他不欣赏中国的诗词。有一天，他们来到丽君路旁一间小木屋，那是跛子画家余所亚的"家"。那天恰好他桌上有笔墨和宣纸，绀弩高兴极了，给秦似和所亚各赠书一条幅。写给秦似的是——"王郎酒酣拔剑斫地歌莫哀！我能拔尔抑塞磊落之奇才。豫章翻风白日动，鲸鱼跋浪沧溟开……青眼高歌望吾子，眼中之人吾老矣"。秦似若干年后才知道这是杜甫的杂言体《赠王郎司直》，在当时只勉强能念得断句。绀弩之所以写这首诗赠秦似，是知道他姓王，在下笔之前似乎想了好一会儿才想到这首诗。可是秦似那时不但对杜诗了解太少，对书法也无兴趣，过几个月，就不知丢到哪儿去了。

也是在桂林，绀弩开始同秦似谈音韵学，谈到他看过秦似父亲王力的《汉语音韵学》。并说，他在延安见到毛主席，也是谈音韵学。秦似惊叹道："天，那时我知道什么音韵学？顶多只是略知四声平仄而已。万想不到，今天我也靠音韵学吃饭。"①

秦似未死，《野草》复刊

1943年6月1日，《野草》出版第5卷第5期后停刊。9月，由于广西省政府查封了在桂林出版的将近二十种刊物，加

---

① 秦似：《友情难忘录》，姚锡佩、周健强等编《聂绀弩还活着》，人民文学出版社，1990年，第196页。

之桂林市出版业的排版费、印刷费涨价，大多数文化人生活每况愈下，一批文艺工作者被迫离开桂林。邵荃麟、葛琴夫妇和司徒慧敏、聂绀弩等人去重庆，王西彦去湖南乡间养病，秦似则到良丰道慈中学任教。

俗话说："秀才造反，总是不成。"1945年初春，秦似参加了中共广西省工委黄彰等领导的桂东南抗日武装起义，起义悲壮地失败，很多人牺牲了。不久，重庆等地的报刊出现了秦似夫妇遇害的报道。著名诗人柳亚子见报很伤心，写了两首痛悼秦似夫妇的律诗，有"烽火怜非命，干戈损盛年"之句。但是绀弩不太相信他死了，曾在一篇文章中说：

  那位朋友（按，指秦似），据最近报载，已于去年桂林沦陷前后，在逃亡中死去了！这消息大概不确；他还不到三十岁，身体挺结实，平常也并不怎么娇生惯养，怎会只碰到一点小风浪，就一下子死掉呢？他还有在遗弃或者等于遗弃的生活中，独立把他养大的老母，有比他更年青的夫人，有现在还不过两三岁的女儿，另一方面，有殷望着他的朋友，有喜爱他的作品译品的读者，有亟需着辛勤的文化垦殖者的这个老大中国的荒原，沉重负荷压在肩上，遥远的前途展在面前，他怎能一下子就死掉呢？我常有一些罗曼蒂克的想法，每有较近的朋友死了，总以为他没有死，不过像孩子们捉迷藏一样，把自己"迷藏"在什么地方了，说不定什么时候，会出人意外地，一下子从斜刺里跳出来吓你一跳。对于他，我也愿意这样想。①

事实上，秦似真没有死，而是躲藏在一个农户家里。国民党当局悬赏六万斤谷子买他的脑袋，到处张贴布告通缉也没能抓住他。此消息传至后方，聂绀弩立即在重庆《客观》周刊上发表了《欣闻秦似未死》，人们才知道真实情况。他在这篇文章的结尾呼吁："秦似，快点跳出来呀！那么，秦似的朋友和尊长，关心秦似的整个文化界的朋友们，想方法使秦似快点跳出来呵！"②

1946年夏，当通缉秦似的布告还在广西城乡到处张贴时，秦似已从湛江经广州辗转到达香港了。"到香港后，便和绀弩恢复了通信。野草社五个人，那时，云彬已先随文化供应社到了香港，四六年秋冬之间，夏衍同志又由上海到了香港。我们便商议在香港恢复《野草》的事。我写信告诉绀弩，他非常高兴。并且不久就寄来了一篇文章，题目是《毛泽东先生与鱼肝油丸》……发表之后，反应是很好的。不料到了五七年前后，却有人拈出来指责了，说光看那题目就是对领袖不恭。但我觉得，正是绀弩，他是把毛主席当作一个人，一个革命领袖来尊敬的，他没有把他当作神。这也是绀弩的可爱之处吧。"③

---

① 聂绀弩：《致生者、悼死者、怀生死不明者》，载《聂绀弩全集》第4卷，武汉出版社，2004年，第406—407页。
② 《聂绀弩全集》第2卷，武汉出版社，2004年，第205页。
③ 秦似：《友情难忘录》，姚锡佩、周健强等编《聂绀弩还活着》，人民文学出版社，1990年，第197页。

野火烧不尽，春风吹又生。这年10月1日，《野草》复刊号在香港出版。按当时港英当局的规定，出版期刊须先缴纳2000港元保证金方发给执照。因筹集不到这笔款项，决定改用书本的形式，以"野草文丛"的名义印行。

1948年3月，聂绀弩辗转抵达香港，开始担任《野草文丛》编委，并撰文。秦似回忆：

> 在香港，绀弩是作为周颖的家属，住在港九劳协的房子（九龙梭亚道十五号）的。他夫妇住在会议室旁边的一间不到十平方米的狭长房间里，仅容一卧榻、一小小的写字桌和一张旧沙发椅。尽管如此，我每星期总有一两天要在这儿过夜，因为外面的会议室的长木椅，把两张合起来，便是床了。他当年那件日本军大衣，不大穿了，便拿来给我临时当被盖。他过香港来，有时也住到我桃李台的寓所，当然只有一间老虎尾巴，我夫妇、女儿睡一个大床，还恰恰能给他打一个帆布床。这时，我们除了论世谈文之外，又多了一个友谊——下围棋。①

在港期间，聂绀弩为秦似杂文集《在岗位上》（求实出版社1950年3月版），写过一篇"外序"（即不附在书上之序）。文章说：

---

① 秦似：《友情难忘录》，姚锡佩、周健强等编《聂绀弩还活着》，人民文学出版社，1990年，第198页。

本书作者秦似先生是读者熟知的杂文好手，但与其说他是个文人，不如说他是一个战士，他的每篇文章都是为战斗而写，和旧中国的统治者战斗的。鲁迅先生说："还有想活下去的人么？先就该敢说、敢笑、敢哭、敢骂、敢怒、敢打，在这可诅咒的地方，击退这可诅咒的时代！"秦似先生就是用文章证明自己是对旧中国"敢怒敢打"的作者之一，是用他的战斗配合整个中国解放运动，共同在可诅咒的地方击退了可诅咒的时代的作者之一。这本集子就是他的战绩。书名《在岗位上》，极符其实。至其文笔简洁犀利，剑气刀光，咄咄逼人，犹其余事。①

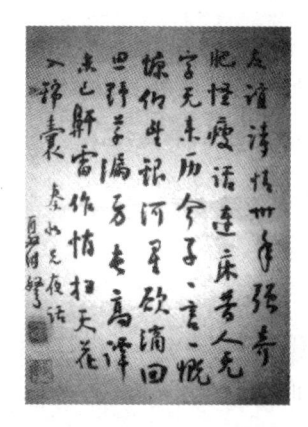

聂绀弩手书《秦似夜话》

期盼来京，相与一笑

1951年之后，聂绀弩在北京，秦似在广西，两人较少相见。1963年9月下旬，秦似赴北京大学进修汉语音韵学，直至翌年七月结束。进修期间，多次探望夏衍、聂绀弩、宋云彬等友人。"文革"期间，聂绀弩在山西狱中，秦似每次来京，都

---

① 《聂绀弩全集》第9卷，武汉出版社，2004年，第48页。

要找骆宾基探听绀弩的消息。① 出狱不久，聂绀弩就向黎丁打听秦似，后来写了两首诗相赠：

赠秦似
文艺君家最擅场，十年不见话连床。
我诗臆造原无法，笑煞邕漓父子王。

秦似夜话
友谊诗情卅载强，奇肥怪瘦话连床。
昔人无字无来历，今子一言一慨慷。
仰望银河星欲滴，回思野草意方长。
高谈未已鼾雷作，悄把天花扫入囊。②

1977年8月5日，聂绀弩曾给广西人民出版社《辞源》修订组的秦似写了出狱后的第一封信。鉴于该信《聂绀弩全集》未收，笔者抄录如下。

秦似兄：

一部十七史，从何说起？

数月前蒙赠大著诗韵二册，尚未拜读，即被人抢去。可见此书定有销路。但我因尚未看，无话可说，失去给你

---

① 骆宾基：《又是一年春草绿——忆秦似怀绀弩》，《新文学史料》1987年第4期。
② 《聂绀弩全集》第5卷，武汉出版社，2004年，第236、76页。

写信的由头。我久想写信给你,听说你有事要来,不如等你来后面谈。有许多事写信谈不好,面谈则三言两语可决。但你至今未来。

我又不想、不愿、不敢写信。十余年前,你到家找我下棋,一次我略及我的杞忧,你厉声说:"这不用你担心!"我才明白你我共同语言已少,就下棋吧。后来你连棋也不来下了,我也未觉遗憾。现在给你写信,假如你的见解和心情还和十多年前一样,又有什么写信的必要呢?

按照十多年以前又以前的关系,先谈几句废话吧。我在里面十年,所幸有许多时间看书,马恩全集读了一大半,其中最大的资本论,四卷六大册二百五十万字,一卷读了十遍,其余各卷至少三遍,反杜林和列宁的唯物主义经验……各读了二十五遍,其他不提。这些书一看下来脑子真是大大改变了,包括对以前你说我研究水浒是学究式,宋之的说我讲古典小说不能引经据典的意见的理解。关于这些以后详谈。

去年九月被宽大释放,月领生活费十八元,现依周颖为生。家中三妹同海燕相继死去,靠古稀老妪烧饭及料理一切。她同我一样有喘病,我不但喘而且大失走路能力(如果是单人房,恐已成哑子),一点不能帮忙理家。而我们又都越来越老,前途不堪设想。因此有求于你,这是信的本题。

有个女的名叫申娟,五十多岁了,在南宁化工厂工作。

她是我的表侄女,也是义女养女之类。她的丈夫名"李剑(健建?)秋",是党员,在厂内当科长。据申娟说,他们感情不和已分居十几年,屡次提出离婚,不知何故,男的总不同意,告到法院,法院向厂里了解,厂负责人总听李剑秋的,因之一直批不准。这事,早由周颖函告翰新同志,翰新亦曾出力,但也无效。似乎还有别人帮忙,也都无效。据说其所以无效,是因为帮忙的人都不是有地位的党员。就是说如果有一个有地位的党员出来,情况就大不相同了。因此就想到你。又想这事于你太风马牛了,所以迟迟未写信。但她们如果离婚了,于我和老周大有好处。她自由了,退休之后,就可来京和我们一块生活。我们有了这样比较年轻的人在一块儿,晚年就好过得多。这又是终于写这封信的理由,不用说,动机是不纯的。如果你念过去几十年的关系,觉得此事不妨碍,和有关方面谈谈,不是完全无法,完全无人可找,那就请插插手看,这事翰新比我知道得更多,请与之商谈商谈。如果完全无法帮忙,当然只好作罢。

关于别的,只一句话,只要你无顾虑,肯和我通信,我们会有畅谈一切的机会。

祝好!并问翰新好!

申娟爱人的名字,可和翰新对证一下,我记不清了。

绀弩上 八月五日[1]

---

[1] 据《新文学史料》2016年1期。

聂绀弩夫妇与秦似（中）、彭燕郊（1982年）

一向很少求人的聂绀弩，这次拉下老脸向老朋友秦似求助，秦似也应该是帮了忙。据信中的主人公申娟回忆："'文化大革命'开始后，我又和表叔（指绀弩）家失去了联系。1976年表叔被特赦回京，不久即让表婶打听我的消息。当知道我在广西南宁化工厂工作时，即通过广西大学秦似教授找到我。我得到消息后，即赶到北京探望他们。我退休后，就根据表婶的意见搬到北京住了一段时间，并代为料理家务。"①

1984年4月4日，聂绀弩为北京三联版孟超《水泊梁山英雄谱》作序，文章结尾写道："孟超往矣，秦似下次来京，见此相与一笑，不亦乐乎？"很可惜，秦似的"下次来京"，竟迟迟未果。据说绀弩尚在人间的最后一些日子里，每有友人来，便要问："秦似在哪里？"可见，他是多么渴望和秦似再得"相与一笑"的机会啊！

---

① 申娟：《表叔的情和义》，姚锡佩、周健强等编《聂绀弩还活着》，人民文学出版社，1990年，第152页。

斯人不再，友情长存

当秦似再见到聂绀弩时，他已经躺在八宝山的殡仪馆了。

1986年4月7日，在聂绀弩遗体告别仪式上，夏衍一看见秦似，就说："《野草》社只剩下我们两个了。"① 告别仪式之后，秦似作了两首哀悼绀弩的七律：

其一

一代风流未占春，癖王百事任天真。
九年坎壈囚中日，十载支离劫后身。
病榻晨昏挥彩笔，幽居寒暑对浮云。
从今便是音容绝，三月花时哭故人。

其二

早岁从军黄埔港，壮年留学莫斯科。
未凭履历要高爵，漫把文章降障魔。
野草操矛风雨晦，北荒吟咏慷慨多。
艳阳普照神州日，痛为先生谱挽歌。②

---

① 秦似：《友情难忘录》，姚锡佩、周健强等编《聂绀弩还活着》，人民文学出版社，1990年，第191页。
② 转引自罗孚：《怀念秦似》，高林编《繁花时节怀故人》，生活·读书·新知三联书店，2020年，第157页。

秦似自桂来京参加老朋友丧礼的同时，也探视了病危的父亲王力，不料4月10日自己即卧病入院。5月3日，王力撒手西去。

5月10日，秦似在中日友好医院手术，确诊为胰腺癌晚期，回天乏术了。

在术后不到两星期，伤口才稍稍愈合，秦似即扶病挥笔，撰写悼念聂绀弩的文章《友情难忘录》。每天只能写一小时左右，断断续续写了两三天，即由于护士的干涉而中止。7月10日，秦似去世，他写成的五千余字竟成为获麟之笔。

《光明日报》老编辑黎丁与聂绀弩夫人周颖为秦似作了一副挽联，云：

一对好战友，驰骋战场，亲吊绀弩来，痛随绀弩去；
两位杂文家，纵横文坛，继承鲁迅志，发扬鲁迅风。[1]

---

[1] 王小莘、吴智棠：《疾风劲草——秦似传》，广西师范大学出版社，2010年，第202页。

兀者画家"申徒嘉"

——聂绀弩与余所亚

画家余所亚是一个"兀者"。

什么是"兀者"呢?"就是说两只脚失掉了作用,不能站,更不能走,却又没有断掉,永远累赘着他。要穿鞋、袜、裤,享受跟别人的腿和脚一样的权利,却不肯尽走路的义务,而且当他用膀子和手走路的时候,它们还像一只大力的手抓住他的衣领,不许他前进似的拖住他:他在前面走,脚用鞋尖在他后

余所亚(右)与胡风、伍禾(1942年)

面的路上划出两道轻浅的轨迹,像两个蜗牛走过了一样。他的鞋子比别人的早五倍的时间就烂了,鞋、袜、裤,永远被灰土或泥水裹着、浸着。""他走路是用两只特制的轻便的小凳子,约莫一尺高。两只手抓住凳子,膀子笔直地撑着,让他的身体腾空起来,不,他的脚还拖在地上的,这,在他就叫作'站'。用一只膀子撑着身体,另一只拿起向前移动这么半步远,随即用这只膀撑住身体,那只拿起凳子向前移动,交替不停,就叫作'走'。"①

余所亚就是这样的一个兀者、残废人。陈凤兮说:"他身体的上半截,膀大肩圆,眉目清秀,谈笑热情潇洒,手里经常一支烟斗,神气得很,是个壮伟的男子汉。可是他下肢就不行了,他生下来两腿就失去作用,不能站不能走,却又没有断掉,永远累赘着他,要穿鞋、袜、裤,却不尽走路的义务。而且当他用膀子撑着小凳子走路时,它还像一只手在地下拖着他,不让他轻快往前走。他走路像一个矮子,就靠两只特制的轻便小凳子,约摸一尺高,他两手抓紧两个凳子,先用一个膀子笔直地撑着一只凳,让他另一膀子的手移动身子往前进,这样交替往前挪动,就是他的走路。他走时只到别人腰身那么高。"②

余所亚是一个画家、艺术工作者。他一生以惊人的意志和

---

① 聂绀弩:《德充符——演庄子义赠所亚》,载《聂绀弩全集》第 6 卷,武汉出版社,2004 年,第 149—150 页。
② 陈凤兮:《余所亚这个人》,载《雨后十年》,汕头市地方志办公室印,1996 年,第 73—74 页。

毅力，专心致志于文化艺术事业。黄永玉评价："老所在漫画界是个思想家。抗战时期香港、重庆、成都、昆明，抗战胜利后的上海，他的漫画作品含义深刻，从不流俗。"① 姜德明说："他的漫画很尖锐，都是刺向日本帝国主义和国民党反动派的，同时也看到了他创作的一些木刻作品。……当然，他也为杂志和书籍画了一些封面。风格豪放，又注重装饰美。"②

漓江风雨情

余所亚是聂绀弩的好朋友。

在没有认识聂绀弩之前，余所亚先读过他的作品。"我第一次读到他的作品，是在1936年香港。那时，我在蔡廷锴将军领导的中华民族解放大同盟机关报《大众日报》主编美术栏，因为在报馆工作，有机会看到各种报刊，就在一份杂志上看到了绀弩的小说，记得篇名是《一根棍子》③。现在事隔半个世纪，这份杂志的名字早就忘了，小说中的大部分细节也记不清了，但作品的中心思想却依然清晰地铭刻在我的脑海中。它给予我的强烈印象，不在于遣词造句的动人，而是人物心理描写的真

---

① 黄永玉：《余所亚这次真的死了》，载《比我老的老头》，作家出版社，2003年，第181—182页。
② 姜德明：《余所亚》，载《梦书怀人录》，远东出版社，2012年，第42—43页。
③ 聂绀弩小说《一根棍子》，又题作《邂逅》，载1935年6月上海《文学》月刊第4卷第6期。

实。""我想小说中的'我'大概就是作者本人吧,他写得那么真实可信,因而感到作者是一个非常可爱的人,他有着批判自己的美德,把自己心里想的东西,全部如实地摆在读者面前……自此以后,每逢看到聂绀弩这个名字,我就会想起《一根棍子》这篇小说。于是,凡见到他的作品,我必看,心中对聂绀弩三字也有了越来越多的好感。"[1]

1940年春,聂绀弩从金华来到桂林;接着,余所亚也从香港到了桂林。

余所亚初到桂林时,文艺界的朋友宋云彬、黄新波等为他开了一个小小的欢迎会,他们介绍在桂林这个抗战后方的生活经验。"新波说他和一些木刻青年在一起搞了个木刻工作者协会,在那里安身、吃饭、工作,还有两位文化人跟他们搭伙,其中一个叫聂绀弩。我一听到这个耳熟的名字,便问:'就是三个字很怪的那个家伙吧,他住在哪里啊?'原来绀弩在桂林主编《力报》的副刊《新垦地》,就住在报馆里。"[2]

那时,桂林在抗战中的地位日显重要,日机隔三岔五就来骚扰,人们就要跑警报。余所亚小时患小儿麻痹症,两腿萎废,不能行走。他看到岩洞附近有许多专为躲警报者开设的茅屋茶棚,就用高价买了一间改成"画室"。这样,他就靠近岩洞生

---

[1] 余所亚:《漓江风雨情》,姚锡佩、周健强等编《聂绀弩还活着》,人民文学出版社,1990年,第200—201页。

[2] 余所亚:《漓江风雨情》,姚锡佩、周健强等编《聂绀弩还活着》,人民文学出版社,1990年,第201—202页。

活,有事进洞,无事可以作画。这间"茶棚"也吸引了很多来客,无形中成了文化界朋友聚谈的地方。

1940年的一天,几个朋友突然带着聂绀弩来找余所亚。两人可谓一见如故,一谈就拢,绀弩开口便要求所亚画一张鲁迅像,说是要挂在纪念鲁迅逝世四周年的会场里。所亚一口答应了,可是手边一点材料也没有,只是过去从照片上看到鲁迅有一小撮胡子,于是凭印象画了出来。后来,绀弩在纪念会上发表了演讲,又在《新垦地》上刊载纪念文章。大概是在什么文章里说到,开纪念会那天,正值他牙疼,很苦恼,来到会场,又见挂着的鲁迅像不像,这是刚从香港来到桂林,画鲁迅画不像的余所亚画的。余所亚说:"我听到他的指责后,一点也不介意,倒以为他在给我做广告。因为我在香港画漫画虽已小有名气,但在桂林了解我的人还不多,绀弩的这番评论,不是在向桂林人介绍我是何许人吗?况且,我画的鲁迅确实不像,然而,我画郭沫若是很像的。绀弩对我的评论,非但无损于我,倒使我觉得他非常坦率,他不是认人的名气,而是根据作品的实际水平作出如实的评价。""有人认为绀弩很傲慢,但他对我们这帮比他小近十岁的青年人,却是倍加爱护。他曾作散文《飞机木刻号》,就是以他目睹的事实,表彰新波、仲纲、曹若、莫莎等木刻青年,描述了他们清贫的生活,忘我的工作,节衣缩食捐献飞机的爱国热忱,至今读来,依然感人至深。这是对同志的鼓励,又是积极的抗日宣传,收效甚大。在和他本人的接触中,在读了他更多的作品后,我对他也由好感进而产生了敬意,我们的往来，也就越来越密切了。"①

不久，余所亚在靠近桂林文化供应社的丽君路租到一个大院子，房间不少，房主要求他全部租下。他只得租下后把多余的房间再转租给别人，自己留下三四间。这个地方离躲空袭的老君洞很近。老君洞很大，离桂西路不远，住在那里的文化人都到这里来躲空袭。绀弩因为工作的力报馆离防空洞远，所以也搬到余所亚这里来同住，有时就在防空洞口看稿子看书。绀弩写完一篇稿子后常常先征求余所亚的意见，问他能否看懂。当然，余所亚的漫画，绀弩也总是充当第一个鉴赏者。

回首往事，余所亚说："在这段朝夕相处的日子，平时有一位陪同我到桂林来的年轻人梁国韶帮我们买菜，我负责做饭，至于洗碗，则由绀弩包了。绀弩有时简直忘了我是个残废人，每当他仰躺在床上想他文章的鬼点子时，口里就喊着：'火！火！'我明白他要抽烟了，只得用手撑着凳子到处给他找火柴。有时朋友相聚，他吃喝着大家出去喝茶，朋友们一个个拔腿就走，绀弩一边走一边责怪我道：'你怎么还不走啊？'可是，过一会儿，又是他折了回来，叫来一辆黄包车，把我接走。所以，我也气恼他不得。"②

---

① 余所亚：《漓江风雨情》，姚锡佩、周健强等编《聂绀弩还活着》，人民文学出版社，1990年，第202—203页。
② 余所亚：《漓江风雨情》，姚锡佩、周健强等编《聂绀弩还活着》，人民文学出版社，1990年，第203页。

兀者申徒嘉

大概是抗战末期，聂绀弩、余所亚都去了重庆。1944年周恩来还在重庆接见了所亚，对他很赏识和关注。1947年4月21日，聂绀弩写了篇长文《一个残废人和他的梦——演庄子〈德充符〉义赠所亚》（又题作《德充符——演庄子义赠所亚》），在香港《大公报·大公园》连载了半个多月，引起很多文化界朋友的关注，让更多的读者认识了余所亚。黄永玉甚至认为，这是一篇"研究老所最权威的文章"[1]。

陈凤兮在纪念余所亚的文章中说："聂绀弩和他交好数十年，爱他爱极了。绀弩曾写一篇文章把他比作庄子写的《德充符》篇那些'兀者'来颂扬他。《德充符》是庄子一篇道德论，论道德完美的人。庄子用寓言形式写了几个残废人'兀者'，是道德最好的。聂绀弩曾说，余所亚这个人呀！你如果没有裤子穿，他可以把身上的裤子脱给你穿，他自己可以钻进被窝里，并告诉你说，'我正想睡觉哩'。"[2] 绀弩在那篇《一个残废人和他的梦》中，就借写"德充符"中的"兀者申徒嘉"的行动来形容余所亚：

---

[1] 黄永玉：《余所亚这次真的死了》，载《比我老的老头》，作家出版社，2003年，第185页。

[2] 陈凤兮：《余所亚这个人》，载《雨后十年》，汕头市地方志办公室印，1996年，第75页。

"申徒嘉,我要在你屋里做点事。"

"你作吧,我反正要休息了。"假如那时候他正在画画作什么的。他是一个画家。

"可是你在家,我作不成咧。"

"不要紧,我本来马上就要出去的。"

"申徒嘉,我要在你这儿过夜。"

"你就睡在我床上好了。"

"可是你只有一床被盖呀!"

"不要紧,我早就要赶一晚夜班的。"

如果落魄了,也尽可以搬到他家里去住,一年两年地住下去,他都会坐着车子到四处去张罗钱来开伙食,而且惟恐你知道他为难!有了办法,你跑得无影无踪好了,连信也不必写一封给他,别以为他会有什么芥蒂![1]

聂绀弩很少颂扬别人,他这么形容余所亚,你会知道这个余所亚是个怎样的人。聂绀弩又说:"无论是申徒嘉或所亚,都没有什么了不得,不过在旧世界里,哪怕是一个画家的一点点美德,有时也很难能可贵。表扬一下那种美德,也要算是对旧世界的战斗的。"[2]

---

[1] 聂绀弩:《德充符——演庄子义赠所亚》,载《聂绀弩全集》第6卷,武汉出版社,2004年,第151—152页。
[2] 聂绀弩:《〈天亮了〉初版序》,载《聂绀弩全集》第9卷,武汉出版社,2004年,第41—42页。

福建作家赖丹回忆："在还没有见到余所亚同志之前，我就曾在香港《大公报》罗承勋主编的《大公园》副刊上读到著名杂文作家聂绀弩同志的一篇连载寓言小说《一个残废人和他的梦》，留下了虽未见其人但却难以泯灭的艺术形象。作者引古喻今，把古代一个患有残疾，但灵魂圣洁、思想高尚的人，给予近代现实生活丰满的血肉和思想感情，把其写活了起来，其中就有余所亚的形象和影子。直到与余所亚同志亲自晤面之后，就感到艺术形象与真人之间的形神兼似，逼真无异；同时才恍然大悟，惊叹聂绀弩同志运用传神之笔的艺术技巧高超，写古是为了绘今，他是借古人的形体躯壳，来写余所亚的思想灵魂。副题'……赠所亚'云云，是作者用色彩斑斓的画笔来速写素描余所亚的戏称而已。"①

余所亚虽然失去双腿，但是练出一双好手，不仅能画漫画搞木刻，而且会写剧本会作诗。中国第一部木偶童话影片《大树王子》就是他撰写的剧本。余所亚在香港主持的这部电影是向综合艺术的突破，在包括编剧、绘画、雕塑、音乐、摄影等艺术领域多方面的实践，都取得了一定的成果。1950年4月10日，聂绀弩于香港作《〈大树王子〉》一文（载4月12日《大公报·大公园》），进行客观中肯的评价：

> 《大树王子》的出现，是中国影坛上的一个喜讯。它表

---

① 赖丹：《天门可登》，姚锡佩、周健强等编《聂绀弩还活着》，人民文学出版社，1990年，第283—284页。

示中国已经有了傀儡影片了。

今天,中国恐怕还很难有专为儿童摄制,专映给儿童看的影片,如果有,《大树王子》当是第一部。但这不是说成人就不必看,有童心的,富有艺术兴趣的,看起来还是会津津有味。最近的将来,一定会有很多为儿童的影片出现,因为太急需了。《大树王子》它自己指出了这一工作的明确的方向。

《大树王子》不但在电影上开了一个新元,也给傀儡戏一个非常大的刺激,可以使傀儡戏(水平)因此而大大地提高。……

在编剧上,《大树王子》有好些儿童的想法,最显著的一个,孩子一生下来就会走路,说话,并且很大了。在成人的世界里,当然是极不常识的笑话。但作为童话看,用儿童心理看,或者反而正应如此。但就全剧来说,剧情有些地方发展得不够,尤其是王朝覆灭的情景太简单容易,没有把憎恨的情绪发挥得痛快淋漓。……它能使我们欣慰的,本不在它已有了高度的成功,而在它是一个成功的开始。[1]

相逢皆病老

1976年,聂绀弩从十年囹圄中获释归来,余所亚赠诗

---

[1] 聂绀弩:《〈大树王子〉》,载《聂绀弩全集》第3卷,武汉出版社,2004年,第414—415页。

一首：

> 忆君常下泪，君回泪乏垂。
> 咫尺如千里，蓝桥约会谁？
> 漓江风雨夜，嘉陵烟雾随。
> 相逢皆病老，幸嗟暮禽归。①

1978年5月29日，聂绀弩在致高旅信中谈及余所亚的婚姻家庭，云："所亚曾两次得少女之爱，其一次是在重庆，其人白小罗，颇美好，所公偷哭十余次，终峻拒之；另一次在京，其对象住周颖处，最后被所公拒，痛不欲生，终离京他去。人皆不解如此美人何以被残废人所拒。""后所公与一年长保姆小脚文盲且带一成年女儿的人结婚，终日相对无言，所公自得其乐，毫无他意。故知此公内在深邃，非凡夫可测，拙作《德充符》幸非妄作矣。所公生一子已十余岁。健步如飞，所公常笑其非己所出。"②

进入80年代，余所亚的住房因"文革"期间被侵占，长期不能解决，还有他参加革命的工龄计算也发生了问题，所以苦闷在家，一筹莫展。聂绀弩因长期病卧在床，便安排小外孙方瞳经常去府学胡同余所亚的家里看望他，并替家人传递消息。

---

① 余所亚：《漓江风雨情》，姚锡佩、周健强等编《聂绀弩还活着》，人民文学出版社，1990年，第205页。
② 《聂绀弩全集》第9卷，武汉出版社，2004年，第299页。

方瞳说:"余爷爷和我说起爹爹时,神色很激动地说:'你爹爹写文章骂我。'我很诧异地问他:'怎么会骂您呢。'他说:'他怕我名头不够,所以骂我说是画鲁迅不像的那个余所亚。'"①

1985年,聂绀弩以同为政协委员的老伴周颖之名写信给北京市委统战部部长高戈,反映余所亚的现实困难问题。信上说:

> 文艺界的余所亚同志,擅长漫画、油画、美术设计及木偶戏编导等艺术,我们和他是四十多年的朋友了,不知您是否认识或知道他。他为了在"文革"期间住房被侵占,至今不能落实政策予以解决,以及他参加革命工龄如何计算也发生了问题,特写一信向您求援,让我转陈。现将他的信奉上,阅后可知其详。希望您能给予他以照顾和帮助。关于余所亚的情况,我向您做一简单的介绍:……至(1949年)11月间才由香港来京,由组织上接待并安排他在京工作。1953年他在北京结婚,对方是一寡妇,又是无文化的家庭妇女。当时她在余的邻居家做保姆,见余有残疾,常予以照顾,随后发展成为夫妇。过去对余表示好感的年轻女同志并不少,可是余总是表示拒绝。在北京,我就看到马思聪的姨妹爱上了他,由于他的拒绝,几乎要自杀。因为他自知自己是个身有残疾的人,不能坑害别人的

---

① 邢大军:《外孙回忆文学大家聂绀弩,文坛奇人的最后十年》,《北京广播电视报·人物周刊》2012年第29期。按,聂绀弩无孙子,故让外孙方瞳喊其为"爹爹"。

终身幸福。从这一件事看，其人的作风之正派，也是很可称道的。

老余在文艺美术上的成就，国内外颇有名声，但他因行动不便，除非别人找他，他很少和人接触，更谈不上拉关系找门路，而他又是需要照顾和帮助的人。茅盾在文化部长任期内，有一批示写着"此人要照顾"，就指的是余。这批示还放在余的档案里。现在他已75岁到晚年了，他的住房和参加革命的工龄问题，都是当前急需解决的问题。因此他闷在家里，苦思焦虑，一筹莫展。日前叫他的儿子来找我，可我对他无能为力，我因想到他在全国解放前后为革命做了大量的工作，是文艺界知名的知识分子，又是归国多年的香港同胞，属于统战对象。他所在的单位中国木偶艺术剧团的顶头上司北京市文化局又属市委管辖范围，故写这信给您添麻烦。我想您如看到他的出身、成就、参加革命的经历及目前艰难的处境，一定会给予他以照顾和帮助的。他的问题解决了，政治影响也不小，您不会怪我多事吧。

老余很想去拜望您，但他行动太不方便。您是否可以找位同志去看看他，和他谈谈，先给他以安慰，让他冷静下来，等待为他解决问题。这样好吗？[①]

[①] 王存诚编注：《聂绀弩集》下，花城出版社，2016年，第352—354页。

笔者不知道余所亚的问题是否得到完美解决，但知道写这封陈诉信的第二年春天，聂绀弩就去世了。当余所亚惊闻噩耗，顿觉眼前白茫茫一片。他带着一双已无视力的眼睛，坐着轮椅去到八宝山和老友作最后的告别。方瞳看见他泪流满面，哭得声嘶力竭。

梦里相见几多回

——聂绀弩与杲向真

聂绀弩去世后,女作家杲向真写了一首诗《悼绀弩》:

> 你大喊大叫来到人间
> 离去时却悄然无声
> 天空微微飘动着的浮云
> 可是你恋恋不舍的魂灵

> 你蕴含着真善美的灵魂
> 在崎岖的道路上奔走一生
> 从不哀叹坎坷的命运
> 一世正直磊落光明

人间的美丑善恶

浪涛般在你脑海飞流奔腾

你挥笔洒下的血和泪

光如闪电浩如繁星

你活着我没有把你探望

你去时我不能为你送行

是否你在挥手向我告别

为什么青青垂柳摇曳不停

你带走了我心底的宁静

也带去了我敬慕的深情

我多想随你而去呵

海角天涯永远伴行

1986 年 10 月 16 日于北京①

《文艺报》1987 年 2 月 7 日发表呆向真《悼绀弩》时,还附了一首聂绀弩七律《赠高抗》:

几年才见两三回,欲语还停但举杯。

君果何心偷泪去,我如不死寄诗来。

---

① 呆向真:《泡沫的歌》,中国文联出版社,2001 年,第 48—49 页。

一冬白雪无消息，此夜梅花孰主栽？

怕听收音机里唱，梁山伯与祝英台。

高抗先生教正。二十年前旧作。聂绀弩时年八十，诗于1961年冬写。①

编辑与作者

高抗是谁？是呆向真抗战期间在重庆时所用笔名，1949年后停用。呆向真又是谁呢？

呆向真（1920—2011），原名呆淑清，笔名向真、胖实、高抗、二丫、呆岚等。祖籍四川达县，生于江苏邳县（现邳州市）。1935年考入南京中央高级助产学校，1937年开始业余写作。历任医疗队员，中学教员，成都《西方日报》"西苑"主编，《川西日报》副刊编辑，《学习》杂志编辑，中国作协创作研究室、北京市作协专业作家。有长篇小说《灾星》《啊！不是幻影》《耗子精歪传》，中篇小说《路》《喜梅和她的老师》《翠玉河传奇》，短篇小说集《采撷集》《秘密行动》，

呆向真

---

① 呆向真：《泡沫的歌》，中国文联出版社，2001年，第49页。

儿童故事集《带臂章的人》《呆向真和她的作品》《呆向真童话选》，诗文集《泡沫的歌》等。

话说1937年卢沟桥事变后，呆向真刚好从南京中央高级助产学校毕业，被分配到湖南长沙卫生实验处的一支医疗队工作。在去长沙途中，她看到许多动人的抗日救亡情景，深受感动，忍不住提笔写下第一篇作品《小小募捐队》，于1938年发表在长沙出版的《观察日报》文艺副刊上。此后，她陆续发表了一些诗歌、散文和短篇小说。

1940年夏，呆向真转移到桂林，朋友们替她在卫生署医疗防疫队找到了工作。不久，她写了一篇揭露一个医疗队长借为人民谋福利之名，假公济私，搜刮钱财的小说。这篇小说在聂绀弩主编的《力报·新垦地》副刊上以"胖实"的笔名（聂绀弩为其所取）发表出来后，呆向真因触怒了医疗队长而被开除。后来，呆向真一度到《力报》社担任资料员。但聂绀弩和呆向真这时也只是普通朋友、同事关系。

到了1946年中，聂绀弩和呆向真都在重庆工作的时候，两人虽然彼此都有爱人，但是夫妇关系都不好，于是走在一起搞起了婚外恋。当时，呆向真在重庆市立医院工作，业余爱写文章投稿，而聂绀弩在主编《商务日报》"茶座"副刊。于是他利用自己的一点小小权力，发表了若干篇署名"向真"的文章：散文《心里明白》，载《商务日报》1946年6月1日；小说《马耳朵》，载《商务日报》7月21日；小说《脚底下的牛肉》，载《商务日报》9月9日；小说《打水仗》，载《商务日报》9

月11日;小说《小牛儿》,载《商务日报》9月14日;小说《邻居》,《商务日报》9月21日、22日、23日、24日连载。

1947年秋冬之际,聂绀弩离开重庆回到武汉。听说京山老家的祖屋并没有全部被日机炸毁,于是回老家卖掉房子,得到一笔钱,想到其他地方去和呆向真一起过生活。是年冬,聂绀弩在武汉接到呆向真的信,说她同丈夫到成都《西方日报》去了(她原来在红十字医院当护士)。聂说:"我看见信后又痛苦又气愤,她原说要坚决离婚的。这时我有了点钱,就乘飞机到重庆,赶到成都。到了成都,她就跟我转到重庆。到了重庆临上船东下时她又坚决要回成都。我以为这样分手就完了,及至我到武汉,又接到她的信,还是要出来,不过有病进了医院。"①

聂绀弩写信给呆向真,劝她出来,说等她病愈出院。等了差不多个把月,最终对"呆来的事情已经绝望了"②,便于1948年2月去了香港,因为那里有老婆和女儿。

心愿与遗憾

1951年6月,聂绀弩从香港回到北京,出任人民文学出版

---

① 聂绀弩:《历史材料重写》,载《聂绀弩全集》第10卷,武汉出版社,2004年,第49页。

② 聂绀弩:《历史材料重写》,载《聂绀弩全集》第10卷,武汉出版社,2004年,第50页。

社副总编辑。呆向真2002年7月4日在北京寓所对侯井天说："我与聂绀弩1940年初识于桂林，50年代初在北京还天天见面。1951年冬我去四川参加土改，1961年返回北京。有一次，聂绀弩在北京东安市场北门外东边一家饭馆请我吃饭。十年未见过面"，"吃饭时聂问我党籍，我说开除了（按，呆的党籍后已恢复），并流泪"。① 所以，聂绀弩《赠高抗》才有"几年才见两三回，欲语还停但举杯。君果何心偷泪去，我如不死寄诗来"这样的句子。多么的痴情与浪漫啊，怎能不令人倾倒？第四句其实是借用张问陶《致袁枚》："先生八十我方知，不死年年望寄诗。"（《船山诗草》）至于诗中的"白雪、梅花"，呆向真说"都是指我本人的隐语"。②

1955年7月，"肃反"运动开始，聂绀弩虽然没有被定为"胡风分子"，但仍被认为"有严重的政治历史问题"，支部一致通过开除其党籍（后改为留党察看）并撤职。支部大会对聂绀弩做出处理决定后，他于1956年5月24日写了《对支部大会决定的意见》，其中对于定他"解放前一贯玩弄女性……在解放后仍未有所改变"一条，辩白说："解放前，没有离婚和另外女性发生了某种关系，甚至同居，无论具体情况如何，结果总是玩弄女性了。但解放后，我绝未和任何女性发生那种关系，甚

---

① 侯井天注解集评：《聂绀弩旧体诗全编注解集评》下，山西人民出版社，2019年，第535—536页。

② 侯井天注解集评：《聂绀弩旧体诗全编注解集评》下，山西人民出版社，2019年，第536页。

至离婚几年后也没有。"① 一段婚外情竟然被提到政治的高度，定性为"一贯玩弄女性"，在今天看来实在是很荒谬可笑的，而在那个年代，人们似乎皆以为然，连聂自己也只好承认"结果总是玩弄女性了"。

1981年8月初，呆向真去看望病愈出院的聂绀弩，获赠《和二十年前〈赠高抗〉旧诗》：

> 梦里相见几多回，诗情画意溢满杯。
> 临江坡陡来复去，汉宫消夏去又来。
> 风云突变无宁息，水流花落何须裁。
> 但等丧歌一声唱，携手同登野莹台。②

呆向真致信侯井天说："诗是写在1981年8月3日台历一页的后面的。我去劲松看他时撕下给了我。"③ 清华大学王存诚教授与侯井天评说此诗："看来是在等呆来访的短时间里急就的，感情直白而出，词句不及修饰，格律方面也出入较大，是其他聂诗中少见的。"④

---

① 聂绀弩：《历史材料重写》，载《聂绀弩全集》第10卷，武汉出版社，2004年，第227—228页。
② 《聂绀弩全集》第5卷，武汉出版社，2004年，第238页。
③ 侯井天注解集评：《聂绀弩旧体诗全编注解集评》下，山西人民出版社，2019年，第537—538页。
④ 侯井天注解集评：《聂绀弩旧体诗全编注解集评》下，山西人民出版社，2019年，第538页。

诗中的"临江陡坡",可参阅呆向真晚年的一篇回忆散文:

> 离开重庆整整五十年了,留在我记忆里的,是重庆的坡路;几十年来时时萦绕在我心头、使我难以忘怀的,是临江门那约五百层阶梯的陡坡……当时我在重庆市立医院门诊部工作,院址在临江门陡坡的下边,这是重庆沿江的大陡坡,坡上是马路,坡下临江,是嘉陵江畔的菜码头。陡坡的阶梯是用长条的巨石铺成,路面宽阔,约有五百层石级。①

至于诗中的"汉宫",指当时重庆民权路上一家大咖啡厅。据考,1946年5月21日开业的汉宫,最早是一个名叫周游的广东老板开的咖啡厅,经营范围为冷饮、咖啡、牛奶、西点。半年后就推出了"汉宫火锅秋季贡献:什锦火锅,鲜洁毛肚"的广告。在汉宫火锅广告中,最有名气的莫过于1946年12月推出的"日暮汉宫吃毛肚,家家扶得醉人归"。

临江边漫步,汉宫品咖啡,重庆时期的一段恋情,使聂绀弩几十年后依然魂牵梦绕。

1982年2月25日,聂绀弩在致高旅信中曾经提到过呆向真和她爱人情况:"前段所提及之与儿童文学有关地方,乃指罗高之爱人呆向真。她曾与我有较密切关系,现似已与罗离居,

---

① 呆向真:《难忘的临江门》,载《泡沫的歌》,中国文联出版社,2001年,第218页。

与另一较高地位者同居。因此之故（是否因此之故）她已出版了几本儿童文学，名列作家字典。但我觉得文章并不如昔时有儿童气味。在医院时，她曾去看我两次，均值人多，未获多谈，为憾。我现在仍在打探中，希于兄事有所臂助也。罗高前曾与兄谈及，在中华作副总编。杲是右派，罗不是，想是两人分开之由。而杲有文学气质，罗则无有，结合本甚勉强也。"① 杲向真两次去医院看望都没有机会多谈，对聂绀弩来说真是一大憾事！

对杲向真来说，也有一件憾事呢。那就是直到聂绀弩去世后，才看到他的一首"表白"诗《赠梅》：

孤山容我小栖迟，未赠梅花一句诗。
耐得岁寒此天与，报将春信世人知。
吾今丧我形全槁，卿可为妻念近痴。
不管几生修到否，月昏水浅定相思。②

据聂绀弩1962年春节致高旅信，"近作《赠梅》一首如次"云云，可知此诗写作时间比1961年冬所作《赠高抗》略后。四十年后，2002年7月4日，杲向真在寓所对侯井天说："《赠梅》这首诗是赠我的，践'我如不死寄诗来'这诺，可惜聂逝后我才见到。"侯问："'卿'字称谁？"答："指我。"又问：

---

① 《聂绀弩全集》第9卷，武汉出版社，2004年，第329页。
② 《聂绀弩全集》第5卷，武汉出版社，2004年，第238页。

"'妻'字呢?"杲答:"聂想娶我为妻。"①

之所以用"梅"代指"杲",笔者推测,"梅"的异体字"槑"与"杲"有点相似,又像是两个人儿手牵手。

时代的"风云突变",导致美好的愿望成为幻影。杲向真在聂绀弩生前得到了一句"但等丧歌一声唱,携手同登野坒台",而聂绀弩去世后杲向真也坦露心声:"我多想随你而去呵,海角天涯永远伴行。"算是回应吧。

---

① 侯井天注解集评:《聂绀弩旧体诗全编注解集评》下,山西人民出版社,2019年,第537页。

尹画聂诗题赠多

——聂绀弩与尹瘦石

聂绀弩是诗人，尹瘦石是画家。据不完全统计，尹瘦石赠聂绀弩的画有七幅，而聂绀弩题赠尹瘦石的诗约有十首之多。聂绀弩题赠尹瘦石的诗先后都找出来了，可是尹瘦石赠聂绀弩的画却在"文革"中几乎都散失，下落不明。两人的诗画唱酬始于1961年，但两人的相识却可向前追溯二十年。

文化城点头之交

1937年11月，日军侵占苏州，长驱直入，由太湖登陆进犯宜兴。18岁的尹瘦石与家人先是避居乡村，后与友人商议，结伴离家。途中历尽艰辛，于12月下旬抵达武汉，寄食于难民收容所。翌年3月，入武昌艺术专科学校学习。7月，武汉战事吃紧，武昌艺专将西迁入川。艺专校长唐义精特邀瘦石随校内迁，并表示可以免学费，以促其完成学业。可惜唐校长在日机轰炸武汉时江轮沉江，与数位教授一起遇难。于是，瘦石就未再随校入川，而是经同乡介绍，到湖南安化一家兵工厂工作。1939年，工厂西迁重庆，任押运员。

1940年，瘦石得知欧阳予倩在桂林创办广西省立艺术馆，徐悲鸿将出任该馆美术部主任的消息后，毅然于9月弃职到桂林。馆长欧阳予倩从他一大卷画稿中看到了这个流亡青年坚韧的毅力和非凡的才华，就收留他在艺术馆美术部当技术员，两年后升为研究员。1942年4月，徐悲鸿自南洋归来，瘦石才与这位同乡大师相识。

战时的桂林是一个文化名流云集之地，瘦石有机会结交许多良师益友，比如聂绀弩。在《力报》任副刊编辑的聂绀弩已届中年，是文化界知名的杂文家了，他经常去尹瘦石的住地桂林榕荫路49号找友人骆宾基。骆宾基与尹瘦石这两个年龄差不多的青年人同住一院，所以一来二去，尹瘦石与聂绀弩也就相识了。当然，这时候还谈不上深交。

聂绀弩对尹瘦石有所了解是在四年后的重庆。1945年10月24日，尹瘦石与柳亚子一起举办的"柳诗尹画联展"在重庆中苏文化协会"文化之家"预展，当天一大批文化人都前往观展。聂绀弩在重庆编《真报》副刊，听说预展的消息，欣然前往。在展厅中，他细细观摩了尹瘦石的数十幅历史人物画，对这位比自己小16岁的小老弟开始刮目相看，并拍着瘦石的肩膀当面赞道:"画得都不错,屈原画得最好!"① 事隔20年,聂绀弩在一首《赠瘦石》的诗中追忆道:"廿年一幅屈灵均,惹我逢人便说君。"

重庆"诗画联展"的第二年,尹瘦石随乌兰夫率领的内蒙古文工团赴牧区宣传演出,之后留在大草原工作,一去就是十多年,直至1957年7月调回北京任中国画院副秘书长。而聂绀弩却为逃避国民党的抓捕,离开重庆,南下香港,直到1951年才回到北京任人民文学出版社副总编辑。

尹瘦石画屈原

北大荒鱼酒之会

历史就是这么吊诡。要不是两人都被戴上"右派"帽,要不是同时发配北大荒,又同在一个分场劳改,也许他俩还不会这么"快"相见,更不会结下尔后二十多年患难与共的生死

---

① 包立民:《聂绀弩与尹瘦石的诗画之交》,汤虎君主编《著名画家尹瘦石》(《宜兴文史资料》第25辑),宜兴市政协学习文史委员会编印,1999年,第29页。

之交。

　　说来也巧，聂绀弩与尹瘦石的"右派"帽子，都不是在本单位戴的。1957年夏季，尹瘦石奉文化部之命，由内蒙古调北京中国画院任职。调京不久，尹瘦石正在研究如何"搞好"运动，谁知后院起火，他在内蒙古所属的党委宣传部三次来函，催他回去参加运动。结果刚回内蒙古，一顶预制的"右派"帽子就戴到了他的头上。尹瘦石一生小心谨慎，做梦也没有想到，在一次宣传工作会议上，提了几条有关克服官僚主义、教条主义、宗派主义的建议，竟然变成了"右派"分子。至于聂绀弩的帽子戴得就更奇了，当时他并没有发表右派言论，连人也不在北京。聂绀弩被错划的远因是他与胡风一案有牵连，属于漏网之鱼；近因是他帮夫人周颖在邮电部鸣放发言稿上做过修改。于是老账新账一起算，跳过人民文学出版社，直接被揪到文化部定性戴帽。

　　据尹瘦石回忆，1958年7月下旬的一天，他按照通知的时间来到文化部的一间会议室中，只见里面已坐有十多个人，这是文化部系统最后一批流放北大荒劳改的人员。文化部副部长陈克寒正站着向大家训话，当这位副部长提到聂绀弩的名字时，尹瘦石心里一动，下意识地回头一看，果然是他！但是在这种场合下又不能寒暄交谈，只得默默相视，彼此苦笑了一下。当时的聂绀弩已经56岁，是中央单位近千名"右派"中年龄最大者，尹瘦石才40岁。

　　1958年7月27日，尹瘦石与聂绀弩同时离开北京，8月1

日同车到黑龙江虎林县,分到北大荒850农场4分场第2队,休息一天即割麦。尹瘦石曾经告诉包立民,他与老聂都从未干过农活,农活中的割麦又是最累的活,一条麦垄有两里长,低头弯腰割一垄,两里地就出去了。许多年轻小伙子都刷刷一股劲儿地向前窜,落在最后的就是老聂和他。最可怜的是老聂,一米八的个头,镰刀也使不好,大弯腰割麦,活像个大虾米,割一把割不了多少,割着割着,他就索性一条腿跪在田里,一跪一跳往前割……①

1960年夏,农垦局宣传部将聂绀弩(时在《北大荒文艺》社)、尹瘦石(时在《北大荒画报》社),以及吴祖光(时在文工团)等人组成生产队参加劳动。聂绀弩作《拾穗同祖光(二首)》,其二云:

乱风吹草草萧萧,卷起沟边穗几条。
如笑一双天下士,都无十五女儿腰。
鞠躬金殿三呼起,仰首名山百拜朝。
寄语完山尹弥勒,尔来休当妇人描。

尾联中的"尹弥勒",就是指的尹瘦石。"弥勒"并非弥勒佛,而是19世纪法国著名画家米勒,其名作有《拾穗者》,所

---

① 包立民:《聂绀弩与尹瘦石的诗画之交》,汤虎君主编《著名画家尹瘦石》(《宜兴文史资料》第25辑),宜兴市政协学习文史委员会编印,1999年,第31—32页。

绘为妇女形象。而如今之拾穗者皆老头，故言"尔来休当妇人描"。

同年深秋，《北大荒画报》负责人张作良陪《人民日报》记者赵志方去乌苏里江渔场、农场深入生活。回来带了些大马哈鱼，借此便请了一些志同道合的朋友一块儿聚一聚。参加这个荒原酒会的有尹瘦石、聂绀弩、丁聪、张路、吕向泉、孙承武、张钦若、李景波，还有王观泉、吴守业、贺全安等十几人。据当年赴宴的王观泉回忆——

当然不是没有乐事，也不是所有饮酒之时皆白菜土豆，我和老聂、小丁在密山校稿时，就曾在未被割掉的"资本主义尾巴"家里买到过黑市烧鸡，而北大荒画报社还宴请我们吃过连北京也难品尝到的乌苏里江大马哈鱼。有聂诗为证："口中淡出鸟来无？寒夜壶浆马哈鱼。旨酒能尝斯醉矣，佳鱼信美况馋乎。早知画报人慷慨，加以荒原境特殊。君且重干一杯酒，我将全扫此盘余。"（《画报社鱼酒之会赠张作良》）画报社负责人版画家张作良是一个被人暗算了大半辈子的好人，那次在画报社大画室里"猛开"了一大顿。因为太精彩了，引起了在场好多人诗兴大作。这次酒宴中有尹瘦石同志，我是第一次见到他，猛一看还真把我一怔：尹公的脸盘长得太像徐悲鸿了。这次酒宴过去了整整二十年，1980年我和尹瘦石和别的一二位朋友在上海老抛球场一酒肆饮酒时，还提到老聂写诗称之为的"画报社鱼酒之会"。尹瘦石曾画《苏武牧羊图》,老聂亦题诗一首"神游忽到贝加湖……"。那次鱼酒会加入者中已先后去世了李景波、张路、徐介城三位,十分遗憾,三位都是右派。电影演员李景波那次讲了一则用黑龙江方言"gaha"(干啥的方言)串成一起的笑话,实在逗乐。老聂也特别高兴,话也渐渐多起来了,但有不少同志却不讲话……待到老聂从笑话中醒来而想到鱼时,装鱼的大脸盆已经见底了。因此末句"我将全扫此盘余"倒是十足的现实主义大白话一句。[1]

半壁街诗画之交

1960年冬,聂绀弩和丁聪一行从北大荒调回北京,而尹瘦石尚留待命,直到第二年5月才被聘到哈尔滨艺术学院教书。当年寒假,尹瘦石回京探亲,到西城半壁街邮电部宿舍过访老聂。此时的老聂已离开人民文学出版社,被安排到全国政协文史资料委员会任"文史专员",实际上属于闲散人员,也不用坐班,整日在家读读古典小说,练练毛笔字,写写旧体诗。据尹瘦石回忆,那时聂绀弩写旧体诗写得入迷,书斋的墙上经常挂着他用工工整整的小楷抄写的旧诗新作。有一次,他请尹瘦石画一幅苏武牧羊。不几天,一幅四尺三开的苏武牧羊送到了聂

---

[1] 王观泉:《我记忆中的老聂》,姚锡佩、周健强等编《聂绀弩还活着》,人民文学出版社,1990年,第345—346页。

家。作为交换条件，瘦石请老聂在画上题一首诗。老聂看着画沉吟了一会儿，笑着对瘦石说："好，我题一首诗，不过不是在画上，而是在另一张纸上。我的字写得不好，一题到画上，不是毁了这幅画吗？"老聂答应过几天交诗，当天就请瘦石到附近的莫斯科餐厅吃西餐，作为赠画的报答。

过了几天，尹瘦石再一次来到老聂家中，老聂从桌上拿起一张字幅送给瘦石道："题苏武牧羊的诗写好了，请指正。"瘦石一看，上面写道：

神游忽到贝加湖，湖上轻呼汉使苏。
北海今朝飞雪矣，先生当日有裘乎？
一身胡汉资何力，万古人羊仅此图。
十九年长天下小，问谁曾写五单于。

这首诗表面上写的是出使西域的苏武迫降不屈，被匈奴单于流放到北海放羊，19年才归汉的历史故事。实际上是借苏武写自己包括瘦石流放北大荒乌苏里江畔的感受。诗写得很隐晦，心中有牢骚要发，但又怕人听到自己的牢骚，只得借题发挥。

大概是1961年秋冬，老聂又作《题瘦石为绘小影》，诗曰：

人皆欲杀非才子，老更能狂号放翁。
万里投荒千顷雪，一冬在系五更风。
白头毛发森如许，北国冠裳厚几重。

影如牌名浑不似，予怀渺渺墨伤浓。①

诗的头两句，口气很大，自命不凡，自比为恃才傲物，"人皆欲杀"的李白，或"老更能狂"的陆游。首联典出杜甫怀李白诗《不见》："世人皆欲杀，吾意独怜才。"聂诗反用其意是想遮人耳目。当年聂绀弩的"右派"帽子尚未摘去，唯恐写得太露，落人手中又是一大罪状。颔颈两联，与题苏武牧羊一律中的颔颈两联可以互读。

也许瘦石感到老聂有点牢骚太盛，除了陪他上前门老正兴、西单四川饭店等地饮酒消愁外，还画了一幅《老骥伏枥图》相赠。在这幅画中，尹瘦石画了一匹被木桩拴住的老马，老马虽然被拴着，但不垂头丧气，而是昂首待发。画的上方题了曹操的四句诗："老骥伏枥，志在千里。烈士暮年，壮心不已。"十分明显，瘦石用曹孟德诗意，是对身处逆境，牢骚太盛的老友的劝慰和激励。也许是老聂感到自己的暮年已无多壮志，所以他一面展视着这幅画，一面摇摇头，不以为然地苦笑了一下。

1964年暮春，聂绀弩赴广东访友，同时又到广州银河公墓扫了一下萧红的新墓。回到北京，聂绀弩特请尹瘦石画了一帧萧红肖像，并在画的四周题满了诗。这在他当年12月5日致高旅的信中有介绍：

---

① 《聂绀弩全集》第5卷，武汉出版社，2004，第160—161页。

元旦将届，例当献礼，有瘦石画萧红像、迮冬书拙作吊诗条幅，已裱好，并另题拙作一首。本拟由潘龚倩人带至羊城转奉，因潘龚及省港同人势必开看，不知于兄有无不便之处？请来函告知。无何不便，即照上述办法带奉，如有不便，则俟明春斯福（按，指罗孚）来京开会时托其带奉。所谓另题一首，今录奉，题目太长且有兄不图之处，盖不得不然，否则以此物奉赠，师出无名矣。至传作否，随兄意，兄当自有胜业，不必为此也。①

据考，萧红像为尹瘦石据1934年萧军与萧红在哈尔滨合影所摹。聂绀弩在赠高旅的诗中盛赞瘦石画迮冬书"画与书诗惟两绝"，至于他自己的诗就不算了。

暴风雨来临之前，绀弩赠瘦石的最后一首诗是在他新婚燕尔之际。在这首《赠瘦石》中，他写到了与瘦石的相识相交，写到了瘦石高超的画艺和困苦的逆境：

廿年一幅屈灵均，惹我逢人便说君。
岂为高如吴道子，谁知穷倒朱买臣。
天高难拟居蒙古，地坎错填上哈滨。
母老况兼儿又幼，关山风雪各三春。②

---

① 聂绀弩：《致高旅》，载《聂绀弩全集》第9卷，武汉出版社，2004，第285页。

② 《聂绀弩全集》第5卷，武汉出版社，2004，第261页。

前面提到过，尹瘦石早在20世纪40年代就以历史人物画著称重庆，尤以"柳诗尹画联展"风靡山城。屈原（灵均）画像就是联展中绀弩认为的佳作，这幅画也成了绀弩向人介绍瘦石的口碑。吴道子是唐代著名画家，画史尊称画圣，其人物画称作"吴带当风"。"岂为高如吴道子"，意思是说尽管有吴道子这样高超的技艺，但又有什么用呢？"谁知穷倒朱买臣"，这里借用朱买臣最初因穷困潦倒而休妻的故事来暗喻尹瘦石与前妻的离异。当然尹瘦石的离异不光是因为穷困潦倒，戴上"右派"帽子发配北大荒，无疑也是一个重要原因。这首诗写在1964年底1965年初，不久暴风雨就来临，他俩的诗画往返只得告一段落。

最后的绝唱

如果说三年的北大荒流放生活，使聂绀弩与尹瘦石由40年代的泛泛之交，发展成60年代的诗画知交；那么十年的磨难，则将两人的友情推向可以生死相托的崇高境界。

1976年10月，聂绀弩得到"特赦"，结束了铁窗生活。他不想告诉包括尹瘦石在内的朋友们自己回京的消息，不过他听周颖说瘦石常骑车来家。果然，一个下午，瘦石骑车来了。当他一进门，周颖含着笑轻声告诉他，老聂回来了！他一听，高兴地一个箭步窜到老聂的房中，只见一个皮包骨头的老人倚靠在床上，微笑着伸手向他示意。他几乎认不出来了，这个就是老聂吗？从那双智慧又狡黠的眼神中判定，那确是老聂。

尹瘦石当时已回北京画院工作，每周只需到画院上一天班，其余的时间在家中作画，因此常骑车到聂家来聊天。过去经常是老聂做东请他下馆子，而今老聂病在床上，他就带一些老聂爱吃的酒菜来作陪。老聂告诉瘦石，他要把过去散失的诗篇重新回忆整理出来，还把几首新作拿给瘦石看。瘦石看了很高兴，只是遗憾地告诉老聂，60年代题赠他的几首诗已经找不到了。老聂说找不到没有关系，他的头脑中还储存有不少诗稿，可以慢慢地回忆追记。果然，时隔不久，老聂就把题苏武牧羊图的那首诗稿抄出来给了他。

有一天，尹瘦石兴冲冲地带着一卷落实政策后清退物品——四十多年前他在桂林画的《漓江祝嘏图》来到老聂家中，请他题诗。老聂打开长卷一看，原来都是抗战时期避难在桂林的文坛老友。尹瘦石介绍，这幅长卷原名《百寿图》，作于1943年6月柳亚子生日之际，画中画了48位蛰居在桂林的文化人的头像，只有百寿（翁）之半。后来就改名为《漓江祝嘏图》。老聂看完长卷感慨万千，他让瘦石将长卷先拿回去，过几天再来取诗。

几天后，老聂果然在病榻上用毛笔题了两首七绝，诗曰：

一

文化城中文化头，一时裙屐竞风流。

樱都跃马人何在？影倩宜兴画手留。

二

　　三十几年兴与亡，人间正道果沧桑。
　　别来无恙诸君子，忆否谁当共一堂。①

落款署："为瘦石兄绘桂林文影题二绝，七七年，耳耶。"

1979年1月12日，瘦石年届60岁。老友生日，岂可无诗。老聂在病榻上歪歪扭扭地写了一首《瘦石六十》相赠。诗曰：

　　万马奔腾六秩翁，酒酣泼墨纸生风。
　　骅骝骐骧昂其首，驰骋纵横荡我胸。
　　本住江南烟景好，一巡冀北马群空。
　　何时得闲来描我，古道斜阳跛且聋。②

十几年前，绀弩六秩之际，瘦石曾以《老骥伏枥图》相赠，当年的绀弩对自己这匹老骥能否再行千里产生过怀疑，所以不以为然地摇了摇头。而今瘦石的六十大寿，却躬逢盛世，可以昂首挺胸大展宏图了。至于绀弩自己，已经夕阳西下、老态龙钟。时乎？命乎？

与此同时，绀弩还写有一首古风《瘦石画伯六十初度以嘲诗为寿兼以自嘲》："风貌悲鸿近瘦石，画艺瘦石类悲鸿。两人

---

① 《聂绀弩全集》第5卷，武汉出版社，2004，第262页。
② 《聂绀弩全集》第5卷，武汉出版社，2004，第40页。

画马知多少，谁知谁马更动容。瘦翁纵横四十载，行年六十叹技穷。……虽有画笔无画本，坐视凡马塞吾胸。我道先生休叹息，凡马凡夫尤爱钟。乞挥老驷跛且聋，古道斜阳西北风。"诗中的"虽有"之句，既是对当时文艺状况的评价，又是对文艺源于生活这一原理的再次肯定。这首诗应该是尹聂诗画之交的最后绝唱。

70年代末期，随着文艺界拨乱反正，各项政策利好不断传来。于是瘦石与绀弩夫妇商量，如何向中央有关领导递交申诉材料，尽快落实政策，解决绀弩的遗留问题。1979年三、四月间，聂绀弩久拖不决的历史遗留问题，终于得到彻底的解决，他被聘为人民文学出版社顾问。几乎在同一时间，尹瘦石自己也恢复中共党籍和原有行政级别，并任北京画院副院长。是年冬，中国文学艺术工作者第四次代表大会在北京召开，两人都参加了大会。在会上，聂绀弩被选为中国文联全国委员会委员、中国作家协会常务理事，尹瘦石当选为中国美术家协会理事。翌年尹瘦石又被选为北京市文联副主席、中国美术家协会北京分会主席，正应了绀弩诗句"骅骝骐骧昂其首，驰骋纵横荡我胸"。

错从耶弟方犹大

——聂绀弩与舒芜

独立王国的左丞

谈聂绀弩的朋友，舒芜是绝对绕不开的。两人交往中的一些历史问题，至今还有争议。

在战争年代，聂绀弩和舒芜不过泛泛之交。1944年秋冬之际，在重庆建川中学教书的聂绀弩，决定和友人朱希筹办一份文学刊物《艺文志》。在开列约稿名单时，绀弩把一些经常同胡风接触的朋友如舒芜等都列进去了，然后找胡风要联系方式。胡风没答应，也许因为《七月》停刊还在

聂绀弩与舒芜（方竹提供）

生气。不过后来胡风对舒芜这样说的:"你给了他,他可以把你们现在的职业、地址都说出去!他那个人一向就是马马虎虎的。"① 抗战胜利之后,舒芜出川之前在重庆等船的一段时间,想替女子师范学院的几个应届毕业生谋职业,去找过一次绀弩。因为他的社会关系比较广。第一次见面,绀弩请舒芜吃了一顿饭。那时,绀弩在《商务日报》编副刊,也找舒芜要过几篇小杂文。

中华人民共和国成立之后,舒芜在广西南宁中学任教,但一直想到北京去工作,就向时任中宣部文艺局副局长的林默涵表达了这个愿望。林默涵遂问人民文学出版社社长冯雪峰,要不要人。冯雪峰答应了,并问舒芜:"你过去是研究什么的?""我没有研究什么,我在学校教书,一直在教古典文学。""那好,我们古典室正缺少人!"② 冯雪峰告诉舒芜,古典文学编辑室主任,是由副总编辑聂绀弩兼任。舒芜听了十分高兴。因为聂绀弩是他一向敬佩的杂文大家,以前在《野草》上常看他的文章,在重庆时就打过交道。

1953年4月,舒芜调进人文社古典室任编辑。

人文社古典室是东找一个人西找一个人拼凑起来的,主要是原来在大学教古典文学的一些教授,如陈迩冬、顾学颉、王

---

① 舒芜口述、许福芦撰写:《舒芜口述自传》,中国社会科学出版社,2002年,第248页。
② 舒芜口述、许福芦撰写:《舒芜口述自传》,中国社会科学出版社,2002年,第247页。

利器、周汝昌，以及舒芜等。还有张友鸾，虽是新闻界老报人，但一向对中国古典文学有兴趣。几十年来，直到今天，回头再看这个阵容都还站得住。这么一个"五湖四海"的班子，加上一个有江湖习气的聂绀弩来做领导，于是乎古典文学室就形成了一种非常特殊的气氛。

聂绀弩的领导作风，简而言之，就是宽松自由。他跟古典室的这些人相处，就像朋友似的，根本不讲上下级那一套。他有什么事要交代，就到大家的办公室去。往往正事交代完了还坐在那里，一聊就好长时间，什么都聊，思想也交流了，工作问题也解决了。然而，好景不长。

1954年3月，王任叔（巴人）调任人文社党委书记、第一副社长，开始对全社"大加整顿"，并选中古典室作试点。他认为古典室不正规，没有纪律性。舒芜说：

> 他（按，指聂绀弩）领导开辟了新中国国家文学出版社的古典文学编辑工作，完成了几大古典小说的新注新校，能把编辑室内的力量团结发挥出来。可是不知为什么，后来派来了王任叔，以常务副社长副总编辑的身份，分管古典文学，成了一个副总编辑管另一个副总编辑的不正常局面。聂绀弩本来是以副总编辑兼编辑室主任的身份，稿件一经他签字，便是复审和终审一道完成，直接发稿；现在他签了字的，只算复审，还要送王任叔终审，无形间好像把聂绀弩的副总编辑免去。加以王任叔下车伊始，就指责

古典文学编辑室这也不对，那也不对。聂绀弩无法工作，把编辑室主任对稿件复审的工作交给我；我并无主任副主任之类的名义，莫名其妙地代聂绀弩复审，仍签聂绀弩之名，再注"舒芜代"，最后送王任叔终审。因为聂绀弩并非离职离任，我当然还是要尊重他，较大一点的问题还是要问他，要听他的。在古典文学的业务上，聂绀弩比王任叔内行，这也是古典文学编辑室的人的共识。这样，王任叔就认为古典文学编辑室不服他的领导。肃反运动一来，聂绀弩以与胡风的多年老关系被"隔离审查"，据说这是文化部党组直接决定直接掌握的，内情我不详知。但在王任叔直接领导的机关内的运动中，他对于斗聂绀弩格外起劲，大会上动辄声色俱厉地说"反革命分子聂绀弩"如何如何，这是大家都看到的。运动后期，所谓"思想建设阶段"，他又领导批评古典文学编辑室是"独立王国"，据说我是"左丞"，张友鸾是"右相"，还有几个"臣民"，我们虽非"反革命"，但是都要检讨"拥护反革命分子聂绀弩搞独立王国"的错误。[1]

很快，接二连三的政治运动，让聂绀弩停职反省，继而当上"右派"，离开人文社古典室，"独立王国"也就烟消云散了。

---

[1] 舒芜：《〈回归"五四"〉后序》，载《舒芜集》第8卷，河北人民出版社，2001年，第386—387页。

跳入黄河灌酒杯

1954年7月7日,这是一个被很多学者忽略的日子。是日,聂绀弩与舒芜、何剑勋酒足饭饱之后,顺道去看望胡风。没料到,舒芜被胡风辱骂出门,一气之下将胡风写给他的几封书信上交,使得后来对胡风的批判愈演愈烈。

在回答姚锡佩提出的怎么会对舒芜"这位批判胡风的得力干将怀有好感"这一问题时,聂绀弩颇有感慨地说:

> 记得是在1954年的夏天,四川有一位老友何剑熏(按,应为何剑勋)到东四头条人民文学出版社来看我,在院子里遇到了已调到社里工作的舒芜,于是一起去附近的马凯食堂吃午饭。饭后,我说胡风就住在附近,何不乘便去看看他。舒芜也就跟我们一起来到地安门内的胡风家。梅志开门一见是我们仨,不禁一愣,让我们进了会客室后好一会儿,胡风才出来。他对何剑勋稍作寒暄后,便指着我说:"老聂,你也太不像话了,随便把什么样的人都带到我这里来?"我听了已觉不妙,不料,他又冲着舒芜表示不欢迎。何剑勋和我急忙说:"我们走!我们走!"出来后便到北海喝茶。舒芜说,胡风太自信了,以为自己全是正确的。我手头还有几封他给我的信,让大家看看,很可以说明问题。我听了能说什么呢?只得劝他道:"你正在气头

上，太冲动，这种事非同小可，还是冷静下来再说。"可能就在这个时候，胡风上了他那个三十万言，中央又开始组织对胡风的批判，舒芜就抛出了胡风给他的信，舒芜这样做是泄私愤，是很不好的，不过，上到反革命这个纲上，他也没想到，但事情已由不得他了……①

听完这段故事，姚锡佩不免责怪道："胡风生舒芜的气，是可以理解的。您也真是太随便了，看来肇事者还是您啦！"聂绀弩两手一摊，睁大眼睛说："谁想到会这样！原想都是老朋友，说开就行了。"②

1982年7月，舒芜六十岁时，绀弩赠诗三首。其三云：

媚骨生成岂我侪，与时无忤又何哉？
错从耶弟方犹大，何不纣庭咒恶来。
驴背寻驴寻到死，梦中说梦说成灰。
世人难与谈今古，跳入黄河濯酒杯。③

舒芜不懂，去信讨教，绀弩9月3日回信说：

---

① 姚锡佩：《我所认识的聂绀弩》，载姚锡佩、周健强等编《聂绀弩还活着》，人民文学出版社，1990年，第410—411页。
② 姚锡佩：《我所认识的聂绀弩》，载姚锡佩、周健强等编《聂绀弩还活着》，人民文学出版社，1990年，第411页。
③ 聂绀弩：《重禹六十》，载《聂绀弩全集》第5卷，武汉出版社，2004年，第205页。

信很意外，要解释！

我看见过忘记了名字的人写的文章，说舒芜这犹大，以出卖耶稣为晋身之阶。我非常愤恨。为什么舒芜是犹大，为什么是胡风的门徒呢？这比喻是不对的。一个卅来岁的青年，面前摆着一架天平，一边是中共和毛公，一边是胡风，会看（不）出谁轻谁重？我那时已五十多了，我是以为胡风这边轻的。至于后果，胡风上了十字架。几千几万，几十万，各以不同的程度上了十字架，你是否预见到，不得而知，我是一点未想到的。正和当了几十年党员，根本未想到十年浩劫一样。我说两小不忍乱大谋，也是胡说。然而人们恨犹大，不恨送人上十字架的总督之类，真是怪事。我以犹大故事是某种人捏造的，使人转移目标，恨犹大而轻恕某种人。

舒芜交出胡风的信，其初是泄愤，随即是箭在弦上，其中大展鸿图的是林某，我以为是此公。因此我说"错从耶弟方犹大，何不纠廷咒恶来"。至于恶来是否干过林某的事不得而知，大概未干过好事。至于梦中说梦，不过就旧有两句改得更绝望，与你的文章无关。文章看过，现在不谈。……①

---

① 《聂绀弩全集》第9卷，武汉出版社，2004年，第416—417页。

这就是聂绀弩的观点。何满子认为"近于强词夺理","事情当然如他所说，献出的信件只是一种引爆物；但有这个引爆物和没有这个引爆物情况就不同，提供引爆物者能对此事毫无干系么？我当时举了一个《三国演义》故事中的张松献地图，不管张松是否献地图，刘备总是要拿下西川的；但从刘璋这面看来，张松无疑是一次出卖。刘备强，刘璋弱，张松择主而事，也是'天平'问题；但为了顺应'天平'之势，西川的人也未必都去当张松，'创造性'地出卖！胡风激恼人家，感情太冲动，有错误，也很不智；但如果用'天平'问题来解释，则不激怒也就不见得就能平安无事，要做的事早已由来有渐，《从头学习〈在延安文艺座谈会上的讲话〉》，《致路翎的公开信》，都是在老羞成怒之前就已发表的，一步一脚印踏了过来的"。"绀弩虽然不无勉强，但说：'好，我收回我的意见。'"①

回首往事，当事人舒芜说："……这是1954年夏天的事，后来有人把它同以后发生的事联系起来，说我那时就有'交信'的意思了。其实不是这么回事，那只是一个插曲，同后来的事并没有联系。当时我只是那么说了一下，并没有实行。那时我也只是把胡风的信，作为《论主观》是在他指导下写成的一个证据，来驳他所谓'发表《论主观》是为了批判'的说法，与后来引用作为《关于胡风的宗派主义》那篇文章的证明材料，

---

① 何满子：《聂绀弩"收回了的意见"》，《书城》1993年7月创刊号。

完全是两回事。"①

1955年5月13日,《人民日报》发表署名舒芜的文章《关于胡风反革命集团的一些材料》。说是文章,实际上是公布胡风在新中国成立前写给舒芜私人信件的摘抄。

友"卖"了,舒芜并未求得"荣耀"和"宽恕",反倒多了一份骂名。在随后的反右运动中,他和聂绀弩双双得到一顶"右派分子"的帽子。

1967年1月,聂绀弩被逮捕入狱。翌年10月,舒芜南下湖北咸宁"五七干校"劳动,直至1975年回京。

浴乎汾水咏而归

1976年11月,聂绀弩自山西回到北京。舒芜闻讯,作《绀弩翁归自汾河,相见惘然。夜读吴汉槎诗,有"一去塞垣空别泪,重来京洛是衰颜"之句,借取半联,衍为一律以赠》:

已成永诀竟生还,十载浑如梦寐间。
久历波涛无杂感,重来京洛是衰颜。
金红三水书何在,雪月风花句早删。
陌路萧郎莫回首,侯门更隔万重山。②

---

① 舒芜口述、许福芦撰写:《舒芜口述自传》,中国社会科学出版社,2002年,第285页。
② 《舒芜集》第8卷,河北人民出版社,2001年,第547页。

两人开始密切交往，频繁通信。在《聂绀弩全集》书信卷中，绀弩写给舒芜的信有 64 通之多（仅次于高旅 141 通），时间从 1976 年 12 月至 1985 年 12 月。书信内容可概括为三个方面的问题交流，一是旧体诗创作，二是庄子思想，三是《红楼梦》。舒芜曾作《聂绀弩晚年想些什么》一文，对这三个问题进行了概略介绍，不作转述。还是谈几首诗吧。

山西归来的次年，绀弩作了一首七律《六鹢》：

> 六鹢何因定退飞，秦人似比越人肥。
> 仰止龙门登未得，浴乎汾水咏而归。
> 欲知苦我天何补，说不赢君见岂非？
> 止水偷窥余信老，插它一朵小红薇。①

六鹢，典出《春秋·僖公十六年》："六鹢退飞，过宋都。"杜预注："鹢，水鸟。高飞遇风而退。宋人以为灾，告于诸侯，故书。"后以指灾异或局势逆转。首联是说自己的处境一天不如一天，如六鹢退飞。颔联据舒芜读诗笔记，"《论语》说的是一天之内的春日郊游乐事，此仿其句调说的是十年之久的坐监狱之事，并且故意说成轻松愉快的样子，正话反说，愈见其沉痛"。而末句"小红薇"则象征自己一寸丹心。老头插花，亦自

---

① 《聂绀弩全集》第 5 卷，武汉出版社，2004 年，第 94—95 页。

妩媚。

舒芜读罢《六鹝》,有感而作《飞微三首次绀弩翁韵》:

一

一炬阿房万瓦飞,谁论燕瘦与环肥。
岂无祸福从天降,暂有头颅着胆归。
水浒传中寻蔡庆,说难篇外吊韩非。
东郊赁得三间屋,莫认西山采蕨薇。

二

京华一雁往来飞,秃笔奇诗点画肥。
君忆寒窑烧炕好,我从大泽荷锄归。
金三红水书何在,东四头条事已非。
又是百花齐放日,泥中一笑野蔷薇。

三

梦里重游逸兴飞,湖田荒尽鳜鱼肥。
妻亡女病未头白,齿折牙凋剩舌归。
暗室明灯吾丧我,丹书铁券是耶非。
羡君七十心逾矩,犹动官迷念紫薇。[1]

1982年9月,舒芜《说梦录》由上海古籍出版社出版。这是舒芜关于杂谈《红楼梦》的文章结集。书中第一篇《谁解其

---

[1] 《舒芜集》第8卷,河北人民出版社,2001年,第549—550页。

中味》,问答体,两万字。绀弩读后,作诗赠舒芜曰:

> 红学几家红,楼天一问中。
> 鼙睛追可妙,猿鹤悯沙虫。
> 肉眼无情眼,舒公即宝公。
> 女清男子浊,此意更谁通。①

这首诗称道舒芜在《红楼梦》研究中的独到眼光,以及对《红楼梦》精髓的透彻理解。舒芜《谁解其中味》:"曹雪芹笔下的悲剧,又是通过贾宝玉的眼才看得出来的","如果不是从贾宝玉的角度来看,而是从贾母、贾赦、贾政、王夫人的角度来看,甚至从贾珍、贾琏、薛蟠的角度来看,黛玉、晴雯、鸳鸯、迎春、司棋、香菱……乃至所有女子的悲剧,肯定都不成其为悲剧"。"肉眼无情眼",即概括此意。

在聂绀弩写给舒芜的信中,有两封涉及《说梦录》。第一封,1982年11月17日:"《说梦》出版了没有?白盾的书出版了没有?我很想看,却未见消息,渴盼之至。"② 第二封,1983年3月16日:"今又看《说梦录》,觉甲乙对话一篇真好,恰有马二,说人的觉醒要通过妇女觉醒;恰有鲁公说宝公身担一切

---

① 《聂绀弩全集》第5卷,武汉出版社,2004年,第54页。
② 《聂绀弩全集》第9卷,武汉出版社,2004年,第419页。按,白盾(1922—2009),安徽泾县人。曾任重庆《商务日报》《江淮文学》编辑。著有《红楼梦新评》《悟红论稿》《红楼争鸣二百年》等。

妇女觉醒重任,及昵而敬之等等。有伯乐而后有千里马,你发挥了这些议论,竟成伯乐。这是红学的最大空前突破,强于胡文。述而不作,信而好古,反成大就,可贺。"① 再次称赞舒芜的研究成果。这让人想起吴丹丹的一段回忆。吴丹丹对舒芜之事很不理解,她曾经问过父亲聂绀弩,"父亲说他有才,在不少学术问题上他们有共同的见解。父亲还说,那是历史,在特定的历史条件下,有些人犯了错误,但是这么多年,他们已经付出了太多的代价"②。

1985年12月22日,绀弩给舒芜的最后一封信,一开头说:"我这回出院后,已根本不能下床了。学问文章,都没有了。其实本来如此。"令人酸鼻。可是下面接着说:"听说有人写了《红楼》后卅回出版,颇得好评。不知有无此事,请告知一二。"仍然在关心文学艺术上的事,令人敬佩不已。接着说:"除夕贱降,今年不必提起,倘冬、悠、良诸公提及,请阻止之。大家都老了,相聚仅一二小时,地狭人多,谈饮都无豪兴,不足乐也。颉、易诸公本来勉强,更可不谈。"③ 其实是为人文社古典室那些老朋友着想,一年前他就觉得"(贱降)年年如此,反为包袱"④。

1986年3月16日,进京参加冯雪峰文艺思想讨论会的朱

---

① 《聂绀弩全集》第9卷,武汉出版社,2004年,第423页。
② 吴丹丹:《一束小白花》,姚锡佩、周健强等编《聂绀弩还活着》,人民文学出版社,1990年,第460页。
③ 《聂绀弩全集》第9卷,武汉出版社,2004年,第438页。
④ 《聂绀弩全集》第9卷,武汉出版社,2004年,第428页。

正，夜访舒芜，面赠绀弩《散宜生诗（增订、注释本）》（精装本）。朱正说："你可得谢谢我。书是我送的，宝贵的是我替你找了聂老亲笔题赠。恐怕这是他最后的题赠了。"果然，内封上面题的"舒芜兄绀弩"五个字，已经不成字形。舒芜感到震动，打电话给周颖探问情况，周说："老聂还是那样。还是整天爱睡，手脚是萎缩了，饮食还是正常。"考虑彼此住处相距实在太远，路上需换两三次车，舒芜便没有马上去看望。

3月21日，舒芜参加了一个关于杂文的座谈会。他在会上说："中国杂文在发展。聂绀弩同志原是鲁迅以后第一流的杂文家，近十年来，他又以杂文入诗，创造了杂文的诗，或者诗体的杂文，开前人未有之境；同时如荒芜、邵燕祥、黄苗子、吴祖光等，都能以杂文入诗，而聂绀弩的成就最为卓著。"[①] 这些话得到了多数与会者的赞同。舒芜打算去看望绀弩时把这个情况告诉他。

3月27日晚，舒芜惊闻绀弩于26日逝世的噩耗，遂作挽联一副：

匕首投枪，百炼犹存鉴湖冽；
贞心劲节，卅年同仰雪峰高。[②]

[①] 舒芜：《记聂绀弩谈诗遗札》，载姚锡佩、周健强等编《聂绀弩还活着》，人民文学出版社，1990年，第421页。

[②] 舒芜：《记聂绀弩谈诗遗札》，载姚锡佩、周健强等编《聂绀弩还活着》，人民文学出版社，1990年，第420页。

又过了几天，舒芜才得到绀弩自己赠送的《散宜生诗（增订、注释本）》（平装本），并无他题赠的文字，是三联书店编辑周健强根据绀弩指定的赠书名单代寄的。大概寄递过程中时间有耽搁，周健强的附函还是绀弩逝世前写的。看着寄书的日期，舒芜更沉重地感到说什么都来不及了。

活着就是为等你

——聂绀弩与何满子

同是新闻转古典

聂绀弩的朋友中有两个人的本名都叫承勋：一个是罗孚，本名罗承勋；还一个是何满子，本名孙承勋。这两位大作家，都是以笔名名世，很少人知道本名。特别是何满子，笔者很早就读他的书，从没想过他本名叫什么。知道了，也记不住。就连相识四十多年的老朋友聂绀弩，一次给何满子写信也说："我至今不信你姓何名满子，但真名为谁则不知道。"[①]

何满子1919年出生，比聂绀弩小一辈。他坦诚，"与绀弩的关系极为普通，远没有推心置腹的交情，由于某种说不清楚的原因，彼此间还很有龃龉"[②]；"在我人生道路中，他对我并

---

① 《聂绀弩全集》第9卷，武汉出版社，2004年，第156页。
② 何满子：《聂绀弩一百岁琐忆》，《文学自由谈》2003年第2期。

没有什么特别的影响。如果不是在他生命的后期和我有一场关乎历史是非的争论,我在叙述往事时就无需提到他"①。在认识绀弩之前,何满子先认识其夫人周颖。当时周颖在中国劳动协会下属重庆工人福利社工作。热情的周颖对何满子很关爱,也对他相当信任。那原因大概是绀弩在20世纪40年代初期桂林那段"拈花惹草"到后来"浪子归家"的故事中,何满子不但是知情者,而且站在周颖一边。似乎是作为回报,当何满子和聂绀弩发生争执时,周颖也总是他的支持者。

中华人民共和国成立之前,两人来往很少。1949年之后,聂绀弩在北京,何满子在上海,会面总共只有三两次。主要原因还是两人命运多舛,各有各的不幸。何满子本来在震旦大学中文系教书,莫名其妙地被牵入胡风案中。1955年5月17日,何满子刚起床,就被戴上了手铐。可他根本不认识胡风,所以专案组跑遍全国,找不出一点问题。当年9月28日,何满子重归自由。但在反右运动中,何满子全家被发配到宁夏贺兰山下,他直到1964年才调回上海。"文革"中,何满子被遣送回浙江富阳老家种地,直到1978年才又回沪。因此,聂绀弩有一次跟何满子开玩笑说:"天地有罗网,江湖无散人。"何满子外号"江湖散人",又称自己为"二川人",意即半个四川人(其夫人是成都人)。曾作《三句半》:"流浪遍全国,成都最有缘。名字取好了,二川。"聂绀弩也作三句半调侃他:"喜作三句半,自

---

① 何满子口述、吴仲华整理:《跋涉者:何满子口述自传》,北京大学出版社,1999年,第207页。

号二川人。蜀音又不准,难听。"①

"文革"结束后,1979年秋,何满子想从绀弩处打听胡风的消息,因不知其地址,为了保险起见,就发了两封同样的信,一封寄人民文学出版社转绀弩,一封寄民革中央转周颖。信均收到。绀弩立即回信,于是两人开始了联系。

1980年,暌隔几十年后,何满子去北京劲松小区聂宅探访,还来不及落座,绀弩便故作正经地发话道:"你怎么还是这样不懂道理!来探亲访友,居然一点礼物都不带!"逗得周颖、何满子和同去的黎丁都哄然大笑,绀弩自己也忍俊不禁地扑哧一笑。

绀弩又代何满子回答,说:"你这傻瓜,你不会回答'我是来看周颖大姐的,不是来看你的'么?"

何满子后来回忆说:"这下就轮到打量他的'苦'了。他全身拘挛,下肢蜷曲不能挺伸,整天虬曲着倚卧在床。那苦况不要说身受者,旁人看了也心疼,我真不能想象他是如何日日夜夜地忍受下来的。"② "我去总是在他家呆一整天,和他天南海北地放谈。如有生客来,我就在另一间里同周婆谈天,她照例煮碗面条加上一个煎蛋招待我,向我叙谈当年到北大荒探望绀弩的往事和女儿海燕之死,非常动情。"③

---

① 方瞳编:《聂绀弩旧体诗新编》,花城出版社,2017年,第542页。
② 何满子:《聂绀弩一百岁琐忆》,《文学自由谈》2003年第2期。
③ 何满子:《我和聂绀弩夫妇》,吴仲华整理《跋涉者——何满子口述自传》,北京大学出版社,1999年,第208页。

大概是 1979 年，有人从北京到上海来，带给何满子一本绀弩油印的旧体诗，"我惊讶地发现他的旧诗竟写得如此别开生面，请他寄一本给我，次年他给我寄来一本香港出版的《三草》。从那以后，我们之间的通信才密起来"①。

香港版《三草》出版时间是 1981 年 6 月。从《聂绀弩全集》所收绀弩致何满子书信看，他们通信始于 1982 年 1 月。收到绀弩寄赠的《三草》后，何满子即以诗谢之：

> 先生越老越风流，千首诗轻万户侯。
> 不独文章惊海内，更奇修炼出人头。
> 如柴霍甫笑含泪，胜阮嗣宗酒避愁。
> 我亦新闻转古典，自惭才短难为酬。②

聂绀弩早年是报人，中华人民共和国成立后任人民文学出版社副总编辑兼古典室主任；而何满子早年历任衡阳《力报》《大刚报》等报记者，建国后任古典文学出版社（上海古籍出版社前身）编辑，所以有末句"我亦新闻转古典"。

何满子作诗时，适友人卢鸿基在场，也和诗一首，由何一并寄给绀弩。诗曰：

---

① 何满子：《聂绀弩诔词》，姚锡佩、周健强等编《聂绀弩还活着》，人民文学出版社，1990 年，第 417 页。

② 侯井天注解集评：《聂绀弩旧体诗全编注解集评》下，山西人民出版社，2019 年，第 746 页。

真是风流会泪流，三杯酒赐醉乡侯。
诗无定律方无价，句有成规亦有头。
泛海难知天地阔，对民空发古今愁。
怜君痛极悲儿女，我也多情任笔酬。①

末句"怜君痛极悲儿女"，与聂绀弩爱女"海燕之变"有关。

1982年2月9日，绀弩回信何满子说："赐诗及卢公诗并拙稿均收到。诗奉和一首抄呈，卢公处不另，请传阅。关于此道，我但知打油，不知其他。想久蒙察及，无须赘谈。"其和诗《赠卢鸿基何满子步何满子韵》曰：

不是风流是泪流，此身幸未辟阳侯。
谁知吕枕千场梦，尚剩秦坑几颗头。
易水寒风悲壮士，双溪小艇怯春愁。
英雄儿女胸中事，化作卢何一唱酬。②

1982年聂绀弩八十寿辰时，何满子作了《步原韵和聂绀弩八十自寿》两首，其一云：

---

① 侯井天注解集评：《聂绀弩旧体诗全编注解集评》下，山西人民出版社，2019年，第746页。
② 《聂绀弩全集》第5卷，武汉出版社，2004年，第208—209页。

从来民可使由之，乐得省心诈作痴。

老树着花真有趣，杂文做骨漫吟诗。

恰逢梁灏登科岁，也是周婆祝寿时。

须谢天公降大任，酸甜苦辣已全知。①

何满子是非分明，从不抹稀泥，人云亦云。那是1983年的某一天，他和聂绀弩争辩胡风冤案中"交出私信"的责任时，"绀弩说世人专门责怪犹大而不问总督是不对的。他说这话当然另有一番感慨。我复述了赫鲁晓夫的故事，说那时，以及还是'格鲁吉亚化'的当时，谁敢责怪总督呢？只有责怪犹大来泄忿，而且犹大难道不该被诅咒么？"② 最终，绀弩理屈词穷，不得不"收回"看法。

书来信往，无任雀跃

《聂绀弩全集》所收致何满子的十六封信，内容大多数是关于出书的话题。

1982年1月18日："我现正从事作《故乡的语言》一文，至少当有几万字，写成时，想与前呈之《语文问题与运动》中

---

① 叶元章：《杂文做骨满吟诗》，吴仲华编《一声何满子，双泪落君前——何满子逝世周年纪念文集》，华东师范大学出版社，2010年，第247—248页。

② 何满子：《同感于李辉和绿原》，《随笔》1998年第6期。

之较可者汇为一书,当较有分量。故前稿虽已呈兄转贵社,请万勿发刊。最好能暂退回……退稿时请附审查意见:分个优劣,供我成书时参考。忝属相知,特此麻烦,罪甚罪甚!"①

1982年2月9日:"拙作《古典小说论集》不知有再版机会否?如有,当在何时?拟有改动也。请向有关诸公询之。"②(按,聂绀弩《中国古典小说论集》1981年由上海古籍出版社初版,2005年由复旦大学出版社再版。)

1982年3月14日:"我想出一书曰杂集,除了给你看过的,还有多篇,有的实与古籍无关。所以也不想在你社出,且有些还未写出。不知是你处出书快还是北京快,年逾八十,更想快出。"③(按,何满子时任上海古籍出版社编审。)

1982年6月19日:"前要回之语文问题小册,尊处尚肯出否?我看无甚价值,要出,拟删去几万字,作一序后寄回。如无意出,也就罢了,或再作别论。"④

1984年1月27日:"我的语文问题集,改题为《语言、文字、经历》,这有点不伦不类。稿已搜齐,古籍(出版社)还要否?如要,即日即可寄,请先和社商好后,通知我!兄曾云,我之此类文集,随时加一序后可付排。不知近来情况如何,如无改变,等作序后拟即寄出。倘有改变,则请告知。"⑤

---

① 《聂绀弩全集》第9卷,武汉出版社,2004年,第146—147页。
② 《聂绀弩全集》第9卷,武汉出版社,2004年,第147页。
③ 《聂绀弩全集》第9卷,武汉出版社,2004年,第148页。
④ 《聂绀弩全集》第9卷,武汉出版社,2004年,第149页。
⑤ 《聂绀弩全集》第9卷,武汉出版社,2004年,第151页。

1984年3月2日:"现将拙著命名为《语文半世纪》,共34篇,写了序,一并寄奉。可不可出版,请早示知。"①

1984年8月7日:"我想出一新诗集。参加左联后,很少作新诗,胡材裁很少,且忘其为何处发表,而记得者,其报刊又不易得。现在最难者为一种《椰子集》,汪馥泉编的一种多人合集,廿年代上海(有人说是真美善)出版,大概以短篇小说为多,其中有我的新诗一首《城下后》,是一首值得一提的,可是到处无此书,真苦死人!"②

1984年9月15日:"拙作《语文半世纪》如尚未付印,当可还加点稿,究可否,请速示知。"③(按,此书未能出版。)

1985年1月30日:"(高旅)《持故二集》已齐稿,约廿万字,你社可出版么?""现在谈我本人给你的一件不愉快的事,所谓《语文半世纪》(书号之类遗失了)还没有发稿吧。我现想将原稿收回了,原因是湖×出版社有人要替我编一部文集,未出版的最好不出,给他去编,以免啰嗦。因此,请你将原稿从早退还给我,因无副稿也。你我认识一场,总是我在麻烦你,总是你在为我服务。真是抱歉。你说何时要来京的,想是没来。文代会会来吧,务必到寒居一次。老兄,我满八十二岁了!也许活着就是为等你。"④

---

① 《聂绀弩全集》第9卷,武汉出版社,2004年,第152页。
② 《聂绀弩全集》第9卷,武汉出版社,2004年,第154页。
③ 《聂绀弩全集》第9卷,武汉出版社,2004年,第155页。
④ 《聂绀弩全集》第9卷,武汉出版社,2004年,第157页。

这是病重的聂绀弩给何满子的最后一封信。末句"也许活着就是为等你",让何满子感受到绀弩"重于友情,至老弥笃"①。在这封信里,绀弩推荐香港友人高旅的书稿《持故二集》给何满子,看上海古籍出版社能否出版。绀弩"重于友情"的又一佐证!此前,1984年北京三联书店出版过高旅《持故小集》。遗憾的是,内地一直未见《持故二集》出版。

聂绀弩等了一年。1986年1月胡风追悼会时期,何满子与聂绀弩见了最后一面。当时几个朋友在北京相聚,深知绀弩病榻寂寞,更兼得知周颖心脏病刚出院不久,觉得应该抽时间去看看他们。曾卓、冀汸等几位抽不出空,提议写几句祝愿和慰问的话,大家签名,由何满子和耿庸、黎丁三人作代表去慰问。那时绀弩身体已极为衰弱,签赠《散宜生诗》时手抖索得写字也不能成形了,但思路还是十分清晰。那天在床前与绀弩约定,由何满子夏秋间抽空到北京专住一阵子,笔录他口述的回忆,记下30年代以来他所亲历的文坛往事。

最后一面中,聂绀弩向何满子说的一句话令他印象深刻:"诗集的胡序确实是他主动写的,我并不希望(稀罕)他写。"②诗集是指人民文学出版社出版的《散宜生诗》,胡序指胡乔木的序言。这事又涉及他们一次不愉快的交谈。1983年4月3日,何满子去看望聂绀弩,绀弩赠以新出的《散宜生诗》。何满子看

---

① 何满子:《聂绀弩诔词》,姚锡佩、周健强等编《聂绀弩还活着》,人民文学出版社,1990年,第417页。

② 何满子:《聂绀弩—百岁琐忆》,《文学自由谈》2003年第2期。

302

见前面有胡乔木的序言,口没遮拦地说:"何必请他作序呢?莫非要他来增光么?"何满子的意思很明显,用不着找这样的"大人物"来为自己捧场。聂绀弩当时极力否认,说自己并未请他写。何满子不信,说他怎么知道你写诗,而且会读到你的诗呢?聂绀弩摇头否认,不再作声,话就说到这里为止。

最后一次见面,聂绀弩特别重提此事,表示他重视此事,念念在心。何满子领会了并感激于绀弩的声明。

常忆谐语,常读文集

这次见面,就有某种不祥的预感,果然,两个月后,3月26日,绀弩就走了。

3月29日,何满子悲痛难抑,遂依绀弩《和何满子卢鸿基》原韵,作诔词以寄哀思:

> 公方生世水横流,操戟拟求万户侯。
> 忽疾韩康难卖药,转教定远猛回头。
> 手挥辛辣诙谐笔,身历古今天地愁。
> 可叹胸中一本帐,欹床欲吐未能酬。[1]

六年之后,何满子又作《绀弩九旬冥寿并跋》:

---

[1] 何满子:《聂绀弩诔词》,姚锡佩、周健强等编《聂绀弩还活着》,人民文学出版社,1990年,第419页。

我有一言蒙赞许，君今过尽已无余。
常逢斟酒忆谐语，何处只鸡吊墓庐。
沪渎招魂情倍怅，山阳闻笛笔难书。
周婆泉下共商略，卜宅应傍鲁迅居。

何满子谈这首诗：

首两联须稍加解释方能理解。某次老聂问我，在前些年遭受折磨时心境何如？我答，我在苦难时仿阿Q主义，有一偈语，可以排遣忧苦："要来的事情总管要来的，一切的痛苦终会过去的。"如此一想就坦然了。他大笑，连称："好，好！"首联即述此意。

次联为老聂一轶事。40年代他在桂林一餐馆与友人聚饮，点一份白斩鸡，云系全鸡。食时，其鸡甚瘦，骨多于肉。老聂把堂倌叫来问道："这里是两只鸡吧？"堂倌答云："是一只。"老聂正色道："一定是两只，一只鸡哪有这么多骨头？"座中大笑。因想：倘要只鸡斗酒吊他，必须选一肥鸡方好。

开年为绀弩90冥寿，逝世6周年；又是周颖大姐逝世两周年，京中友人拟于元月8日集会纪念，函邀前往参加。如不克赴会，嘱作一诗寄去。末联兼及周婆，盖鲁迅书简

304

中，曾戏称周颖大姐为"我家姑奶奶"云。①

2003年1月，何满子作《聂绀弩一百岁琐忆》。文章说："聂绀弩今年一百岁。当然，1986年以后的岁月，他是在那个世界度过的。在人世的八十三年中，他是十分透明的。我拈出'透明'两字来形容他，是指，文人的透明，在于做人与做文的一致，即，人格表现在文格里而绝少虚饰和矫揉。虽然，布封所说的'风格即人'是铁律，文格说到底反映人格；但不少人，几乎是绝大多数的文人都想方设法地掩蔽真我，较多的情况是美化自己。这或许是文人的通病，乃至是人性的通病。""他的诗所呈示的苦味的诙谐的确将他的人格和盘托出，毫无阴翳。诙谐在他好像是与生俱来的资质，苦味则是生涯中的阅历，更是后半生艰辛的遭遇所凝成的，两者交融而构成了绀弩的人格特征。"②

2009年5月8日，何满子在上海安然睡去。其女婿王土然说："5月1日，岳父像往常一样，看完当日的《参考消息》，

晚年何满子

---

① 《新民晚报》1992年12月28日。
② 何满子：《聂绀弩一百岁琐忆》，《文学自由谈》2003年第2期。

就从书架上取下一卷《聂绀弩全集》读起来。读得那样专注,那样投入,看不出是身患绝症的病人,更想不到这会是他读的最后一本书。当晚,岳父病情突然恶化,短短七天后就告别了人世,出人意料。"①

---

① 王土然:《回忆岳父在农村12年的精神困境》,吴仲华编《一声何满子,双泪落君前——何满子逝世周年纪念文集》,华东师范大学出版社,2010年,第98页。

我行我素我罗孚

——聂绀弩与罗孚

2011年,中央编译出版社出版了一套《罗孚文集》(七种)。2020年,北京生活·读书·新知三联书店出了高林编、罗孚著的两本文集(《繁花时节怀故人》、《燕山诗话》新编本),里面的文章主要是从"七种"里精选的。按说笔者可以不必再买三联版,但还是买了,一是冲着雅致的装帧设计,二是选本中保留了不少关于聂绀弩的文章。《繁花时节怀故人》的书名,就源自罗孚赠聂绀弩的诗句:"历史老人应苦笑,繁花时节又怜君。"

忽开药店二鸦笔

聂绀弩与罗孚(承勋)先后一同在桂林、重庆、香港三地工作过,但在桂林、重庆并不相识,直至到了香港才有来往。

抗战期间在桂林、重庆,两人都在编报纸的副刊。绀弩是编桂林《力报·新垦地》和重庆《真报·桥》《商务日报·茶座》《新民报·呼吸》等副刊,罗孚从桂林到重庆,都是编《大公晚报·小公园》副刊。那时绀弩已是著名作家,而罗孚只不过是刚出道的后生小子,还不习惯到外边去结交文坛的前辈先生。当时绀弩写作投稿有自己的园地,从不涉足罗孚的《小公园》,两人也就没有什么机会相互认识。不过,罗孚一直在关注绀弩的文章,敬佩不已。罗孚说:"在抗战时期'文化城'的桂林,在他主编的副刊上,更主要在他有份的《野草》杂志上,读到了他一篇又一篇总是很精彩的杂文,我总是很钦佩,也总是很羡慕。像《韩康的药店》《兔先生的发言》都是传诵一时的名文。后来到了重庆,读到那篇不足七百字的《论申公豹》,更是叫绝……寥寥数笔,写意而又传神,深刻而又生动!"[①]

聂绀弩与罗孚

1947年,罗孚经同学介绍,成了重庆地下党的外围骨干,参与了重庆地下党理论刊物《反攻》的创办和编辑工作。在重

[①] 罗孚:《三十余年的交情》,姚锡佩、周健强等编《聂绀弩还活着》,人民文学出版社,1990年,第270页。

庆期间,绀弩发表了无情地揭露国民党当局的杂文,并被当局所注意。党组织为了他的安全,让他撤退到香港。

1948年,罗孚被胡政之抽调参与香港《大公报》的复刊工作,并正式加入了中国共产党。聂绀弩初到香港时,没有报纸可办,他就以作者的身份替罗孚的《大公报·大公园》副刊写稿了。再加上别的原因,两人就由相识而逐渐熟识。1950年夏,聂绀弩出任香港《文汇报》总主笔。罗孚回忆说:"在香港和他相识后,知道他很爱下棋。当他在《文汇报》担任总主笔时,就常到《大公报》向梁羽生他们挑战。作为总主笔,他每天要写一篇时事评论的文章在新闻版刊出,有时棋下得难解难分,从下午一直下到晚上,有那么一两次,他干脆就不回去上班写文章,却怕我们说他偷懒,和梁羽生约好,要他不告诉我们。事过境迁,他人已经到北京工作,梁羽生才说出来,引得大家哈哈大笑。"①

中华人民共和国成立之后,罗孚作为当时《大公报》唯一的中共党员继续留港从事宣传和统战工作,而聂绀弩回北京人民文学出版社任职。从此很长一段时间里,两人地北天南,不在一起,只有罗孚赴京办事,才和他见过十次八次而已。再后来,绀弩去了北大荒,又去山西,两人更加无从相见了。只是在1963、1964年间通过几封书信,在信中绀弩戏称罗孚为"罗斯福""斯福我公"什么的——

---

① 罗孚:《三十余年的交情》,姚锡佩、周健强等编《聂绀弩还活着》,人民文学出版社,1990年,第270—271页。

罗斯福：听说你来了，别提多么高兴！上一个多月，陈凡、黄茅诸兄说你要来，从那时就盼起，谁知你来了许久，还是未见着。上次严庆澍兄来了，我也未见着，真是遗憾。你很忙么？是否可约个时间见见？我住的邮电部宿舍，电话"六二〇一四一"。是公用电话，在门房里，而我的住处则在最后一层，打时，须等很久才能接到。如果先期约，写信更省事，先日发，次日定可收到。当然，我还可到宾馆去碰碰机会。十多年未见，总应争取见见才好。现在只作见不着的打算。有两件事问问，给港报写点文章，写什么，怎样写，是否寄给你便成。我现在很闲，可以写。由此而派生的问题，你能否在京预支一点稿费，那怕五十元也可以。汇给我或留到潘际坰兄处均可。有许多话，许多感情，许多精神上的东西似的，写出来却仍是这种鄙事，物质的！存在决定！（1963年11月16日）①

斯福兄：抄诗百余首（包括《北大荒吟》五十六首），大部分当是可发表的，由你仔细审定。有几张是给别人的，你如觉得可以发表，也不妨发表。发表时，不要在一个地方（特别不要都在文汇），不要用一个名字。随便用什么名字都可以。发表东西太多，别人眼红，说不定也会出问题的。另《红楼》文半篇，约五万余字。不必全发表，能发

---

① 《聂绀弩全集》第9卷，武汉出版社，2004年，第169页。

多少，就发多少，能怎么发就怎么发，折成一小段小段，另加题目也可以，也是随用什么名字，怎么改，都可以。如有办法，我就接下半篇。另外，我还想写《聊斋》《金瓶梅》等书的，也想写各种旧小说的，也想写旧诗话，不过那只好等一等了。一切由你决定，花点时间好好看一遍，动动手，感谢。(1963年11月22日)①

斯福我公：已于潘公处取得药片两瓶，此款最好能于稿费中扣除。然欠预支费已多，此话殊难出口，奈何奈何！至今思之，所谓预支稿费者，实质亦敲索性质，真惭愧煞人也。今又有新事烦续，缘有某君为旧日同事，因我故失业，生活问题不待言，我嘱其学撰小文，或可投尊处或邵公处发表一二，倘能月得稿费二三十元，生活便可解决。……一笑。(1964年10月10日)②

崛起骚坛三草诗

"文革"后罗孚第一次进京，去东郊新源里探望躺卧在床上的绀弩（从此就只是见他躺着，躺着，而很少站起、走动），当时只想到他的病，他的穷（每月只有十八元生活费），只想到留下很少的一点钱以解燃眉。第二次相见是第四次文代会期间。而在文代会召开前夕，绀弩有信致罗孚说：

---

① 《聂绀弩全集》第9卷，武汉出版社，2004年，第170页。
② 《聂绀弩全集》第9卷，武汉出版社，2004年，第171—172页。

久未奉候，甚歉。半月前有一信寄文统兄，嘱其将所著寄或带几本来读读，由《大公》编辑部转不知能转到否。这且不说，我已于三月十号由京高等法院彻底平反，四月七日由文学出版社完全改正，恢复党籍、级别及名誉。这样一来，补发了工资，也恢复了原薪，口袋麦克麦克，非复旧时穷措大矣。但有一恨事，钱不少了，却买不到东西。比如说，我现急需一录音机，对我暮年写作极有帮助，却不知怎样才能买到。有人说，只要有人从港带来，连原价带税款，均可以用人民币付。我不知何人可带，我想你、费公或者别人均可做此事。故此只要专托你由你在必要时转托费公，定可带到。只要带到京，写一信给我，我便可派人去取。问题是中国风习，爱讲客气，或以为我没钱，或讲面子不肯谈钱，这就反而误了大事。你想，当我穷时，你屡次送我钱，我不推辞。我现手里有几万块人民币，一个录音机听说所需甚至不到你送我的一次那么多，用得着什么客气？即使两三个那么多，也不嫌贵。

专于九月下半月以前盼你来信。九月下旬盼你带东西来。①

第四次文代会时间是1979年10月30日至11月16日，罗

---

① 《聂绀弩全集》第9卷，武汉出版社，2004年，第174页。

孚应该在10月下旬进京。绀弩虽说是去开会,却几乎整天躺在宾馆床上。就是这一次,罗孚接受他"托孤式"的委托,带走了油印本《三草》回香港。这时绀弩已不是那么穷,恢复了地位名誉,衣食既足,可以"兴礼乐",出诗书了。虽然拖了两年,罗孚却总算是不辱使命。罗孚之子罗海雷回忆:"四次文代会期间在西苑宾馆里……就是这次看到他油印了送人的旧诗小册子,父亲就说,'这种东西在港复制只需几分钟',他就请父亲拿去复制或印刷,没想到却费了两三年的功夫,才印成《三草》。"① 1981年6月,旧体诗集《三草》由香港野草出版社(托名,实为同人集资)初版,是聂绀弩的第一个变油印为铅印的版本。分《北荒草》《赠答草》《南山草》三辑,故名。

罗海雷在《我的父亲罗孚》中还说:"他(按,指聂绀弩)在谈笑中说过,不知道为甚么,见了父亲就一点诗意也没有,写不成诗。实际上,他在1981年作了一首《绀弩赠罗孚诗》,开始只有前四句,在父亲提醒以后,他才凑足八句,成为七律,他再请黄苗子,把他这首七律写成条幅赠与父亲。"② "《绀弩赠罗孚诗》"即《戏赠史复》,诗曰:

浮云天际任群鸟,呫呫书空小竖儒。

---

① 罗海雷:《聂绀弩的诗与黄苗子的书法》,载《我的父亲罗孚》,天地图书有限公司,2011年,第304页。
② 罗海雷:《我的父亲罗孚》,天地图书有限公司,2011年,第304—305页。

半世新闻编日晚,忽焉文字爱之乎。

能三句话赅一切,不七尺躯轻万夫。

惜墨如金金似水,我行我素我罗孚。①

黄苗子书聂绀弩赠罗孚诗

首联中的"书空",是一种启蒙识字教学法;"竖儒"本是无见识的儒生,这里是玩笑亲近之意。颈联是说罗孚写三言两语式杂文多年,评论事物言简意赅。

从1982年5月到1993年1月,罗孚在北京住了十年。更

---

① 《聂绀弩全集》第5卷,武汉出版社,2004年,第249页。

精准点说是,被羁留在北京有十年零九个月。后来罗孚写了本书叫作《北京十年》,其中有一篇《寻找聂绀弩》——

我在可以和人们接触时,自己定下了一条原则:不主动去找旧相识,除非他们先表示了有和我来往的愿望,只有三个例外。

一是自己的亲戚,老伴的哥哥一家。二是北大的一位教授,那是一位年轻时最要好的同学的哥哥,一年多两年前他还带了女儿到友谊宾馆找过我,有所求,北大和友谊宾馆都在我此刻住处的附近,使人容易想起他。三是老朋友、老作家聂绀弩,40年代末50年代初他在香港工作过,我们曾经同在一个小组,我出事前一年替他出版过旧体诗集《三草》,他很欢喜。

我分别发出了三封信。

....

给聂绀弩的信是辗转传去的。我记不得他的地址,通讯、电话等被没收了,无处可查。只有寄信去三联书店一位被认为是他干女儿的编辑转他。这回是收到回信了,从此开始了和他生命中最后几年的往来。他和他的老伴周颖,被他在诗中称为"周婆"的,决定要接济我,叫那位女编辑带了两千元给我,那时两千元还值钱,等于我两年有多的生活费了。我很感激,但还是还了给他,并附上几句半开玩笑的话:"人生穷达费沉吟,白首终难变此心,家有千金欣已足，何须更惠两千金。"这里的"家有千金"其实是我说有一个女儿，故意和他的两千元夹缠在一起。直到记下这件往事的此时，我才想到，说不定我还伤了两老的心。他们有一个亲生的女儿海燕，是唯一的骨肉，在"文革"后绀弩从山西牢狱中释放回北京前不久，自杀死了，女婿接着也自杀。我无意中碰了他们的伤疤。①

1983年2月1日，聂绀弩八十生日，罗孚写了一首祝寿诗：

流水行云任所之，自由主义智如痴。
忽开药店二鸦笔，崛起骚坛三耳诗。
寿当三万六千日，人似炎黄虞夏时。
愿学烂柯千载弈，是甘是苦自家知。②

绀弩也回赠一首《步和史复见赠》：

落日燕山吊子之，鲁公应赏此情痴。
千年绝塞千山雪，一树梅花一首诗。
月满庭除花睡处，日航天海酒醒时。

---

① 罗孚：《北京十年》，天地图书有限公司，2011年，第75—77页。
② 侯井天注解集评：《聂绀弩旧体诗全编注解集评》下，山西人民出版社，2019年，第624页。

古今中外谁诗好？你不知兮我不知。①

首联中的"鲁公"，罗孚说绀弩自己说指鲁迅，罗孚乃问："惟不知何以'鲁公'应赏也。"②

五日蹉跎失故人

罗孚最后一次见绀弩是《散宜生诗》（增订、注释本）出版以后，1986年2月新年除夕生日那天。罗孚拿了一册精装本请绀弩签名，一支笔在颤巍巍的手里已经不听使唤，绀弩只是勉强写了一个"作"字，就叫人不忍要他再写"者"字了，而那"作"字其实也不大成字。就在那最后一笔签写"作"字的前后，绀弩和往常一样闭目不语，只是在罗孚临走时说了一声，"带点吃的东西来"，经过周颖的传译，知道他想吃南安板鸭和香港的糟白咸鱼。

一个多月后，绀弩去世了。罗孚虽说很想去八宝山再见一面，哪怕那只是一个已无知觉的人面，但是由于某些原因没能去成，只是要了周颖的那张别致的谢帖："绀弩是从容地走的。朋友，谢谢您来向他告别。"

罗孚还写了几首七律向绀弩告别：

---

① 《聂绀弩全集》第5卷，武汉出版社，2004年，第249页。
② 侯井天注解集评：《聂绀弩旧体诗全编注解集评》下，山西人民出版社，2019年，第624页。

尊前常逐缪思神，三草偏从海角伸。
论世最欣文字辣，读诗更爱性情真。
百年咫尺成虚语，五日蹉跎失故人。
浅水垂杨风景异，同伤冻雨过清明。①

尾联中的"浅水"是指香港浅水湾，那里曾有萧红墓。绀弩有凭吊诗句："欲织繁花为锦绣，已伤冻雨过清明。""垂杨"则指绀弩生前住在一个叫垂杨柳的地方，名字让人向往春天，但却是并无垂杨只有尘土的市区。

闻君此去甚从容，蝶梦徐徐逐午钟。
剑拔弩张虽大勇，神闲气定亦高风。
枕边微语鱼堪欲，棋里深谈我愿空。
春水冰心徒怅望，罗浮山色有无中。②

聂绀弩去世前五天，罗孚本来计划要去探望，并送家人带来的咸鱼给他，但却因故改了期，从此就再也看不到了。而绀弩生前为罗孚书写了"倘是高阳旧酒徒，春风池水底干渠。江

---

① 罗孚：《三十余年的交情》，姚锡佩、周健强等编《聂绀弩还活着》，人民文学出版社，1990年，第273页。
② 罗孚：《三十余年的交情》，姚锡佩、周健强等编《聂绀弩还活着》，人民文学出版社，1990年，第274页。

山人物随评骘,一片冰心在玉壶"① 的诗句,却又一直没有送,甚至把这事忘了,还是周健强保留下来,在他去世后才到了罗孚手中。他就是这样一个"散人"。

2014年5月2日凌晨,罗孚病逝。5月24日晚,其家人在香港殡仪馆举办追思会,现场派发的纪念册封面印着黄苗子书聂绀弩赠罗孚诗句"惜墨如金金似水,我行我素我罗孚"。

---

① 聂绀弩:《调史复》,载《聂绀弩全集》第5卷,武汉出版社,2004年,第248页。

黄家不乐谁家乐

——聂绀弩与黄永玉

香港聊登海景楼

1948年，香港。

时年24岁的小伙子黄永玉，认识了比他大二十多岁的"老聂"绀弩。

从年龄上看，聂绀弩算是长辈，但他却不允许黄永玉称呼

聂绀弩（中）与黄永玉（左）、陈海鹰

他"先生"或"老师"。

"叫我作老聂吧!为我自己,为大家来往都好过些。"他说。

黄永玉不明白为什么免了一些尊称就会使他好过的道理,且不去管他。

有的先生前辈,想象中的形象与名字跟真人相距很远。但黄永玉见到绀弩,那却是极为一致:"茂盛的头发,魁梧而微敛的身材,酱褐色的脸上满是皱纹,行动算不上矫健,缺乏一点节奏,但有一对狡猾的小眼睛,天生嘲弄的嘴角。我相信他那对眼睛和嘴巴,即使在正常状态,也会在与人正常相处中给自己带来负担和麻烦。"[1]

1949年前后的香港,有如蒙特卡洛和卡萨布兰卡,既是销金窟,又是政治的赌场。尤其是那时从内地逃到香港过日子的人,都不是碌碌之辈,不安分的就还要发表反共文章。黄永玉说:"绀弩那时候的文艺生活可谓之浓稠之至,砍了这个又捅那个,真正是'挥斥方遒'的境界。文章之宏伟,辞锋之犀利,大义凛然,所向披靡,我是亲闻那时的反动派偃兵息鼓、鸦雀无声的盛景的。后来我还为这些了不起的文章成集的时候作过封面。"[2] 绀弩杂文集《天亮了》在香港求实出版社1950年8月再版时,重新设计的封面画就是黄永玉的木刻作品——举着

---

[1] 黄永玉:《往事和散宜生诗》,载《太阳下的风景》,上海人民出版社,2019年,第125页。
[2] 黄永玉:《往事和散宜生诗》,载《太阳下的风景》,上海人民出版社,2019年,第126页。

火把的普罗米修斯。绀弩还拐弯抹角地央求给那位正面走来的、一丝不挂的"洋菩萨",穿一条哪怕是极窄的三角裤,黄永玉勉强同意了。

当时绀弩在香港《文汇报》工作,也常在《大公报》行走。黄永玉就在《大公报》和《新晚报》打杂做雇工,一时兴起就给老聂画了一张像,诗人胡希明在画上题了一首打油诗:

二鸦诗人老聂郎,皱纹未改昔年装。
此图寄到北京去,吓煞劳工周大娘。

末句是指绀弩夫人周颖在邮电部任劳工部长。

那会儿,黄永玉一个人住在香港跑马地坚尼地道的一间高等华人的偏殿里,高级但窄小如雀笼。经常有朋友去那儿闲坐,寂寞的绀弩就是一个。绀弩爱下围棋,黄永玉却不会;绀弩爱打扑克,黄永玉也不会,甚至有点讨厌。绀弩会喝酒,黄永玉还是不会,但可以用茶奉陪,尤其是陪着吃下酒花生。花生是罐头的,不大,打开不多会儿,绀弩还来不及抿几口酒时,花生米就所剩无几,并且全是细小干瘪的残渣。这时,聂绀弩会急起来,赶紧从对方手里抢一点到己方来,然后叫道:"他妈的,你把好的全挑了!"

在黄永玉那间小屋子里,绀弩曾经提笔随手写过许多字。给黄永玉写的一张字是他自己的打油诗:

> 不上山林道，聊登海景楼。
> 无家朋友累，寡酒圣贤愁。
> 春夏秋冬改，东西南北游。
> 打油成八句，磅水揾三流。①

山林道是个灯红酒绿的地方。海景楼是一家北方饭馆。磅水是粤语钱的意思，这里指的是稿费。三流即诗人胡希明，当时是《周末报》编辑。

1951年初的一天，绀弩说他要准备回北京了，黄永玉等一帮朋友轮流请他吃饭。一个月过去，毫无动静。又一天他说这下真的要走了，某月某日，朋友们于是又轮流请他吃饭。总共请了两轮，到第三次说要回北京时，朋友们都不太相信他的鬼话，他却悄悄地走了。大家原来还商议好，他要是再不走，就两次追赔。真的走了，却有点后悔说了过分的话。

两年之后，黄永玉听了表叔沈从文的召唤，携妻挈子，离港归京。

京城欢聚斗室居

同在京城，有时候黄永玉去看聂绀弩，有时候聂绀弩和朋友来黄永玉家打扑克。黄永玉当时并不了解玩扑克居然还有高

---

① 黄永玉：《往事和散宜生诗》，载《太阳下的风景》，上海人民出版社，2019年，第129页。

雅的意义，只是觉得绀弩把时间花在这上头有点可惜！

不打扑克，那就下馆子吃饭喝酒。50年代初期一起聚餐的人，除了聂绀弩、黄永玉，还有黄苗子郁风夫妇、吴祖光新凤霞夫妇、王逊等人。等"反右"开始，绀弩去了东北。

60年代初的某一天，绀弩回来了。那天黄永玉正在吃晚饭，门外进来一个熟悉的黑影。"相逢莫作喈嗟语，皆因凄凄在乱离"，黄永玉感叹，绀弩竟能完好地活着回来，也就很不错了！

北大荒归来，绀弩时常作诗，甚至让黄永玉"窝藏"过他从东北带回的一本原始诗稿，还给黄永玉的两个孩子写了不少诗。特别是三年困难时期，黄家孩子们很想吃糖饼，绀弩就时常带一点来，"安得糕糖千百斤，给我黄家兄妹分"。且看绀弩为黄永玉女儿黑妮所作《题黄黑妮画莲花掌图》全诗：

爸爸画画笔一枝，黑妮曳作竹马骑。
一朝打马纸上过，马迹变作黑猫咪。
忽而又画莲花掌，家中奇卉久真赏。
口吮笔尖墨满唇，膝移椅上生钝响。
错错落落纸上影，绰绰约约盆中景。
盆中自比纸上青，纸上何如盆中冷。
莲花掌非寻常物，仙掌若仙莲掌佛。
错教佛物栩栩仙，风雨忽来鬼夜哭。
黑蛮黑妮两兄妹，兄才八岁妹五岁。

不知胸中何所思，但觉画里有诗味。
安得糕糖千百斤，给我黄家兄妹分。
他日大成何疑问，此时作画太苦辛。①

绀弩有一首《自寿六十》："人生六十有几回？且将祝酒谢深杯……"引起了一段笑话。黄永玉儿子那时八岁，大概觉得这首诗读起来有味，居然摇头摆尾唱和起来："人生八岁有几回，且将祝酒谢深杯……"

黄永玉和夫人张梅溪组建了一个文艺之家，主人以及儿子黑蛮、女儿黑妮都爱作画，张梅溪喜欢写作。1961年10月，在伦敦举行的第二届国际儿童美展会上，5岁黄黑妮画的《黑猫》获一等奖，7岁黄黑蛮的画获二等奖。绀弩因此写过一首《永玉家》，描述黄永玉一家人在物质贫乏时期的精神生活：

夫作插画妻著书，父刻木刻子构图。
四岁女儿闲不住，画个黑猫妙矣呼。
此是凤凰黄永玉，一家四口斗室居。
画满低墙书满架，书画气压人喘吁。
偶尔开门天一线，鹅鸡狗兔乱庭除。
道是米家书画舫，多他两代女相如。
君家不乐谁家乐，一体浑然盘走珠。②

---

① 《聂绀弩全集》第5卷，武汉出版社，2004年，第224页。
② 《聂绀弩全集》第5卷，武汉出版社，2004年，第36页。

在那段风雨飘摇的岁月里,黄永玉一家人被赶进一间十几平方米的狭小房子里,屋里光线很差。黄永玉就在墙上画了一个两米多宽的大窗子,窗外是绚丽的花草,还有明亮的太阳,顿时满屋生辉。吴祖光夫人新凤霞回忆:"小动物是永玉的好朋友,他养着鸟、猫、狗、松鼠、猴",甚至还有"刺猬"和吴祖光大儿子送给他的"两只荷兰猪"。①

新凤霞又说:"永玉的性格可不一般……还特别好客,一间小屋子也就十二三米,可经常客人不断,还总留客人吃饭,梅溪一人即使只管丈夫孩子吃饭已经够她受的,何况每天都有客人……就知道客人来了不许人家走。他一留人就忙了梅溪,常常是为了客人吃好,梅溪自己吃些剩下的汤汤水水。"② 所以在黄家吃过多次饭的绀弩,有诗记其事曰:

欠伸撞屋非关屋,未饱刮锅岂怪锅。
手执钢刀九十九,迫教朽木歌复歌。
猎归一兔千年讲,整到三凤两手搓。
不共蛮妮开画展,展他不过好瞧么?③

关于首句,罗孚有言:"黄永玉所居屋小如罐,自名罐斋,

---

① 新凤霞:《新凤霞回忆录》,人民文学出版社,2016年,第285页。
② 新凤霞:《新凤霞回忆录》,人民文学出版社,2016年,第283页。
③ 《聂绀弩全集》第5卷,武汉出版社,2004年,第223页。

欠伸即撞屋。"① 郭隽杰："首句与鲁迅'未敢翻身已碰头'同一机杼，暗指反右事。次句切三年灾害。'手执钢刀九十九'，似暗指当时文艺界对创作题材的限制。"② 颈联猎兔之事，据新凤霞回忆："永玉爱打猎……有一次打着一只兔子，带到我家烤兔肉。是梅溪带来一个烤炉烤的，可好吃了，是我头一次吃兔肉。"③ 所谓"整到三风"，表面上说的是1957年整顿三风（即整顿官僚主义、宗派主义和主观主义），实指反右期间黄永玉被划为"右派分子"。

60年代中期，不惑之年的黄永玉感于浮浪光阴，情绪很是波动过一阵，聂绀弩知道了这个消息，疾风似的赶到黄家。那种从没有过的可依靠信赖的严峻目光，让黄永玉接受了他的批评重新振奋起来。这也是黄永玉永生难以忘怀的。

长时间运动，下乡，又运动，又下乡，两人见面的机会少了。再就是暴风雨来临，聂绀弩被送进了牢房，黄永玉则进了"牛棚"。

在"牛棚"里呆坐着时，黄永玉想得最多的是绀弩。绀弩咏林冲的两句诗"男儿脸刻黄金印，一笑身轻白虎堂"，充实了黄永玉那段时期全部生活的悲欢，让他感受到言喻不出的对未来的信心。黄永玉又想起狄更斯的《双城记》，书中那个吊儿郎

---

① 侯井天注解集评：《聂绀弩旧体诗全编注解集评》下，山西人民出版社，2019年，第583页。
② 侯井天注解集评：《聂绀弩旧体诗全编注解集评》下，山西人民出版社，2019年，第584页。
③ 新凤霞：《新凤霞回忆录》，人民文学出版社，2016年，第287页。

当从容赴死的卡尔登,那个被压在暗无天日的死牢里的、连意识都消磨尽了的老鞋匠,绀弩不就是这些人的总和吗?"让你默默地死在山西小县城里只有四堵石墙、荒无人烟的死牢里吧!让你连人类的语言都消失在记忆之外去吧!如果侥幸你能活着出来的话,绀弩就不是绀弩了。"①

荣宝斋中纸争飞

事实上,这回黄永玉并不奢望真还能再见到一个活着的绀弩。但是又见到他了。

不过,这一次,是黄永玉走进聂家的门,绀弩躺在床上。

黄永玉说:"老聂呀,你虽然动不了啦!可还有一对狡猾的眼睛!"

绀弩笑了笑:"你还想不到,我在班房里熟读了所有的马列主义的书。我相信很少有人这么有系统,精神专注,时间充裕,毫无杂念地这样读马列的书!"②

瞧,这老家伙不单活过来,那样子还有点骄傲咧。

1979年,黄永玉画屈原《天问篇》一幅,聂绀弩于上题诗云:

---

① 黄永玉:《往事和散宜生诗》,载《太阳下的风景》,上海人民出版社,2019年,第134页。

② 黄永玉:《往事和散宜生诗》,载《太阳下的风景》,上海人民出版社,2019年,第134—135页。

黄永玉画《天问篇》

屈原清醒敢问天，千百年来一人焉。
风雨雷霆都不怕，自称臣是水中仙。
我曾梦非天所宠，夜深不敢仰天眠。
前怕狼，后怕虎，怕灶无烟锅无煮。
怕无首领入先茔，怕累一妻和两女。
自笑梦胆空如鼠，醒逢天晴好端午。
诗人济济献诗黍，我亦随之倾肺腑。
灵均灵均君何许？[1]

---

[1] 聂绀弩：《诗人节屈原题黄永玉画〈天问篇〉》，《聂绀弩全集》第5卷，武汉出版社，2004年，第222—223页。并有作者自注："解放前很多年以旧历端午为诗人节，解放后似无人提及此事，亦未闻废除，今仍之。"

聂绀弩作旧诗是把自己的离骚气掩藏在阿Q气之下的,以打油的面目掩饰他内心的悲伤和忧患意识。聂绀弩亲近阿Q,但他更钦敬屈原。劫后归来,他写过多首怀屈子的诗,此其一也。

躺在床上的绀弩,也没忘记已经长大成人的黄家兄妹,又给他们作了一首《赠蛮妮兄妹画家并送黑妮南归》:

安得糕糖千百斤,给我黄家兄妹分。
他日大成何疑问,此时习画太苦辛。
十六七年如反掌,我诗虽灭尔成长。
皂白青红世岂无,搜来赠与画人俩。
荣宝斋中纸争飞,都愿随我妮南归。
归期倘误人休怪,盛名压喘船车机。①

京城荣宝斋既经营文房四宝,又展售画家作品,人以书画能登荣宝斋为荣,绀弩以此句褒扬黑妮呢。

---

① 《聂绀弩全集》第5卷,武汉出版社,2004年,第225页。

开膛毛肚会苗公

——聂绀弩与黄苗子

牛肚开膛味最谐

聂绀弩与黄苗子相识，可能始于20世纪40年代初的桂林，也许始于50年代初的北京，但友情应该始于北大荒时期。

黄苗子在《半壁街忆语》中说："我有幸和绀翁都属于'五七届北大同学'，1957年送到北大荒去的。"① 黄苗子确实和聂绀弩是"北大同学"，但不是"五七届"，而是"五八届"。再具体点说，黄苗子是1958年3月到北大荒云山畜牧场五一水库进行劳动改造，而聂绀弩则是同年7月底到北大荒850农场4分场第2队参加劳动改造。

1959年10月，黄苗子忽然觉得腿肿，由小腿到大腿，逐

---

① 姚锡佩、周健强等编《聂绀弩还活着》，人民文学出版社，1990年，第362页。

渐严重，于是申请就医。从密山到虎林医院看完病，黄苗子回程时顺便到《北大荒文艺》杂志社看望了吴祖光、聂绀弩和丁聪，"他们见我骨瘦如柴，都大吃一惊"①。12月底，黄苗子得到通知，和十多个"老弱病残"者被送回北京去了。聂绀弩则是1960年底才返京。也就是说他们"北大同学"时间只有一年多点。但是，日后的情谊却很长。

聂绀弩"文革"中在接受法院审理时，交代回京之后接触的人，"就二三人，都是右派，有吴祖光、黄苗子，感到这些人懂得我的心情，说得到一起。还有陈迩冬，师大的钟敬文，还有戴浩"②。

1962年前后某日，聂绀弩和黄苗子一起在街头饭店晚餐，忽然想起了周扬、邵荃麟、田汉、阳翰笙和夏衍五位当时中国文艺界的头面人物，即成二绝赠苗子：

一

丁玲未返雪峰穷，半壁街人亦老翁。
不老不穷京里住，诸般优越只黄忠。

二

周末京华袋自携，大街随意吃东西。

---

① 黄苗子：《北大荒家书（1959）》，李辉《陈迹残影》，四川文艺出版社，2000年，第151页。
② 寓真：《聂绀弩刑事档案》，明报出版社，2009年，第40页。

忽思扬邵田阳夏，能享一餐烤笋鸡。①

字面上通俗、诙谐，而意蕴很深。前一首是思念丁玲、冯雪峰，情真意切；后一首想起五位当权者，却是另外一种心境。

诗中的"烤笋鸡"可能是实指，也许是虚指。实际上他们几个老朋友最爱吃的乃是牛肚火锅。据黄苗子回忆，当年北京绒线胡同的四川饭店，"小吃部有牛肚火锅，味辣香浓，吃之汗出如渖，两三个人小酌，三元不到就可以大摇大摆出门"②，黄永玉爱去，吴祖光爱去，黄苗子爱去，聂绀弩也爱去。聂绀弩1965年12月15日致信黄苗子云："……又祖光兄请客事，何日实现，有所闻否？毛肚已开堂（膛），在绒线胡同，如光兄处尚须稍候，我辈何不自往。我之电话偶一打之，未尝不可也。"③ 同年12月某日又致信黄苗子云："一、伊帖请带赏拜见。二、祖光有意请吃毛肚，请与之约好后以信通知我，我便自去。三、歪诗两首呈政。四、祝好！"④ 聂绀弩还有几首赠黄苗子诗中都涉及毛肚，如：

---

① 侯井天注解集评：《聂绀弩旧体诗全编注解集评》下，山西人民出版社，2019年，第627页。
② 黄苗子：《半壁街忆语》，姚锡佩、周健强等编《聂绀弩还活着》，人民文学出版社，1990年，第362页。
③ 寓真：《聂绀弩刑事档案》，明报出版社，2009年，第142页。
④ 王存诚编注：《聂绀弩集》下，花城出版社，2016年，第325页。

荒庭（酬黄苗子寒斋即事）

荒庭木落又纷纷，岁暮耽书远妇醇。
偷作批庄评杜客，怕嗤厚古薄今人。
首尾冠裳曾戴脱，池塘风水偶平皴。
毛肚开膛寒更好，几时破例一杯巡。①

首句"妇醇"即"醇酒妇人"，泛指正常的生活享受和嗜好。黄苗子2005年7月1日见到此诗时写道："记得1963、1964年左右，四川饭店毛肚开膛火锅价廉物美，和绀翁去过几次；有一次是永玉请客；每人只收三元。"②

又如《毛肚开膛和苗公》：

毛肚开膛和苗公

毛肚开膛等发薪，管他烈酒与烟醇。
忆初同试川江味，似有参观外国人。
沾口活牙能辣脱，煨炉冻脸可烘皴。
定然狂醉归休晚，怕李金吾正夜巡。③

---

① 侯井天注解集评：《聂绀弩旧体诗全编注解集评》下，山西人民出版社，2019年，第654页。
② 侯井天注解集评：《聂绀弩旧体诗全编注解集评》下，山西人民出版社，2019年，第655页。
③ 侯井天注解集评：《聂绀弩旧体诗全编注解集评》下，山西人民出版社，2019年，第654、656页。

仍然是记四川饭店之会。写得十分轻松，完全是友人间的调笑之作。

黄苗子也有诗《半壁街访耶翁借书，因同至川馆小酌》为证：

> 西直门边半壁街，几还几借几回来。
> 残书微憾红楼续，古刻同夸水浒牌。
> 南郭几边庄子梦，西楼月下美人怀。
> 何当更赏川西辣，牛肚开堂味最谐。①

不为借书死不来

60年代初期，黄苗子为了抄录一点美术史料，曾经旁搜各种笔记小说。第一次到西直门半壁街访绀弩夫妇，就发现绀翁藏书颇富，于是先从《唐代丛书》借起，到《明清笔记小说丛刊》《清稗类抄》之类，借抄殆遍，大约一个月去二三次，布包里总是挟几函书回家。从黄苗子住的东城芳嘉园到半壁街有一段路程，一个月跑几次"几还几借"，持续了几年。

黄苗子每次到半壁街聂宅，绀弩总是那么悠悠然夹着一支香烟，心不在焉地随口问一句："什么风把你吹来？"黄苗子说——

---

① 黄苗子：《半壁街忆语》，姚锡佩、周健强等编《聂绀弩还活着》，人民文学出版社，1990年，第360页。

我因为不是来参禅的，所以没有按照禅宗的语录，答他这句"师问"，于是"相对半天无鸟事"。记得有一次，他恍若有得地对我说：《庄子》里面写过许多残废人，这些人的知识见解又是那么渊博可爱，像叔山无趾（被砍去足趾的叔山）、申徒嘉（中国的罪犯阿嘉）、王骀（王驼子）等，都是受过刖（砍掉一条腿）刑的"兀者"；阐跂支离无脤（罗锅腿、没有屁股的肢离人）、支离疏（四肢离折的疏大叔）、伯昏人（瞎子阿伯）等等，见诸《庄子》各篇的人物，都是被摧残得四肢不完的"刑余之人"，这说明春秋战国时期奴隶和战争俘虏所受的残酷待遇。这些人的才智往往超群出众，但却受到专制者或主子的人身侵害，庄子是十分可怜他们的。然后他说："身体被摧残的奴隶固然可怜，但这已是过去愚昧时代的事了。精神上受摧残，比躯壳的摧残还可怕得多，然而却是现代文明社会的产物！"[1]

黄苗子又说："旧社会公共场所贴着的'莫谈国事'，新社会早就没有了，但是知识分子正如法门寺的贾桂，被锻炼成惯性时是不容易变的，既然那时聂家的三姑会安排些鱼肉和牡丹烟，老头、周婆、浩子和我这'三公一母'，唯一的出路就是打桥牌，甭说我这个笨蛋，其他三位对叫牌也都外里外行；怎么

---

[1] 黄苗子：《半壁街忆语》，姚锡佩、周健强等编《聂绀弩还活着》，人民文学出版社，1990年，第365页。

算输,怎么算赢,谁也莫名其妙,说是'打桥牌',真是天知道。只不过为了抛却那可怕的'枯对半天'罢了。"① 且看聂绀弩诗曰:

> 虽邻柳巷岂花街,不为借书死不来。
> 枯对半天无鸟事,凑齐四角且桥牌。
> 江山闲气因诗见,今古才人带酒怀。
> 便是斯情何易说,偶因尊句一诙谐!②

聂绀弩生活毫无规律,有时晚上写作到天亮,有时整天睡大觉,如果客人来访,周颖就让到客厅等候。所以又有《苗公两度见访失迎留诗依韵奉和即呈哂政》诗曰:

> 戏演一台又一台,难逢富贵逼人来。
> 诗成北大荒干菜,心似广东话湿柴。
> 荷叶饭无张角米,冬瓜盅少易牙才。
> 高轩偶有芳嘉客,亲致长安市上埃。③

---

① 黄苗子:《半壁街忆语》,姚锡佩、周健强等编《聂绀弩还活着》,人民文学出版社,1990年,第366页。
② 聂绀弩:《即事用雷父韵》,载《聂绀弩全集》第5卷,武汉出版社,2004年,第74页。
③ 侯井天注解集评:《聂绀弩旧体诗全编注解集评》下,山西人民出版社,2019年,第630页。

337

首联是经历了一次次政治风波,希望自己的政治境遇有所改变。颔联中的"湿柴"为广东俗语(黄苗子是广东人),指"点不透"的人。颈联中的"荷叶饭""冬瓜盅"均为广东名菜。王存诚解释此联:"'张角米'隐喻'造反''得自不义之途','易牙才'隐喻'谄媚邀宠'。所以这一联隐含的意思是,我既没有张角非分之想,也缺少易牙谄媚之才。"[①] 尾联"芳嘉客"即嘉宾,时黄苗子住芳嘉园。

笔者读寓真《聂绀弩刑事档案》发现,1964至1966年间,聂绀弩与黄苗子等友人的饭局较多。比如1964年10月20日晚上,聂绀弩与黄苗子夫妇、黄永玉等人到江西餐厅吃饭,为黄苗子参加"四清"送行。饭后到和平餐厅喝咖啡,谈文艺问题。1965年2月8日晚上,聂绀弩与黄苗子、张友鸾等一起在江西餐厅吃饭谈诗。同年2月15日,张友鸾请尹瘦石吃饭,并约聂绀弩及黄苗子、陈迩冬等人一起作陪。饭后同到黄苗子家打扑克。1966年2月4日,聂绀弩与黄苗子、张友鸾、周绍良等在"恩成居"晚饭,然后漫步到东安市场。

1965年7月,聂绀弩致信黄苗子说:"本星期五(廿三)午后六时半,在大同候光。你请,我请,或各请各,互相请,临时再谈。尊诗改后大佳,浑然一体,且道出一历史奥秘,真合作也!惟原唱韵改,则变成我之所作都有扑空之处,奈何奈

---

① 侯井天注解集评:《聂绀弩旧体诗全编注解集评》下,山西人民出版社,2019年,第631页。

何!"① 三两友人聚餐谈诗,多么风雅!难怪黄苗子曾经感叹,暴风雨前夕的某些光景,回忆起来还是饶有兴味的。

寓真在《聂绀弩刑事档案》中还说过:"聂绀弩赠诗较多的是给黄苗子。黄与聂的交处,当然非同一般,包括吴祖光、丁聪等友人,都在北大荒结下了共同劳动的情谊。但聂送给黄的诗稿,不知为何也都进入了司法机关。……日月忽其不淹兮,春与秋其代序。当我以偶尔机会接触到聂绀弩档案的时候,聂公本人早已作古,就连戴浩、向思赓诸位可以作证的人,也都各自安息而去。黄苗子虽然健在,已是九十以上的耄耋之年,我曾有意登门拜访,但又怕惊扰老人的晚节安宁,所以打消了此念。"② 不过,针对2009年社会上的各种传言,黄苗子在朝阳医院的病床上写过一首诗作答:

> 唧唧复唧唧,老来医院息。
> 不闻机杼声,唯闻刀剑戟。
> 问你何所思,问你何所忆。
> 昨夜见黑帖,妖风卷臭腥。
> 黑书十二卷,卷卷有爷名。
> 阿爷是卧底,阿爷害人精。

---

① 王存诚编注:《聂绀弩集》下,花城出版社,2016年,第324页。
② 寓真:《聂绀弩刑事档案》,明报出版社,2009年,第418页。

阿爷陷好人，投之入死槛。①

这首由《木兰辞》改写的诗，在黄苗子生前并未公开发表，而是家人于2011年1月10日整理遗物时翻出来的。据黄苗子之子黄大刚透露，乃父生前还曾对其弟弟黄大德亲口述了另一首打油诗。2010年春节后，黄大刚的叔叔告诉他："你爸爸真厉害，今天给我口述了一首诗——唧唧复唧唧，老头在休息，偶闻风雨声，何须去叹息。"②

热肠欹枕作文章

进入晚年，聂绀弩长期病卧在床，再也不能像以前那样隔三差五就毛肚之会了，与黄苗子等友人更多是通过书信联系。

1977年10月10日，聂绀弩致信黄苗子，云："你称我为诗伯，伯者霸也。现在国际反霸甚烈，我若被认为霸，虽只是诗霸，也可能导向处境不利。此外也和实际不合。我诗一片适风乔绳愈言，未足云诗，况于霸乎？以后请不如此。""代请韩公赠画实获我心。尹公来，说韩公画戏文极佳，曾见其虹霓关云云。尹公亦云韩在保定，不知其为青少中老，我公其知之乎？

---

① 李昶伟、邵聪：《黄苗子两首遗诗书写"告密"事件心境》，《南方都市报》2012年2月2日。
② 李昶伟、邵聪：《黄苗子两首遗诗书写"告密"事件心境》，《南方都市报》2012年2月2日。

忽然想到：韩画固神，若问，何以不以之画社会主义革建而画封建落后之物，其将何以为经济基础服务乎？此事极关重要，甚至是文艺界的致命问题，未见人谈及，自亦觉极难谈，固广大艰深，难以开口也。我尝觉公，我，祖光，瘦，迩乃至永玉，固均属落后分子，但实皆高知，并不反社，有时抑且歌社而并不违心，且今之我国孰为歌社标本，而歌社之作（不仅美术）似很少如韩画之动人者。"①（按，"一片适风乔绳愈言"意指"一片胡言"；"韩公"，即画家韩羽；"瘦，迩"，指尹瘦石、陈迩冬。）

1981年6月，聂绀弩旧体诗集《三草》由香港野草出版社出版。黄苗子读罢赋诗道："何物九头鸟，百黠聚一身。春秋三草集，天壤此奇文。笔遣千神役，心悲万古春。洞庭张乐地，无奈屈灵均。"② 尾联"洞庭张乐地"出自谢朓《新亭渚别范零陵云》，张乐为轩辕黄帝；屈原，字灵均。

黄苗子夫人郁风为聂绀弩画像

---

① 《聂绀弩全集》第9卷，武汉出版社，2004年，第357—358页。
② 黄苗子：《牛油集》，花城出版社，1989年，第44页。

1985年春节，黄苗子、郁风夫妇和吴祖光相约同往聂家拜年。据郁风回忆："我记得很清楚，他躺在床上，靠着高高的枕头，抽烟看书，大概有时也写点诗之类，我便弄张纸对着他画速写像。他的床横在窗下，一抬眼就能看到楼下大街上熙攘的人流车马。我一面画一面随口便仿毛诗说出，你倒是'冷眼对窗看世界'啊！苗子当时便对上下联，'热肠倚枕作文章'。"① 吴祖光道："你们夫妇两人，一唱一和，跑这儿对对子来了！"后来黄苗子收入《牛油集》中有一首《访散宜翁》诗就用上了这一联，全首为：

　　　　京尘几辈耐炎凉，八二芳年一老枪。
　　　　冷眼对窗看世界，热肠欹枕作文章。
　　　　声名灌耳麻雷子，品藻从头屎壳郎。
　　　　莫说金瓶净污染，千秋悲剧属娘行。②

　　黄苗子还在一篇文章中对这首诗进行了阐释："这几年间，他（按，指聂绀弩）都是长期卧床，朋友去劲松看他，都是在病榻聊天。绀翁那年八十二岁，因病，夫人周颖禁他抽烟，可是绀翁偷偷叫人买了烟放在枕底，只要夫人走开，他又在那里吞云吐雾。第二句'老枪'云云，盖写实也。绀翁病榻旁为临

---

　　① 郁风：《关于〈生死两茫茫〉》，载《美比历史更真实》，湖北人民出版社，1998年，第309页。
　　② 黄苗子：《牛油集》，花城出版社，1989年，第59页。

街之窗，数年来足不出户，唯一使翁看到'京尘'，辨出'炎凉'者只有这一扇窗。翁虽卧病，但诗和散文、论文，都靠在枕边写出，这一本领，使朋友吃惊。一位八二病叟，能够写万把字的古典文学论文，而且手头无书，这种奇迹真是少见。末句所谓千秋悲剧，指的是我国长期的封建制度。'娘行'，多见于戏曲中（《牡丹亭·寻梦》：'以后劝止娘行，夫人还是不放'），当时妇女的通称。'反精神污染'的口号提出来已久，戏用'污染'二字。至于腹联的'麻雷子'，是北京过年时放的一种爆竹，声音特别响。而屎克郎，原注是'澳洲以重价购买我国屎克郎以清除羊粪，向被轻贱之屎克郎，一时身价百倍'。这两句说的是聂翁的诗文，在上世纪80年代以后，声誉鹊起，别人对这位饱经风霜的老头，从此就'品藻从头'了。"①

黄苗子为聂绀弩百年诞辰题词
（2004年3月18日）

1986年3月，聂绀弩去世后，黄苗子作《吊绀翁》六首，其中第二首云：

---

① 黄苗子：《"你也配"》，载《世说新篇》，生活·读书·新知三联书店，2006年，第119—120页。

三草煎心草,七哀喷血哀。
世人皆欲杀,吾意独怜才。
瘦硬枯高杆,三红金水斋。
一朝枯瘦歇,灰尽灭干柴。①

---

① 黄苗子:《牛油集》,花城出版社,1989年,第81页。

后　　记

　　聂绀弩去世五周年之际，他的一帮朋友和家乡人张罗着编了一本厚重的纪念文集，书名叫作《聂绀弩还活着》。通过这本书，我第一次比较完整地了解了聂绀弩的传奇人生。

　　从那时候起，我展开了一场整整三十年的跨世纪追星之旅。在我看来，聂绀弩是京山的一座文笔峰，是楚天的一颗文曲星。我为家乡能有这么一位了不起的文学前辈而自豪。

　　2021年初，我在编完聂绀弩年谱之后，很想写一部聂绀弩新传，或评传，但感觉难度很大，一时无从下笔。恰好长春《关东学刊》主编谢小萌兄抬爱，向我约稿。写什么呢？我觉得既然是东北的刊物，写点与东北相关的话题才好，于是写了篇《聂绀弩和东北作家》，里面写了聂绀弩与萧红、萧军、端木蕻良、骆宾基和辛劳等六七人的交往。写完之后，意犹未尽，索性把聂绀弩的朋友一个个写了下去。

聂绀弩一生有多少朋友？我不知道。但我知道，聂绀弩很喜欢交朋友，他交游之多之杂，现代作家中几乎无人可比。倘若你读过《聂绀弩旧体诗全编》，或者《聂绀弩还活着》，就知道我说的话绝非虚语。

夏衍为聂绀弩写过一篇纪念文章《绀弩还活着》，其中有几段是这样写的：

> 他是一个落拓不羁，不修边幅，不注意衣着，也不注意理发的人。讲真，不怕得罪人，有所为有所不为，属于古人所谓的"狂狷之士"。他不拘小节，小事马马虎虎，大事决不糊涂。他重友谊，重信义，关心旁人远远胜于关心自己。他从不计较自己的待遇和地位。
>
> ……………
>
> 他很珍视友情。他和胡风关系好，但不少文艺上的观点两人并不一致，有过争论，这无碍于他们的私人情谊。胡风被批，他不跟着反胡。在"两个口号"的问题上，他是支持胡风的，在口头上和我争论过，也无碍于我们之间的友谊。
>
> 他和康泽之间的关系不少人感到兴趣。他把友谊和政治观点分开。他不讳言和康泽的友谊，也不讳言和国民党"十三太保"如酆悌等人的熟悉。这在当年进步人士当中，简直需要有些勇气才能做得。他留苏时和蒋经国也是同学，却从不提他。

>另一方面,他和陈赓也很熟,也从不用来标榜。他还和党和国家一些主要领导人也是留苏同学,他就更不向人前谈论了。(《聂绀弩还活着》)

何满子在《聂绀弩诔词》中写:

>绀弩比我年长十七八岁,应该是大我一辈,但和我年纪不相上下的许多朋友,不论背后或当面都"绀弩,绀弩"直呼其名,外国对此可能无所谓,但照中国习惯,不能不说是失礼,但他却从不介意。即此一点,就可见其为人的通脱可亲了。
>
>看来他似乎交不择友,上中下三等,三教九流,他都有朋友,而且见面就熟,毫不讲繁文缛节,生活上随遇而安,身边不带烟时,会向刚认识的人要烟吸;自己也会尽其所有掏钱给并不熟稔的人。这样脱略世俗,物与民胞,而且坦荡率真到如此程度的人,在知名之士中实在少见。他又不是游戏人间,随分结缘,多交而薄情的人,他是重于友情,至老弥笃的。(《聂绀弩还活着》)

通过夏衍、何满子,还有彭燕郊等友人的讲述,可窥绀弩的交友之道。要写聂绀弩的朋友,起码一个连的人都有,而我只能根据自己掌握的材料选择性地写,写了三十来人——一个排。后来限于篇幅,删除了部分人物,只保留了文人。这些人物大体按结识时间的先后顺序排列，所以1925年结识的钟敬文排在第一位。基本上各个时期的朋友都有，可以说贯穿聂绀弩的整个生命历程。这些朋友绝大多数都已作古，少数几位健在者也是耄耋老人。

又是一年芳草绿。聂绀弩逝世已经37周年了。我们不知不觉进入到一个旷古未有的互联网时代，完全是聂绀弩所处时代无法想象的。网络化的交往超越了时空限制，消除了"这里"和"那里"的界限，拓展了人际交往领域，让人际关系更具开放性和多元化。特别是微信朋友圈的诞生，使得居住在不同国界的人，都可以"在一起"交往。同时，我们也应该意识到，网络的全球性也使现实社会中人际交往的情感更加疏远和冷漠，甚至产生信任危机。我忽发奇想，聂绀弩与朋友们的那种诚挚感情，今后还会存在么？

2021年暮春初稿，2022年仲夏二稿，2023年清明改定

"叙旧文丛" 书目

《缘来如此：胡兰成、张爱玲、苏青及其他》　　　　黄　恽
《风雨飘渺独自在：民国文人旧事》　　　　　　　　姚一鸣
《闲读林语堂》　　　　　　　　　　　　　　　　　黄荣才
《旧时文事：民国文学旧刊寻踪》　　　　　　　　　何宝民
《杂拌儿民国》　　　　　　　　　　　　　　　　　王学斌
《临水照花人：〈色·戒〉中的郑苹如与张爱玲》　　　蔡登山
《风起青萍：近代中国都市文化圈》　　　　　　　　张　伟
《左右手：百年中国的东西潮痕》　　　　　　　　　肖伊绯
《苦雨斋鳞爪：周作人新探》　　　　　　　　　　　肖伊绯
《胡适的背影》　　　　　　　　　　　　　　　　　肖伊绯
《民国遗脉》　　　　　　　　　　　　萧三匝　陈曦等
《大时代的小爱情：民国闽都名媛》　　　　　　　　陈　碧
《炉边絮语话文坛》　　　　　　　　　　　　　　　陈漱渝
《帝王学的迷津：杨度与近代中国》　　　　　　　　羽　戈
《一代文宗　刹那锦云：也是鲁迅，也是胡适》　　　姜异新

《纸江湖：1898—1958 书影旁白》　　　　　　肖伊绯
《苏雪林和她的邻居们：一条街道的抗战记忆》　张在军
《君子儒梅光迪》　　　　　　　　　　　　　　书　同
《汉学家的中国碎影》　　　　　　　　　　　　叶　隽
《旧时书影：风物人情两相宜》　　　　　　　　吴　霖
《入世才人灿若花》　　　　　　　　　　　　　王炳根
《思我往昔》　　　　　　　　　　　　　　　　陈衍德
《漂泊东南山海间》　　　　　　　　　　　　　张在军
《此岸彼岸的背影》　　　　　　　　　　　　　钟兆云
《寿香社：中国最后的传统才女群》　　　　　　卢　和
《聂绀弩的朋友圈》　　　　　　　　　　　　　张在军
《狂者林庚白》（待出版）　　　　　　林　怡　陈　碧
《冰心书话》（待出版）　　　　　　　　　　　王炳根